U0674257

高等院校公共管理系列教材

市政管理学

Science of
Municipal
Administration

张欣　张贵群　主编

中国财经出版传媒集团
经济科学出版社
Economic Science Press

图书在版编目（CIP）数据

市政管理学/张欣，张贵群主编 . —北京：经济
科学出版社，2021. 11
高等院校公共管理系列教材
ISBN 978 - 7 - 5218 - 3203 - 7

Ⅰ. ①市… Ⅱ. ①张… ②张… Ⅲ. ①市政管理-高
等学校-教材 Ⅳ. ①D035. 5

中国版本图书馆 CIP 数据核字（2021）第 248414 号

责任编辑：杜　鹏　郭　威
责任校对：蒋子明
责任印制：邱　天

市政管理学
张　欣　张贵群　主编
经济科学出版社出版、发行　新华书店经销
社址：北京市海淀区阜成路甲 28 号　邮编：100142
编辑部电话：010 - 88191441　发行部电话：010 - 88191522
网址：www. esp. com. cn
电子邮箱：esp_bj@ 163. com
天猫网店：经济科学出版社旗舰店
网址：http: //jjkxcbs. tmall. com
固安华明印业有限公司印装
787 ×1092　16 开　13. 5 印张　330000 字
2021 年 12 月第 1 版　2021 年 12 月第 1 次印刷
ISBN 978 - 7 - 5218 - 3203 - 7　定价：39. 00 元
（图书出现印装问题，本社负责调换。电话：010 - 88191510）
（版权所有　侵权必究　打击盗版　举报热线：010 - 88191661
QQ: 2242791300　营销中心电话：010 - 88191537
电子邮箱：dbts@ esp. com. cn）

前　言

随着我国城镇化和城市现代化建设的不断发展，市政管理事务日益繁杂，对城市管理人才培养提出了强烈的现实需求。2012 年，在教育部公布的《普通高等学校本科专业目录》中，将城市管理专业纳入专业目录。2015 年，《中共中央 国务院关于深入推进城市执法体制改革改进城市管理工作的指导意见》明确指出：鼓励高等学校设置城市管理专业或开设城市管理课程。在这一背景下，全国高校城市管理专业迅速发展。目前，我国已有近 70 所高校开设了城市管理专业。

《国家中长期教育改革和发展规划纲要（2010—2020 年）》中高等教育部分提出要提高人才培养质量，而作为知识载体的教材则体现了教学内容和教学要求，是进行教学的基本工具，更是提高教学质量的重要保证。本教材以社会实际需要为核心目标，在保证基本理论知识的前提下，以培养学生的实际应用能力为重点，立足于市政管理的基本要素：市政管理主体、市政管理客体、市政管理目标、市政管理职能、市政管理过程、市政管理规律六个模块，构建市政管理学的基本框架。在系统介绍市政管理的组织体系、结构安排、职能划分和运行机制的基础上，阐述城市规划、城市公共基础设施建设、城市土地资源、城市公共事业、城市社会保障、城市公共安全、城市经营的基本理论、城市管理经验和最新发展趋势。

本教材具有以下特色：（1）在参阅、借鉴近几年出版的重要文献和理论著作的基础上，吸取了一些新的理论观点和实践经验，在观点阐述时注重统计数据和案例材料的支撑，使内容更贴近实践发展的步伐。（2）各章都安排有相关的典型案例和阅读材料以扩充知识点，增强学生学习的趣味性和理解性。（3）教材内容按照先易后难、循序渐进的原则，根据课程的内在联系，使教材各部分之间前后呼应，配合紧密，防止学生出现学了后面忘前面的现象。（4）在编排上力求体系完整，在每章开篇都设置本章的学习目标、学习重点，在每章章末设置本章小结、关键名词和复习思考题。

本教材由张欣、张贵群总体构思设计，张欣、张贵群作为主编承担统稿和总纂工作。在编写过程中，参考和借鉴了许多学者的著作、教材、文献资料，业界人士也提出了许多宝贵的意见，硕士研究生燕华康、李晓春两位同学做了大量基础性工作。本教材得到重庆工商大学教材出版基金资助（CTBU-FS2021042），重庆工商大学公共管理学院、法学与社会学学院 2017 年社会学特色学科群经费资助，在此一并表示真挚的感谢。

市政管理学的理论研究未有竟时，城市管理的实践又如此丰富，囿于我们的学识，教材内容难免存在疏漏之处，敬请学界同行和广大学者多多批评指正。

编　者

2021 年 8 月于重庆

目　　录

第1章　绪论 ……………………………………………………………………… 1

1.1　市政与市政管理 ……………………………………………………… 2

1.2　市政管理学的研究内容 ……………………………………………… 5

1.3　市政管理学的研究方法与研究意义 ………………………………… 7

第2章　市政职能与市政过程 …………………………………………………… 12

2.1　市政职能概述 ………………………………………………………… 13

2.2　市政职能的基本内容及影响因素 …………………………………… 16

2.3　我国市政职能的改革与发展 ………………………………………… 19

2.4　市政过程 ……………………………………………………………… 20

第3章　城市规划管理 …………………………………………………………… 27

3.1　城市规划概述 ………………………………………………………… 28

3.2　城市规划的编制与实施管理 ………………………………………… 32

3.3　我国城市规划管理的发展趋势 ……………………………………… 38

第4章　城市公共基础设施管理 ………………………………………………… 42

4.1　城市公共基础设施概述 ……………………………………………… 43

4.2　城市公共基础设施管理概述 ………………………………………… 47

4.3　城市公共基础设施建设管理 ………………………………………… 50

第5章　城市公共交通管理 ……………………………………………………… 58

5.1　城市公共交通概述 …………………………………………………… 59

5.2　城市公共交通管理概述 ……………………………………………… 61

5.3　我国城市交通管理的形势要求和管理思路 ………………………… 64

第 6 章　城市土地与住房管理 ·· 71

　6.1　城市土地管理概述 ·· 72

　6.2　城市土地市政管理 ·· 76

　6.3　城市土地市场及其调控 ·· 80

　6.4　我国城市住房管理与改革 ·· 84

第 7 章　城市社会保障管理 ·· 91

　7.1　城市社会保障概述 ·· 92

　7.2　城市社会保障管理概述 ·· 96

　7.3　城市社会保障体系 ··· 100

第 8 章　城市公共事业管理 ··· 117

　8.1　城市公共事业及其管理 ·· 118

　8.2　城市科技管理 ··· 120

　8.3　城市教育管理 ··· 124

　8.4　城市文化管理 ··· 128

　8.5　城市医疗卫生管理 ··· 131

第 9 章　城市环境管理 ·· 138

　9.1　城市环境管理概述 ··· 139

　9.2　城市环境问题及治理 ··· 144

　9.3　城市生态环境建设 ··· 146

　9.4　城市市容市貌管理 ··· 152

第 10 章　城市公共安全管理 ·· 157

　10.1　城市公共安全管理概述 ·· 158

　10.2　城市防灾管理 ··· 163

　10.3　城市社会治安管理 ··· 166

　10.4　城市突发事件管理 ··· 171

第 11 章　城市发展管理 ··· 177

　11.1　城市文化 ··· 178

　11.2　智慧城市 ··· 185

　11.3　城市竞争力 ··· 190

参考文献 ··· 203

第1章 绪 论

【学习目标】

　　市政管理学是研究城市国家政府行政机关和其他城市公共管理主体，对城市日常公共事务进行有效管理的规律的科学。随着城镇化进程的加快、城市间竞争的激烈化，市政管理研究越来越受到重视。通过本章学习，学生应了解市政管理的基本内涵与特征，掌握市政管理学的产生发展过程、研究对象、研究内容以及与其他相关学科之间的关系，认识到市政管理学的学科地位、研究方法与研究意义。

【重点内容】

● 市政与市政管理
● 市政管理学的研究对象
● 市政管理学的研究内容
● 市政管理学与其他相关学科的区别与联系
● 市政管理学的研究意义
● 市政管理学的研究方法

【典型案例】

规范市政设施管理 保障市民人身安全

　　当前我国正处于城镇化加速推进阶段，城市规模不断扩大。城市的基础设施作为城市的骨架，道路、桥梁、绿化、供电、供热等基础设施不仅支撑着整个城市的运行与发展，也与市民的日常生活质量息息相关。一个城市的市政管理部门能否提供安全、高效、稳定的市政管理服务，直接影响着市民生活质量的提高，其中，市政设施的安全、可靠更是直接关系着市民的人身财产安全。

　　福建省厦门市海沧区作为全国最大的台商投资区，经济发展迅速，人口不断增长，城市规模不断扩大，在市政建设管理部门的努力下，市政建设亦得到不断完善和提高，海沧区的城市建设成为厦门市一道靓丽的风景线。但近年来，因城市建设管理本身的复杂性、长期性、多样性，加之与市民生活息息相关，综合各种原因所引发的与市政管理相关的侵权案件时有发生，侵害了海沧市民的人身财产安全。海沧区人民法院三年来共受理因市政设施侵权引起的纠纷案件共 39 件，主要有市政施工现场管理问题引发的纠纷、市政设施设置不合理或者市政设施缺失引发的纠纷、市政设施损坏未及时修复引发的纠纷等，其中，经判决或者调解需由市政管理部门承担侵权责任的案件共 13 件。

资料来源：规范市政设施管理 保障市民人身安全 ［N］. 人民法院报，2018 – 6 – 21.

1.1 市政与市政管理

1.1.1 市政的基本内涵

研究市政管理学，要先明确什么是市政。如果从字面上来讲，这里所说的"市"是指城市，"政"是指政治和行政，即城市政治或城市行政。但在日常生活中，人们通常把"市政"简单地理解为市政工程、市政建设、城市公用事业等，即指有关道路桥梁、公共交通、供水供电、排水防洪、园林绿化、市容卫生等方面的建设等事务。这种从城市事务的角度来理解市政的理论，显然是过于狭窄了。实际上，市政不仅是上述方面的建设和管理，还包括城市政权、政党组织、社会组织、城市规划、公共财政、政府规制、公共服务、土地与住房、人口与社会、环境与卫生等多领域的公共事务。为了弄清楚"市政"这一概念，我们有必要首先了解一下市政的范围。

1. 市政的范围。对市政概念的把握，应从市政主体和市政客体两个方面去考察。市政主体，即由谁来管理城市有关事务；市政客体或对象，即市政主体管理的内容和对象。无论是市政主体还是市政客体，对它们的理解都存在着不同的范围。

就市政主体来说，我们可以把它分为大市政、中市政、小市政三个层次。

所谓大市政主体，即认为市政主体为城市的所有利害相关者，它包括了城市活动的各种主体，不仅有公共部门，也有私人部门、非营利组织和城市居民。现代城市中公共事务的广泛性和复杂性，决定了城市事务利害相关者的复杂性，决定了市政主体的多样性。

所谓中市政主体，是指广义的城市政府，它包括城市的立法机关、行政机关和司法机关，也就是我们通常所说的国家政权机关。传统上城市政府主体是城市问题的单一解决者。随着治理理念的传播，城市政府成为多元治理主体中的一员，但它仍处于核心和主导性的地位，它通过法律、行政、经济等手段来解决城市问题、提供公共服务，引导城市发展。

所谓小市政主体，是从行政的角度专指城市各级国家行政机关。例如：我国的各级市；市辖区人民政府；城市各级人民政府的各类职能部门（厅、局、委、办）；城市各类行政派出机关，如街道办事处和公安派出所等。

对市政概念的理解，不能仅考虑市政主体，还应联系市政客体或市政对象。市政客体，也可从大、中、小三个层次来理解。

从大层面来说，市政管理的对象或客体有着广泛而复杂的内容，既包括市辖区内城市整体的规划和建设，又包括城市的政治管理、经济管理、社会管理、环境管理、科教文卫管理等具体的专项管理活动。一个城市的政治、经济、文化以及社会发展等各项事业，为市民的物质生活、精神生活所应提供的各种服务，都是市政管理的内容，都可列入市政职能的范围内。这种宽泛的管理内容，是同广义的市政主体相一致的。

从中层面来说，市政管理的客体或内容，主要是城市各级各类国家行政机关的行政管理活动。在现代国家，行政职能十分广泛，行政管理活动在国家生活和社会生活中占有极为重要的地位。所以，同小市政主体相关联的市政客体，其内容并不狭小。

从小层面来说，有人把市政客体仅仅理解为市政工程、市政建设和城市公用事业的管理，把市政理解为对城市事务的管理。这种理解显然是过于狭窄了，同现代市政的实际情况并不相符。

2. 市政的含义。市政主体和市政客体是相互依存、不可分割的。市政，就是市政主体作用于市政客体的活动及其过程，也就是实施城市管理的过程。根据市政主体和市政客体的不同范围，我们也可以从广义和狭义来理解市政的含义。

广义的市政，是指所有城市参与者，为协调和整合公共部门和私人部门的行动，处理城市居民面临的问题，实现城市自身的政治、经济、文化和生活的发展，打造更具有竞争力、更公平和可持续发展的城市而开展的各项管理活动及其相互影响的过程。狭义的市政，是指城市的国家行政机关对市辖区内的各类行政事务和社会公共事务所进行的管理活动及其过程。

广义的市政突出了治理理论所强调的多元主体的参与；狭义的市政更多地突出了城市政府在城市管理活动中所具有的主导性地位。这两种观点都有其理论依据和实践证明。根据市政的一般含义和我国的实际，可以对我国的市政定义如下：

所谓市政，是指城市的行政机关为了促进城市发展、解决各种城市公共问题、有效地管理城市公共事务、实现城市公共利益而进行的各种形式的公共政策的制定和执行过程，以及城市公民、利益群体等对公共政策的各种影响活动[①]。

1.1.2　市政管理的含义

市政管理的内涵并不是一个固定的、格式化的东西。随着市政管理实践的发展，市政管理的内容、方法和途径等都在变化着，因此，我们要以动态的观点来把握市政管理的内涵，不能将市政管理看作一个静态的、一成不变的概念。

市政管理是一个事关城市生活的社会、经济、文化等多方面内容的系统工程。从不同的职能和范围来划分，可以对市政管理有着广义和狭义的理解。广义的市政管理即城

---

① 王佃利，张莉萍，高原. 现代市政学概论 [M]. 北京：中国人民大学出版社，2013：4.

市管理，是指以城市这个开放的复杂系统为对象，以城市基本信息流为基础，运用决策、计划、组织、指挥等一系列机制，采用法律、经济、行政、技术等手段，通过政府、市场与社会的互动，围绕城市运行和发展进行的决策引导、规范协调、服务和经营行为。狭义的市政管理主要是指城市政府部门对与城市规划、城市建设及城市运行相关联的城市公用事业、公共服务、公共设施等方面的管理。

随着社会经济的发展，城市本身的发展和增长诞生了许多新的城市形态，市政管理的内涵也处于不断的发展演化过程中。当前大多数学者认同的是，市政管理是以市政建设和公共服务为基础，以发挥城市综合效益和谐发展为目标的综合管理，它是一个综合的概念，包含城市行政管理、城市经济管理、城市社会管理、城市公共基础设施管理和城市环境管理五个方面。城市行政管理包括城市市政体制、城市政府组织、人事行政、财务行政等方面的内容，涉及城市的权力中心、权力结构和管理效益等问题。城市经济管理包括对城市区域的宏观规划与管理，统筹制定城市产业发展的长远规划，指导产业合理发展，对城市经济结构的合理调节，对城乡一体化发展的管理等多方面的内容。城市社会管理包括人口管理、社会法治管理、生活服务及城市文化管理等方面，主要是指对城市居民的生活管理。城市基础设施管理是对关系到企业生产和居民生活的基本条件以及保障城市存在和发展的各种工程与服务的管理。城市环境管理主要是指城市的生态管理，其实质就是通过政府的管理行为，使人类对生态资源进行最佳利用，以达到人与自然的和谐。

1.1.3　市政管理的特征

1. 科学性特征。市政管理事关公共生活的各个方面，任何一个失误都可能给人们的正常生活带来巨大的影响。随着城镇化的发展和城市结构的复杂化，市政管理已经告别了依靠行政长官的个人经验做决策的时代。正确的决策依赖于科学的思维方式与预测方法，良好的治理也要依靠信息的大量获取，现代市政管理对信息和科学技术的要求也只会越来越高。

2. 开放性特征。城市本身是一个开放的系统，它对自然资源的依赖迫使城市对外区域开放。同时，城市的生命力在于不断地与外界进行交流与互动。城市的开放性特征决定了市政管理必须是开放式的管理。只有开放式的管理，才能增强城市的功能。市政管理的开放性，一方面表现在城市内部管理的开放性，也就是城市内部结构的协调与互动；另一方面充分地表现在与外界的互动与交流中。市政管理不是孤立地管理城市，而是要处理好城市与农村的关系、城市与城市的关系、城市与各组织团体的关系等，所有这些都决定了市政管理的开放性特征。

3. 综合性特征。城市结构的日趋复杂化，决定了市政管理不是一个单一的简单活动。现代城市是一个高度综合的复杂体，这也就决定了市政管理的综合性特征。现代市政管理涉及社会、经济、人口、环境等各个系统，各自有其运转规律和特征，它们之间既相互制约又相互影响，并都与外部保持着紧密的联系。因此，必须综合地管理现代城市，而不能单一地对某一因素实施管理。这也就要求我们在认识市政管理时，必须充分注意到市政管理的综合性特征，树立综合管理城市的理念。

4. 动态性特征。城市是一个开放的复杂系统，系统各要素之间相互牵制、相互影响，不断交换着物质、能量和信息等。在系统各要素的相互作用下，城市作为这些要素的有机整体，一直处于不断运动变化之中，这就要求市政管理要从发展和动态的角度来实施管理规划，把握城市运转的规律性，不能静止、孤立地管理各要素，协调好整体与局部的关系、当前与未来的关系。同时还要不断创新市政管理的机制，改进市政管理模式和方法，以适应市政管理动态性这一特征的要求。

1.2 市政管理学的研究内容

市政管理学（municipal management），顾名思义就是研究市政管理主体如何管理市政事务的科学。从其学科理论基础来看，是对行政学和管理学理论的具体应用；从其学科内容体系来说，是对市政学理论的具体应用；就其学科的方法体系而言，是把行政学理论应用到城市的公共事务上。综合而论，我们可以这样界定，市政管理学就是根据管理学的一般理论方法和市政学的内容体系，从行政管理的视角研究市政运行（特别是城市政府管理）规律和调节城市运行（特别是城市公共事务）规律的科学。简而言之，市政管理学就是研究城市公共权力机关，特别是城市国家行政机关，对城市日常公共事务进行有效管理规律的科学。

1.2.1 市政管理学的研究对象

作为一门综合性的学科，市政管理学的研究内容相当广泛。从外延上来讲，市政管理学所研究的内容包括城市市政体制与政府组织、城市人事行政、城市财务行政、城市发展战略、城市规划与管理、城市竞争力的提升、城市生产力的发展、城市公共经济管理、城市人力资源开发与市民管理、城市土地开发与经营、城市环境管理、城市文化管理、城市信息化建设管理、城市公共安全管理、城乡一体化建设与发展以及城市未来发展趋势等问题。

具体而言，市政管理学的研究对象主要包括以下内容。

1. 市政管理主体。市政管理主体，即由谁来管理城市有关事务；市政管理主体有广义和狭义之分。广义上的市政管理主体为城市全部政治力量和政治组织，包括城市中的各种国家机构、现代城市中广泛存在的非营利组织、直接或间接参与市政管理的广大市民。狭义上的市政管理主体仅指城市政权机构中的行政机关。在我国，城市的行政机关包括市人民政府、市辖区人民政府，市、区人民政府的各职能部门及不设区的市和区人民政府的派出机构。市政管理学既要研究市政管理主体的体系、职责权限、管理内容及活动方式，也要研究市政管理主体相互之间的关系以及它们在市政管理活动中的地位和作用。

2. 市政管理客体。市政管理客体，即市政管理的对象。市政管理客体有着广泛而复杂的内容，不仅包括市政工程和市政建设，还包括城市发展规划、基础设施建设、城市财政与税收、城市人口与社会、城市公共教育、城市科技文化、城市卫生、城市大众体育、城市土地和地产、城市环境保护等诸多方面。随着城市的发展变化，市政管理客体也在不断作出相应的调整。在现代市政管理中，城市应急管理、城市文化、数字化城市管理、城市可持续发展等问题都成为市政管理的重要内容。

3. 市政管理体制。关于市政管理体制的含义，目前并无统一的定义，由于对"市政"的理解有广义和狭义之分，市政管理体制的含义也大致有广义和狭义的两种理解。广义的市政管理体制概念大致是从城市管理的整体机构、机制和制度来界定其含义的。其认为市政管理体制是国家政体在城市的延伸，市政管理体制是指国家为管理城市而建立的各种城市政权机关的组织结构、权力划分、职能配置、运作机制以及它们之间关系的各种法律、规章和政策的总和。本教材中，将市政管理体制定义为：市政管理主体实现市政目标所依助和运用的各种制度、规则、方式和手段的总称，包括市政组织的结构、市政主体的权力配置、市政运行机制等。

4. 市政管理规律。市政管理研究不能停留在对事务表象的一般描述上，需要研究市政管理主体是如何对市政管理客体进行有效管理的，并探索这种管理的内在规律性。主要包括城市各类权力配置的规律、管理运行过程的规律和解决各类城市问题对策的规律等。只有科学把握城市运行规律，恰当运用治理工具，才能提高市政管理水平。

1.2.2　市政管理学与相关学科的关系

市政管理学是一门综合性的交叉学科，它与一些相关学科有着密切的关系。

1. 市政管理学与城市政治学。城市政治学是研究城市政治现象的学科，是政治学的分支学科，其研究重点在于城市的政治性质、政治特征等政治现象。市政管理学则是将城市政治与城市行政结合起来研究，其重点是通过对城市政权机构和城市管理内容的研究来寻求有效的管理规律与对策，以保证行政管理活动的合理性、高效性。城市政治学与市政管理学这两门学科在研究范围和研究内容方面，存在着一定程度的相互交叉。城市政治学所研究的有关国家政权与政权机构、国家制度与国家体制、政治过程与公民参与等方面的内容，对市政管理学所要研究的城市政权与城市政权机构、市政制度与市政体制、市政过程与市民参与等问题，有着直接的关联性和指导作用。反过来说，市政管理学所研究的这些问题，丰富和加深了城市政治学相关内容的研究。

2. 市政管理学与城市管理学。城市管理学针对城市的各种问题提出管理的对策，其重点在于城市管理，而不在于"市政"。市政管理学则不仅要研究上述内容，而且还要研究实施管理活动的主体，即城市政权的组织体制，把主体和客体结合起来。

3. 市政管理学与城市社会学。城市社会学是社会学的分支学科，其研究重点是城市的社会问题、社会现象。它与市政管理学的区别在于，城市社会学偏重于揭露问题、提出问题，市政管理学则更多地侧重于解决问题，即提供解决这些问题的途径和措施；另外，城市社会学研究城市社区结构、社会组织，并不侧重于城市政权机构，而市政管理学则以城市政权机构及其之间的关系为重点研究内容。

4. 市政管理学与城市行政学。从广义上来看，两者可看作同一概念，此外城市行政管理学也大致可视为相同概念。从狭义上来看，上述几个概念存在一些区别。如果把城市行政学理解为专门研究城市行政机构及其行政活动的科学的话，其范围就可能比市政管理学小，因为市政管理学除了研究上述内容外，还要研究对城市的管理以及城市本身的特征，同时，市政管理学的研究主体也不仅仅限于城市行政机构。

1.3　市政管理学的研究方法与研究意义

1.3.1　市政管理学的研究方法

随着城市现代化进程的发展，制约城市发展的因素增多，决策难度也越来越大。因此，市政管理学研究方法的科学化，既是一个大趋势，也是一个大难题。它要求管理者和研究者密切关注社会和科技的变化，积极探索和引进科学管理方式，以适应现代化城市的发展需要。

1. 综合分析方法。现代科学发展的一个显著特点是自然科学和社会科学的相互交叉和相互渗透。这种发展的必然结果是产生了许多边缘学科。这些边缘学科的产生，也为自然科学和社会科学的研究提供了许多新的有效的工具。市政管理学是一门综合性很强的学科，市政管理学要研究和解决如市政组织机构问题、市政经济问题、城市社会问题、城市发展问题等大量的城市实际问题，都要靠现代化的综合分析方法。综合分析方法就是面对博大的知识体系，紧紧围绕自己的研究目的广泛吸收各方面的信息和知识，将各学科的知识融合在一起并重新梳理，形成新的内容体系。作为市政管理者，必须要掌握政治学、社会学、人口学、社会心理学、伦理学、系统工程、控制论、信息论乃至生态学和未来学等许多科学的知识。

2. 系统分析方法。市政管理是一个由许多分系统以及各种要素、各个环节有机组成的庞大复杂的大系统。因此，对它的分析和研究应采用系统分析方法。系统分析方法就是运用系统论的观点，全面地考虑市政管理问题，把市政的各个系统、各种构成要素以及管理过程的各个环节，都当作一个相互关联的系统整体进行全面的考察和分析，对市政内部与外部的各种关系进行综合研究和分析比较。这种系统的研究方法，注重系统的整体协调、系统的环境适应性以及系统整体功能的优化。

3. 静态研究与动态研究相结合的方法。所谓静态研究，强调和注重对市政组织结构、市政制度、市政体制等方面的静态研究。采用静态研究方法，对于深刻理解和把握各种市政静态要素的特性和功能，促进市政组织、市政制度的发展和完善，具有重要的指导意义。而动态研究则着眼于发展过程，着眼于组织中人的行为和关系的分析，以求得有效的动态管理。现代市政管理学的研究，立足于人，注重市政管理者的行为和市民的参与活动，注重市政环境因素和市政过程的发展变化。动态研究方法适应了这样一种要求，对推进市政管理的民主化、科学化有重要价值。

4. 定性分析与定量分析相结合的方法。对市政现象、市政问题的研究，除了要采用传统的定性分析方法外，还要注意应用定量分析方法。定量分析方法，是在广泛收集有关市政现象、市政问题的大量数据资料的基础上，用现代数学方法和定量分析技术把有关市政现象、市政问题之间的关系数量化，以达到对市政管理活动规律的认识进一步深化和精确化。例如城市规划的设计、城市土地利用、城市环境的治理、城市人口结构的选择等许多市政管理问题，都需要采用量化研究方法才能获得比较精确、合理的答案。

5. 理论研究与实证研究相结合的方法。市政管理学的理论分析方法，就是通过对市政现象进行反复的、深入的研究，从中概括出一定的原理、原则或规律，作为处理或解决有关市政问题的理论武器和指导方针。但应用这种研究方法所适用的原则、原理等并不完全适用复杂多变的市政实践，简单套用可能误事。因此，对实证研究方法的结合运用十分必要。从某个事实出发，先用客观的方法进行调查研究、计量分析、综合论证，然后再根据所归纳的结果确定处理某项市政问题的具体办法或可行方案。在我国现阶段，市政管理较之西方有很多独特的背景和条件，对于中国的市政管理问题绝对不是简单照搬西方的理论研究就可以解决的，理论与实证相结合的研究方法具有重要的意义。

1.3.2　市政管理学的研究意义

1. 适应城市化快速发展趋势的需要。一门科学存在的价值，归根结底，取决于现实社会生活的需要。随着科学技术的巨大进步，社会经济的迅速发展，城镇化已成为席卷全球的世界潮流，成为当代社会发展的客观规律。目前我国城镇化水平逐渐提高，预计到 2030 年我国城镇化率将达到 70%，2050 年将达到 80% 左右，[①] 城镇化的快速推进，对城市科学的发展提出了更多、更高的要求，如市政管理体制的深入改革、城市政府职能的转变和规范、数字城市与电子政务、日益庞大的城市流动人口管理、城市群的建设和管理等。市政管理学作为城市科学的分支学科，在这方面将承担更多的任务，对这些问题的研究不仅能够丰富和发展市政管理学理论，而且还有助于指导现代市政管理的实践。正确认识和把握城镇化发展规律，探讨具有中国特色的城镇化道路、城市总体布局和城市规模与结构等，并根据各种内在的规律作出科学的决策，这正是市政管理学研究人员的重要职责。

2. 适应城市现代化管理的需要。现代城市产业聚集，贸易发达，文化多样，是区域的经济、科技和文化中心，对区域的发展起着重要的带动作用，城市政府形象的塑

---

① 潘家华，等. 城市蓝皮书：中国城市发展报告 No. 12 ［M］. 北京：社会科学文献出版社，2019：29.

造、城市总体规划和布局的调整、城乡协调发展的规划、生态可持续城市的建设、城市公共安全体系的建立等都离不开科学的现代化的管理，同时，现代城市管理日趋复杂化。加强城市管理、市政管理的研究，有助于科学地认识现代城市，掌握市政管理规律，用现代市政管理理论指导实践，避免或减少市政管理中的片面性和盲目性，用现代市政管理的思想、体制、方法和手段，不断提高城市管理现代化水平。

3. 有助于培养和造就现代市政管理人才。实现城市的科学管理，促进城市现代化的发展，不仅有赖于科学的市政体制的建立，而且更需要提高市政管理者的素质，培养和造就一大批市政管理人才。特别是随着城市的发展，智慧城市、大数据等的应用，对城市管理人才的要求也越来越高。因此，培养合格的现代城市管理人才，是当前中国城市发展和建设中刻不容缓的重要任务。面对加速发展的城镇化进程和日益复杂的城市事务，当代市政管理人员必须学习和掌握市政管理的理论、方法和技能，深刻认识城市发展的规律和市政管理的规律，自觉地应用市政管理的知识指导市政管理工作。学习和研究市政管理学为培养具有市政管理理论素养和技能的市政管理人才提供一条重要途径。

4. 有助于丰富和完善市政学学科理论体系。市政管理学在我国还属于新兴的、发展中的学科，其理论体系还很不完善，大力发展市政管理学学科体系，不但能有效地为市政管理提供科学的理论指导，而且能为培养合格的市政管理人才提供必要的理论武器和智力支持，还直接关系着市政管理人员的素质，影响着市政管理的水平。

❂ 阅读材料

以人民为中心　加强市政管理

改革开放 40 多年来，我国经历了世界历史上规模最大、速度最快的城镇化进程，城市发展波澜壮阔，市政管理理论和实践取得了举世瞩目的成就。然而，我国市政管理领域也存在着发展不平衡、不充分的问题，给我国市政管理带来了极大挑战。为此，新时代如何提高市政管理水平和质量，不断促进社会公平正义，形成有效的社会治理、良好的社会秩序，使人民获得感、幸福感、安全感更加充实、更有保障、更可持续，成为当前各级城市管理者需要高度关注的重要问题。

做好市政管理工作，必须加强和改善党的领导。各级党委政府要充分认识城市工作的重要地位和作用，主要领导要亲自抓，建立健全党委统一领导、党政齐抓共管的城市工作格局。要推进城市管理机构改革，创新城市工作体制机制。要加快培养一批懂城市、会管理的干部，用科学态度、先进理念、专业知识去规划、建设、管理城市，走出一条中国特色、中国气派、中国品质的市政管理及其发展道路。

坚持以人民为中心的发展思想，坚持人民城市为人民，这是我们做好市政管理工作的出发点和落脚点。做好市政管理工作，要顺应城市工作新形势、改革发展新要求、人民群众新期待，以实现人的全面发展为目标，把满足人的需求作为管理的出发点和中心任务。人是城市最活跃、最重要、最根本、最宝贵的资源。只有满足人的需求，充分保障市民权利、福利和自由，充分发挥人的积极性，才能从根本上提高城市竞争力。坚持以人为本、科学发展、改革创新、依法治市，转变城市发展方式，完善城市治理体系，提高城市治理能力，着力解决城市病等突出问题，不断提升城市环境质量、人民生活质量、城市竞争力，建设和谐宜居、富有活力、各具特色的现代化城市，提高新型城镇化水平。

随着市政管理进程的推进，难免会对社会利益关系和利益格局进行调整。为了维护多元利益平衡，需要完善公众参与的渠道和途径，建立集体议事会制度，保障利益相关者拥有平等的参与权和利益表达权。城市发展和市政管理要统筹政府、社会、市民三大主体，善于调动各方面的积极性、主动性、创造性，集聚促进城市发展正能量。要坚持协调协同，尽最大可能推动政府、社会、市民同心同向行动，使政府有形之手、市场无形之手、市民勤劳之手同向发力。政府要创新城市治理方式，特别是要注意加强城市精细化管理。要提高市民文明素质，尊重市民对城市发展决策的知情权、参与权、监督权，鼓励企业和市民通过各种方式参与城市建设、管理，真正实现城市共治共管、共建共享。

城市管理工作是一个系统工程。系统科学告诉我们，市政管理是由许多子系统以及各种要素、各个环节有机组成的复杂系统，不同的子系统和各种要素之间具有内在的联系性。市政管理要把各种要素以及各个管理环节作为相互关联、相互影响的整体进行规划和管理，不能孤立地关注某个子系统。市政管理是一项重大的社会系统工程。从公共管理视角而言，现代市政管理中，政府发挥着主导作用，市政管理的主体不仅包括政府部门和公共机构、国有企业、事业单位，还包括引入市场机制和社会力量；让私人部门、非营利组织、社会公众也参与进来，鼓励企业和市民等通过各种方式参与城市建设与管理，真正实现城市共治共管、共建共享，形成合力，共同努力提高公共服务效率。新时代，我国的市政管理要提高水平和质量，必须要坚持以人民为中心的理念为重要支撑。

资料来源：董立人. 以人民为中心 加强市政管理［N］. 中国城市报，2019-04-08.

思考题

1. 根据材料，分析市民在我国市政管理中的重要作用。

2. 根据材料，谈谈在市政管理工作中，如何坚持以人民为中心。

▌▌本 章 小 结

市政管理学，是研究城市国家政府行政机关和其他城市公共管理主体，对城市日常公共事务进行有效管理的规律的科学。市政管理的研究对象涉及市政管理主体、市政管理客体、市政管理体制及市政管理规律等方面。常用的研究方法有综合分析方法、系统分析方法、静态研究与动态研究相结合的方法、定性分析与定量分析相结合的方法、理论研究与实证研究相结合的方法。学习和研究市政管理学，适应城镇化快速发展趋势与城市现代化管理的需要，有助于培养和造就现代市政管理人才，同时有助于丰富和完善市政学学科理论体系。

关 键 名 词

市政　城镇化　市政管理　市政管理学

复习思考题

1. 什么是市政？什么是市政管理？
2. 市政管理学的研究对象包括什么？
3. 市政管理学的研究方法有哪些？
4. 为什么要研究和学习市政管理学？

第2章 市政职能与市政过程

【学习目标】

市政职能体现着城市管理活动的性质和方向，是城市行政管理活动的前提和依据。市政过程是市政管理主体围绕城市管理的活动过程。通过本章学习，学生应了解市政职能的含义、特征及作用，掌握现代市政职能的基本内容。了解市政过程包含哪些具体环节、市民参与市政管理的主要意义，及如何保障市民有效参与市政管理。

【重点内容】

- 市政职能特点及主要内容
- 市政过程环节
- 市政职能转变的方向
- 市民参与

【典型案例】

市民参与年终测评值得点赞

工作行不行，大家评一评。据报道，湖南衡阳市绩效办近日利用线上公众评估系统，向全市移动、联通、电信公司手机用户发送短信，邀请市民评判全市 82 个参评市直单位的年终绩效，评估意见将占各单位年终绩效总值的 15%。

每到岁末年初，对所属部门、单位开展一年一度的工作测评，已是许多地方的常态化"规定动作"。然而，如何评？谁来评？参与测评的对象、群体不同，效果也大不一样。时下，仍有不少地方是关起门来"打钩"。这样做其实起不到发现问题、提升工作水平的作用。

群众的眼睛是雪亮的。党政机关、企事业单位及其职能部门、服务窗口的工作到底好不好，哪些方面还存在不足，前来办事的群众和企业感受最深，体会最清楚，也最有发言权。如今，一些地方在年终绩效测评考核中，运用互联网思维，邀请广大市民通过手机参评，抓住了测评工作的核心和关键。开门测评，既能客观反映各单位的工作成效，发现存在的问题，又能激发市民参与社会治理的积极性。

让党政机关、服务单位的测评工作在阳光下运行，是群众和企业的呼声，也是改革的方向。前不久，国务院办公厅印发《关于建立政务服务"好差评"制度提高政务服务水平的意见》指出，建立政务服务绩效由企业和群众评判的"好差评"制度，推动各级政府增强服务意识，转变工作作风，夯实服务责任。衡阳市邀请城乡居民参评市直单位年终绩效的创新做法，是对群众的充分尊重和信任，值得借鉴。

资料来源：吴旭. 市民参与年终测评值得点赞［N］. 经济日报，2020 - 1 - 17.

2.1　市政职能概述

市政职能体现着城市管理活动的性质和方向，是城市行政管理活动赖以生存的前提和发展的主要依据，简单来讲就是市政主体承担的职责和功能。在社会转型发展时期，科学地界定和认识我国的市政职能是分析城市管理行为的基础，实施加快市政职能转变，将会促进市政管理体制的科学化发展。在各种市政主体中，城市政府是城市公共事务的最主要的管理主体，因此，这里主要探讨城市政府承担的职责和功能。

2.1.1　市政职能的含义

所谓市政职能，是指狭义上的城市政府即城市中的行政机关在城市管理过程中依法履行的各项职责和功能的总称。对于一个城市来讲，市政职能的核心问题就是回答政府"应该做什么"和"不应该做什么"以及"如何去做"的问题。市政职能反映了政府活动的实质及行政活动的内容与方向，确定了行政机关与其他公共组织的合理边界，同时也反映了城市政府管理的重心所在。具体来看，市政职能包括以下几个层面的含义：

1. 市政职能的主体是城市人民政府。把市政职能的主体界定为城市中的行政机关，这是因为政治结构赋予了城市行政机关直接管理城市公共事务的主体地位，而且行政机关的活动能更为直接地表现出政府活动的动向。

2. 市政职能的客体是城市公共事务。在我国，城市公共事务是地方公共事务的重要组成部分。由于人口聚集所产生的公共服务需求，使得公共机构、公共设施、公共产品和公共服务高度集中，从而与其他地方行政事务相比，城市行政事务更加具有公共性质。

3. 市政职能是城市政府行政管理职责与功能作用的统一。市政职能首先表现为作为一级地方行政机关依法应履行的职责，即城市政府应该管什么、管到什么程度和应该如何去管。同时，市政职能又表现为城市政府在行政管理活动中的功能。这两者是统一的，即城市政府的功能是其法定职责的前提，而城市政府的法定职责是城市政府功能实现的保障。不能将两者孤立起来，只强调其中一个方面。

4. 市政职能是国家职能的具体执行。在现代社会条件下，市政职能行使的依据是国家宪法、法律授予城市政府的行政权力，是行政权力的具体化和外化表现。城市政府通过运用这些法定职权来有秩序地完成国家所赋予的职能。它本质上是国家权力的执行机关，即通过实施市政行为实现国家行政权力。

5. 市政职能是一个完整的体系。市政职能的内容涉及政府管理城市经济和社会公共事务的全部活动，同时政府内部各纵向层级和横向部门之间又有各自的职能领域，从而构成了一个纵横交错、相互支持而又相互制约的职能部门体系。理解市政职能，应从整体上予以把握。

2.1.2   市政职能的特征

与社会关系简单，文化具有同质性、封闭性和一元化特点的乡村相比，城市社会关系复杂而多变，具有异质性、开放性与多元化的特点。而且城市行政区域相对较为集中，大量行政事务高度密集、问题结构复杂，使城市规划、建设、管理和服务工作产生了一种规模效应，这一系列特点决定了市政职能不同于一般的政府职能，此外，和传统的市政职能相比，现代市政职能出现了许多新变化。具体而言，现在市政职能主要有以下特征。

1. 市政职能具有动态性和扩展性。市政职能随着城市的发展而不断变化，逐渐成为一国政府职能演变的缩影。在不同国家和同一国家的不同历史时期，市政职能具有不同的内涵和特征，带有明显的历史烙印，表现出动态性和扩展性。

从整个市政职能的演变来看，前工业化阶段，市政职能往往仅限于户籍、治安、消防、道路、路灯、卫生等方面，管理方式和手段都比较单一。到了工业化阶段，由于城市公共事务的增多，市政职能逐渐扩展到社会福利、住宅保障、环境治理等范围。随着城镇化进程的不断加快，市政职能的领域范围依然在不断扩大，如网络技术的出现使得城市政府开始把维护城市信息安全作为市政职能。

2. 市政职能具有广泛性和多样性。从职能内容来看，与农村社会相比，城市公共事务复杂多变、分工细密，具有广泛性的特点。从职能的实现方式来看，当代市政职能的实现方式具有多样性的特点。我国城市公共事务内容复杂多样，新情况、新问题层出不穷，单一的手段与方式很难解决所有的问题。当代城市政府除了注重综合运用行政手段、经济手段、法律手段和思想教育手段外，还积极创新管理工具，采用民营化、用者付费、特许经营等市场化工具，把全面质量管理、目标管理、绩效管理等工商管理技术引入城市管理中，同时还注意发挥社区治理、志愿者服务、公众参与等社会化手段的运用。

3. 市政职能具有双重性和差异性。作为地方政府，城市政府承担的职能具有双重性，即城市政府既有义务执行中央政府和其上级政府制定的法律、法规和决定，又有权依法自主决定并处理仅仅关系到辖区内居民利益的公共事务。这种双重属性要求城市政府必须处理好与上级政府之间的关系，既要维护好中央权威，确保宏观调控政策等落实，又要切实促进城市的良性发展。

同时，市政职能也存在着差异性。不同国家的城市、同一国家的不同城市、不同层级城市，市政职能都不完全相同。差异产生的原因也是多方面的，既有国家结构、政治制度、行政体制等方面的原因，也有经济发展的不平衡和自然条件、文化条件存在差异的原因。市政职能的差异性表现在许多方面，包括职能内容、履职机构的设置、人员构成和职能实现方式等。

4. 市政职能具有规范性和服务性。一方面，行政管理的法制化和科学化已经成为基本要求，依法行政与科学行政已经成为现代城市的基本要求与基本特征。因此，市政职能必须具备规范性，具有法治化与科学化特点。市政职能的规范性要求将城市政府的职责范围、权责关系、职能实现方式、时效性和相关标准等纳入法制轨道，依法行政，保证城市管理的顺利进行。

另一方面，建立公共服务型政府成为当代政府的职能定位，服务性是政府职能的基本特征。对于城市政府而言，政府职能的公共服务性特点更为突出。这是城市自身的特点决定的，城市的物资、人力、信息等资源高度聚集，要求公共服务的强大支撑，城市政府在提供公共服务方面的规模效益，也有利于提高服务的质量。

2.1.3　市政职能的作用

市政职能是国家职能的具体体现，决定了城市政府行政管理活动的性质、方向和范围，为市政管理的有序进行提供了依据和前提。只有按照市政职能的要求来安排市政系统的运作，才能保证市政运行机制的科学化、程序化。具体而言，市政职能具有以下作用。

1. 市政职能是城市行政体制建立和改革的依据。首先，市政职能是行政组织设置的依据。市政职能决定了行政组织的规模、层次和数量。行政组织设置得科学、合理，行政活动才能有效地继续和发挥作用。要建立精简、效能、统一的行政机构，就必须依据市政职能来设置。其次，市政职能的变化决定着城市的行政组织机构也必然随其作出相应的调整。

2. 市政职能是确定市政活动方式的依据。市政职能性质的不同决定了城市管理活动的方式存在差异。例如，城市政府的政治性和保卫性职能，决定了履行职能的行政活动方式是直接的、纵向的支配，常常以行政命令为主。而城市政府职能的管理性、服务性又决定了政府履行职能的方式是间接的、横向的，常以法律方式、经济方式等开展行政活动。此外，从城市的不同组成部门来看，如公安部门、经济部门、社会保障部门等，由于承担的具体职责和功能不同，导致其行政活动的方式也存在较大差异。

3. 市政职能是衡量市政管理效率的标准和依据。市政管理活动的目的在于追求高效率、高效能和高效益。评价一个城市政府管理绩效的高低，其实质是看它实现市政职能的程度。市政职能作为城市政府整体的职责和功能，既可以分解为政府各部门的职责，同时又是各部门的行政目标，因此，最大限度地实现市政职能的过程也是最大限度实现行政目标的过程。

2.2   市政职能的基本内容及影响因素

2.2.1   市政职能的宏观内容

城市政府的基本目标是保证当地良好而安定的社会秩序，通过对当地社会提供良好的管理和服务、提供必要的公共基础设施，为当地居民的生产、生活创造良好的环境和条件，进而维护和促进当地经济和社会的发展。一般而言，城市政府的宏观职能大致可以分为政治职能、经济职能、社会职能和文化职能这四类。

1. 政治职能。城市政府的政治职能主要是指公安、政法、军事、情报等国家行政机关通过函询、约束、防御、保卫、控制等手段对涉嫌违反公共治安、法律的公民、法人实施强制手段，以达到维护政治秩序的目的。在我国，城市政府要运用自己的职权，保障国家法律和政令在城市中的贯彻实施，维护国家和城市安全，保护国家和个人财产不受侵犯，维护国家和城市的政治秩序。在市场经济体制下，城市政府要对市场失灵和社会越轨行为进行有效的控制，对不同阶层和群体之间的利益矛盾进行协调，从而保持政治稳定和社会安定。

2. 经济职能。城市政府的经济职能是指城市政府利用经济、财政、金融、法律和行政手段，宏观上对城市经济进行调控、管理，提供相应的服务，目的在于维护正常的经济秩序，促进城市经济的繁荣、物质的丰富和生活质量的提高。城市政府的经济职能主要包括三个方面：一是执行中央政府的宏观经济政策，贯彻上级政府的经济产业发展、市场投资等经济调控政策；二是建立和规范市场关系，打击破坏市场秩序的行为，建立和完善市场秩序；三是制定和实施城市发展战略、规划。

3. 社会职能。城市政府的社会职能是指城市政府对城市社会生活领域的公共事务履行的社会管理和社会服务职能，目的在于维持良好的社会秩序，促进城市社会的健康发展。城市政府的社会服务职能主要包括四个方面：一是提供满足居民基本生活所需的公共物品和公共服务；二是建立和健全社会保障体系，关注城市弱势群体的保护；三是监督、引导和服务各类社会组织，为社会中介机构的发展提供宽松、适宜的政策环境；四是保护生态环境，促进区域的协调发展。

4. 文化职能。城市政府的文化职能是指城市政府为满足人民的文化生活需要，依法对文化事业进行管理的职能。它是加强社会主义精神文明建设，促进经济和社会协调发展的重要保证。

2.2.2   市政职能的具体内容

城市政府基本是以在当地形成良好、安定的社会秩序为基本目标，通过对当地社会提供良好的管理和服务，提供必要的公共基础设施，为当地居民的生活、企业的生产创造一种较好的环境和条件，从而维护和促进地方经济和社会的发展。具体而言，市政职能集中表现在以下几个方面。

1. 城市规划职能。制定和实施城市规划已经成为城市政府的一项基本职能，具体包括地区综合开发计划的制定，区域建筑物结构、卫生设施、工业、商业网点的管理，交通的规划布局，各种地下管道和网线的铺设和扩展等。传统城市规划的内容包括地方土地的功能分区、对建筑的控制、基础设施的布局等。现代城市规划则从环境、生产和生活的协调出发，对城市的经济和社会发展进行宏观调控。

2. 环境保护职能。随着社会的发展，环境保护成为一个国家重要的市政职能，不允许企业以牺牲环境为代价来发展经济；环保被置于各项职能和公共政策的重要地位；城市政府的环保部门在职权、机构设置、人员配备、资金支持和物质装备得到充分的保障；把环保方面的绩效作为衡量城市政府政绩的首要标准。

3. 公用事业服务职能。城市公用事业服务职能是指与市民生活和生产活动有直接联系的公用事业的服务职能，主要有城市道路、桥梁、河道、防洪设施、排污设施等纯公共物品，还有供水、供电、供气、公共交通、垃圾收集等混合公共物品。

4. 公共事业管理职能。城市政府的公共事业管理职能主要包括教育、科学、文化、卫生四个方面的管理。公共事业管理的好坏，关系到城市全体公众基本生活质量和水平的高低。改革开放以来，特别是市场经济体制建立以后，我国的城市公共事业管理正朝着多元化、社会化、商品化、市场化与法治化的方向进行。

5. 社会福利与保障职能。社会福利和保障职能是指对生活困难者、老年人、残疾人、精神病患者、孤儿、失业者等市民的援助、保护、救济和福利，以及为这个目的而设置的养老院、托儿所、孤儿院、养护设施等慈善机构设施。有的国家还包括：营造住宅、改善低收入者住房条件；组织残疾人企业、建设伤残老病人员社会劳动保险和养老保险；提供免费的法律援助；提供健康的娱乐场所，建造和管理公园游乐设施、增加体育娱乐设施等管理职能。

此外，市政职能还体现在其他诸多领域，如城市基础设施管理、城市交通管理、城市公共安全管理、城市经营管理、城市土地与房地产管理等，在本书的各章节中，我们会对这些内容进行详细的论述。

2.2.3　市政职能的影响因素

市政职能的影响因素是多元的，这些因素的表现形式各异，导致不同城市的市政职能也存在差异性。市政职能的发挥既受到城市政府所处行政地位的影响，也受到城市宏观经济体制与经济政策的影响；既受城市政府自身能力的影响，又受自然环境的影响。而且，不同的历史时期市政职能的主要影响因素也有很大的差异。

1. 城市政府的行政地位和行政层次。城市在国家政权中的地位对市政职能的范围和稳定状况影响甚大，而城市的地位又很大程度上取决于一个国家的类型与特点。不同类型国家的城市有着不同的行政地位，其市政职能的范围、内容和运行方式也有所不同。在单一制国家中，国家的统治权集中于中央政府，城市政府是中央政府的延伸，其作为一级地方政府，必须服从中央和上级政府的领导，执行中央和上级政府的决定。在这种情况下，中央和上级政府有可能扩大或缩小城市政府的职能，中央和上级政府可以通过行政手段，将自身承担的职责交给下级政府的行政机关完成，反之也可以将本属于城市政府承担的职责收归自身承担。而在有着地方自治传统的联邦制国家中，国家权力由中央政府和地方政府分别行使，城市政府享受较大的行政自治权。此时，城市政府与上级政府之间的关系更多的是法律监督关系，而不是行政隶属关系，所以城市政府的职能来自法律的明文规定，中央和上级政府只能通过法律途径改变其职能，或通过行政机关之间彼此达成的协议，将自身的职责委托给对方承担。

此外，即使在同一个国家，由于城市的层次级别不同，市政职能也存在着较大的差异。如我国的城市按行政级别可以分为四类，即县级市、地级市、副省级市、直辖市。直辖市属于省级单位，产业结构比较齐全、规模也大，一般都是全国性的政治、经济、文化中心，通常以第二、第三产业为主，对周边地区形成较大的辐射作用。副省级市一般是某一大区域内的政治或经济中心，或具有重要战略地位，其具有省级的经济管理权，经济与社会发展计划直接纳入全国计划。地级市受省级政府直接管辖，是具有地区性政治、经济、文化中心功能的较大城市，县级市脱胎于县，其职能与县相似，主要以农业和较小规模的公共服务为主。

2. 宏观经济体制和经济政策。在计划经济体制下，城市政府几乎控制着所有的经济活动，其影响渗透到每个经济实体的人财物、产供销和社会生活的方方面面，政府对经济和社会直接而深入的干预，导致其承担的职能无限扩大，逐渐成为全能型政府。在市场经济体制下，城市政府对经济实施适当调节，对符合法律规范的具体经济活动不加干预，社会在法律规范下具有相对独立的空间，城市政府承担的职能相对有限。

此外，国家对城市实行的政策，特别是经济政策的不同，也是导致市政职能差异巨大的原因之一。如改革开放初期，根据我国城市经济政策的不同可以将城市分为经济特区城市、对外开放城市和一般城市。经济特区城市，如深圳、厦门等，实行特殊的经济政策和特殊的管理体制，享有很大的经济自主权。对外开放城市也拥有较大的对外开放方面的管理权限，对前来投资的外商实行经济优惠政策。而其他城市则一般不享有上述特殊的经济政策，这样的城市在我国占大多数。

3. 城市政府自身的能力。城市政府自身的能力对市政职能有着重要影响，也是市政职能确定的重要依据。如果说市政职能是指城市政府在一定时期内应该承担的职责和功能，那么城市政府的能力则是指城市政府实际能够履行这种职责和功能的程度。城市政府自身能力的强弱决定着市政职能的实现程度的高低。如地方财力因素，对公共服务供给的范围和水平具有相当大的影响，如果一个城市政府的财政收入及其获得和使用这种收入的能力较强的话，那么它在履行社会保障、公共基础设施供给等职能方面更为容易。反之，如果一个城市政府的财力不足，它就很难在需要投入大量财政资金的职能领域有所作为。

除上述因素外，城市的地域特色，自然地理、经济地理和人文地理条件，对城市政府职能的制约也有重要的影响。在不同的自然环境下，政府部门的设置和职能重心也会有所差异。在沿海地区，城市政府需要设置更多的渔业、航海监管部门，而在山区，政府需要对林业、野生动植物的保护花费更多的资源。因此，市政职能体系也需要根据地域特色、不同类型城市的特点等具体情况而定。

2.3　我国市政职能的改革与发展

2.3.1　我国市政职能的变迁

新中国成立后，鉴于国内外的形势，我国逐步形成了计划经济体制，在这样的背景下，我国的市政职能广泛，城市政府成为全能政府，包揽一切。20 世纪 90 年代初我国确立了建立社会主义市场经济体制的改革目标，市政职能随之调整，按照市场经济的要求逐步调整政企关系、政社关系。同时，积极推进行政体制改革，推动政府职能转变，自 1988 年政府机构改革首次明确提出"转变政府职能是机构改革的关键"这一命题，之后的历次机构改革都坚持贯彻这一原则。总体而言，改革开放至 20 世纪末这一时期，各城市均把强化经济职能、通过行政改革促进城市的经济增长作为其核心职能。

进入 21 世纪以来，党和国家的宏观政策价值取向发生了变化，明确把政府职能界定为四大方面：经济调节、市场监管、社会管理和公共服务。2005 年后，提出"建设服务型政府"的理念，进一步促进了市政职能的转变，各城市纷纷把职能重心向社会管理和公共服务倾斜，加大民生领域的投入力度、提升城市基础设施的承载能力和公用事业的服务能力、加快科教文卫等公共事业的发展、建立健全社会保障体系等多项措施。

回顾市政职能的变迁，我国的市政职能主要有以下变化：政企关系逐步理顺，政府对微观经济的干预大大减少，市场在资源配置中的基础作用日益增强，政府加强了对市场的规范和监督，越来越重视社会管理和公共服务职能。同时政府履行职能的方式不断创新，在依法行政的要求下，政府履行职能的法治化程度提升，政府管理更加公开透明，政府决策更加开放民主；在市场经济体制背景下，开始探索多元化的政府职能实现方式，积极采用市场机制、社会机制，从传统的政府管制向城市经营转变，进而向城市治理迈进，不断创新职能实现方式，优化了政府绩效。

2.3.2　市政职能改革的基本方向

市政职能的转变是一项宏大而艰巨的系统工程，并非只要进行简单的政府职能调整就能实现。职能转变，不仅涉及技术层面，还涉及制度层面、思想层面和历史层面，其转变不可能一步到位、一蹴而就，历史的包袱、人为的阻力还有各种各样潜在的障碍都是很难克服的。当然，在长期的改革过程中，我们已经积累了较为丰富的经验，各种科学的思想也在不断地引入。在今后很长一个时间段内，我国的市政职能改革主要需要做好以下几个方面的工作。

1. 调整市政职能的范围。市政职能的范围由全能政府向有限政府转变。具体地说，政府应当切实履行好经济调节、市场监管、社会管理和公共服务等基本职能，在公共设施和基础设施建设、环境资源保护、发展科学教育文化事业、公共福利和保障、公共安全、法治建设等方面充分发挥作用。政府要从市场参与者向市场秩序维护者转变，为企业创造一个统一、公正、自由的市场环境，促进市场经济的发展。同时，政府要有意识地改革社会管理体制，培育社会中介组织，提高社会的组织化程度，扩大社会组织自我管理的能力，以形成政府、市场和社会合作治理的格局。

2. 理顺市政主体之间的关系。调整城市政府与上下级政府之间的关系，合理划分各自的事权、财权和人事权，并用法律法规的形式予以保障，赋予城市政府充分的自主权，充分发挥城市政府因地制宜处理城市公共事务的优势。

3. 转变市政职能重心。市政职能的重心应由经济建设型政府、社会管理型政府向公共服务型政府转变。与传统的政府管理模式不同，它不再把经济建设当作唯一的目标，而是综合考虑经济效益、社会效益和生态效益；不再把控制社会当作管理的重心，而是把公共服务的供给当作主要的职能。城市政府在公共服务型政府的理念指导下，不仅要实现职能重心的转移，为城市居民平等地提供普遍的城市公共基础设施、科教文卫、公共安全等公共服务，而且还要强调公民导向、绩效导向，增加城市居民在公共服务方面的选择权，保障公众在公共服务中的参与权，以公众的满意为目标，不断提升公共服务水平。

4. 创新市政职能的实现方式。市政职能的实现方式由单一、传统向多元、现代转变。首先，改变单纯依靠行政手段的管理模式，遵循市场经济规律，综合运用行政、法律、经济和教育等多种手段。其次，要改变单纯依靠政府单一主体管理的模式，建立与市场组织、社会组织的公私合作伙伴关系，积极引入新的公共管理工具。在新的公共服务供给模式中，政府作为"安排者"决定哪些公共服务应由政府来做、做到什么程度或水平、怎样付费等问题。至于多数公共服务的生产和提供，可以通过合同外包、政府补助、凭单制、特许经营等形式由私营部门或社会机构来完成。

2.4　市政过程

所谓市政过程，是指市政主体围绕城市管理活动的运行过程。具体而言，就是围绕城市公共政策制定、执行和监督等环节的活动过程，也是管理城市公共事务、解决城市问题和完成上级交办任务的过程。

2.4.1　市政决策过程

市政决策过程实际上是市政决策主体为解决城市各种问题而进行的方案的拟订与抉

择过程。市政决策具体包括以下环节：政策问题的确认、政策议程的建立、政策目标的确定、备选方案的提出、政策方案的评估、政策方案的抉择。

1. 政策问题的确认。在城市的运行中，难免会出现各种各样的问题，它们对城市运行和个人权益造成侵害。往往旧问题尚未解决，新问题又接踵而至。由于政府的精力和能力有限，并非所有社会问题都能引起关注。只有引起政府重视并着手解决的社会问题，才能转化为政策问题。这就是说，政策问题是从大量社会问题中筛选出来的。至于哪些社会问题能成为政策问题，则取决于政府的行动偏好、问题属性和严重程度、公众参与状况等变量。

2. 政策议程的建立。这是社会问题转化为政策问题的关键环节。政策议程可分为公众议程和政府议程两种形式。公众议程是指公众参与的过程，即社会问题引起社会公众关注，他们向政府提出政策诉求，要求政府采取措施加以解决。政府议程是指社会问题已经引起决策者关注，决策者感到有必要采取行动，并把社会问题列入议事日程。

3. 政策目标的确定。经由一定的政策议程，相关政策主体对政策问题进行诊断，在讨论、协商的基础上，就解决特定问题的政策目标达成一致。确定政策目标需要对政策问题进行认真的调查分析。如同医生给病人看病一样，只有知道城市得了什么病，才能确定政策目标和治理方案。

4. 备选方案的提出。在确定了政策目标以后，接下来的工作就是设计政策方案。通常的做法是，提出若干个备选方案，并对每一个备选方案的具体内容予以详细阐述。

5. 政策方案的评估。即对备选方案的利弊得失进行全面而客观的评价，对技术可行性、经济可行性、政治可行性和行政可行性进行分析论证。政策方案的评估也被称为前期评估，它主要是对备选方案的后果进行预测。

6. 政策方案的选择。即根据政策方案评估的结果，从多个备选方案中择优确定正式的政策内容。在对政策方案作出选择以后，还需要经由政策合法化程序，使政策方案成为具有权威性的公共政策。所谓政策合法化，就是使政策具有正当性和合法性，从而获得社会公众的自愿认同、服从和支持，减少政策执行成本。

2.4.2　市政执行过程

市政执行主要是指城市人民政府的职务行为，是市人民政府工作部门及其工作人员执行市政决策的过程。没有执行，市政决策就难以实现，决策意图就难以彻底、有效地体现。市政执行是一个较为长期复杂的过程，由一系列环节组成。实际活动中，由于执行活动性质的不同，执行的具体环节可能有所不同，但一般而言，市政执行主要包括以下环节。

1. 市政执行的准备阶段。

（1）实施方案的制定。针对决策方案的具体要求与实际情况，制定出详细的实施方案，规划出具体的实施过程。

（2）组织、人力的准备。根据实施方案的安排，以及执行内容的性质与重要性，确定相应的机构和人员，形成一个正式或非正式的办理机构，统一安排、组织与调派有关人员。

（3）思想动员。让所有参与执行的人员了解执行对象的具体内容、目标、实施的意义与实施的方案以及每一组织或人员在实施过程中的职责、应遵循的规定与原则等。此外，还包括调动有关组织与人员的工作积极性，保证决策的高效率执行。

（4）物资经费的筹备。根据实施方案编制出预算，列出执行过程中所需物资，并着手准备，以供执行之用。

2. 市政执行的具体实施。

（1）市政执行的宣传发动，主要是针对执行的客体，即广大市民和特定对象的宣传和动员。通过宣传，使广大市民及组织认同并接受行政执行过程中他们应尽的义务；通过宣传教育，使执行的内容为广大市民和组织了解、理解与认同，变为其自觉行动；通过密切联系群众，倾听市民的意见建议，使市政决策实施更符合实际与民意，也更有利于执行。

（2）市政执行手段的选择。市政执行的每一个环节都离不开一定的执行手段，执行的手段恰当与否直接关系到执行能否顺利实现。这些手段主要包括：行政手段、法律手段、经济手段、思想教育手段等。为使市政执行能顺利进行，必须根据实际情况，适时地选择合适的手段。

3. 市政执行的沟通、协调与控制。在市政执行过程中，为了加强不同部门与人员之间的联系，取得彼此之间的了解、信任与支持，保持良好的工作状态，沟通是必不可少的。通过沟通，信息得以较好地传递与交流，使不同组织、单位与人员之间的关系更加协调，易于达成共识，使政策执行能顺利开展。根据既定计划，制定控制标准，对方案实施中的偏差予以纠正，使执行过程有步骤、有计划地进行，防止执行结果偏离执行目标，保证目标的实现。市政控制过程一般包括确定控制目标、衡量成效和纠正实际执行中的偏差三个步骤。

4. 市政执行的评估过程。这里所说市政执行评估主要是指政策的评估，即政府机关对工作完成情况进行的工作评价或工作总结。政策评估是政府机关对执行过程的全面衡量，检验和评价任务完成的情况，分析政策贯彻落实的成绩与不足，总结经验教训。

政策评估一般包括检查、考核、总结几个步骤。首先，通过自查与他查的方式，检查政策执行目标的实现程度和具体效果。其次，根据检查的结果，对执行情况进行实事求是的评价，区分优劣。最后，在检查和考核的基础上，根据结果进行总结，肯定成绩，找出不足，总结经验教训。

2.4.3　市政监督过程

所谓市政监督过程是指各监督主体对城市各级国家行政机关及其工作人员的职责履行行为与遵纪守法情况进行监察与督导的过程。

市政监督的主体广泛、形式多样，不同的市政监督主体有不同的监督方式，综合起来，可以分为外部监督与内部监督。外部监督是行政组织之外的主体进行的监督行为。在此，我们主要介绍一下内部监督。

内部监督是政府内部的机关及其行政人员之间进行的监督，具体形式主要有以下几种。

1. 上下级、平级之间的监督。上级行政机关有权对下级行政机关及其人员进行监督。上级行政机关可以撤销下级机关不适当的决定、命令，并可以指导、检查、督促下级工作。下级有权对上级的工作进行监督。同级的部门与工作人员之间也有相互监督的权利，不仅可对其职权范围内的事务进行监督，而且在一般情况下，也可对同级部门的其他违法乱纪行为进行检举、揭发。

2. 审计监督。审计监督是市人民政府内设立的审计机关，即市审计局依据法律规定的职权和程序进行监督的一种方式，主要对行政机关的财政、财务和经济活动进行全面的监督，以预防和纠正财政经济活动中的违法行为。市审计局既受市长的直接领导，又受上级审计机关的领导，负责本行政区域的审计工作，对本级人民政府和上级审计机关负责并报告工作。

3. 监察监督。监察监督是市人民政府内设立的监察机关，即市监察局依法对市行政机关及其工作人员进行检查、调查和处理的监督方式。行政监察的对象一般包括本级人民政府各工作部门及其工作人员，本级政府及其工作部门任用的其他人员，下一级政府的正、副职领导人员。市监察机关实行双重领导体制，各级监察机关负责本行政区域内的监察工作，对本级人民政府和上一级监察机关负责并报告工作，监察业务以上级监察机关领导为主。监察机关有权对监察对象进行调查和检查，并据此提出监察建议与监察决定。

⚙ 阅读材料

南京市成立的城市治理委员会

南京市城市治理委员会的组织机构由两类人员组成：一类为公务委员——政府在市政工作中的负责人，共 39 人。由南京市市长任主任、三位副市长兼任副主任，其他委员为城市治理相关部门、直属单位的负责人。城市治理委员会下设办公室，负责城市治理委员会的日常工作，市城管局局长兼任办公室主任。另一类为公众委员——24 类不同社会群体的代表，共 45 人，通过公开征集及评选的方式产生。具体做法是，先从 145 名参选者中，审核出符合报名条件的 129 人，这些参选者被分成 24 个类别组，按照事先确定的名额分配比例确定名单，现场摇号选出。公众委员有权力影响甚至参与城市治理委员会的职权行使。

公众参与城市治理制度化

早在 2013 年，南京市制定实施《南京市城市治理条例》（以下简称《条例》），成为全国首个城市治理地方立法的城市，《条例》的亮点之一就是成立了由公务委员和公众委员组成的城市治理委员会（以下简称城治委），由市长担任城治委的主任。"城治委"的成立，标志着长期的政府单一管理体制转为政府、公众的双向互动。公众委员围绕城市治理难点走访调研，起草调研报告后形成决议，提交城市治理委员会审议。南京市城市治理委员会通过常态化、制度化的公众参与模式，保障公众参与长足发展。

现场观摩执法。为赢得公众委员对执法工作的理解和支持，利用自身工作平台给予城管执法正面宣传，从 2015 年 3 月起，城市治理委员会牵头，定期组织市、区、街三级公众委员进行执法观摩，每月一期，主题各异。在一次占道经营执法过程中，水果店摊主暴力抗法，拿水果刀砍伤了执法队员还大喊"城管打人"，公众委员张某与同行的公众委员耐心向摊主及群众还原事件真相，不仅成功化解了冲突，也让执法行为得到了百姓的理解和支持，还城管以清白。这一事件随后被各大媒体报道，取得了良好的传播效果，提升了公众委员的形象。现场观摩执法让公众委员们了解了城管执法的困难和阻碍，现场听到了民众和城管的不同声音，从而更加理解和支持城管执法工作，也使得其提交的相关议题在反映民众呼声的同时也能站在管理者的角度看问题，让议题更富有同理心。

常态组织公众委员进区街。深入街区，既是公众委员收集议题线索的重要途径，也是对政策执行情况的实地考察和评估。作为公众参与和了解城市治理基层实践的重要路径，公众委员进区街活动目前已举办了 19 期。在第 17 期的活动中，公众委员走进浦口区江浦街道。作为推行生活垃圾分类试点的小区之一，该街道通过推行垃圾分类积分可以兑换旅游券和物业费抵用券等做法，以鼓励、奖励的方式引导居民形成新的行为习惯，减少了矛盾冲突，收效显著。

定期举办城市治理圆桌论坛。公众委员在日常的生活中，通过走访调研这样的形式，收集议题线索，形成调研报告，议题最终要形成决议，甚至变成红头文件，光靠个人的力量远远不够。要集中各方智慧，让专家谏言、让专业组织表态、让市民发声，在城治委牵头下，公众委员召集主持的城市治理圆桌论坛，建构起百姓和政府之间的桥梁。圆桌论坛由市公众委员组织召开，每季度一期，旨在围绕城市治理的重点、难点、热点问题，邀请相关职能部门、专家学者、社会组织、市民代表等参加，大家畅所欲言、集思广益，为城市治理建言献策。论坛由公众委员轮流担任组织者，大家都有机会当"主角"，积极性空前高涨。圆桌论坛的举办充分发挥了公众委员的专业特长，人尽其才、才尽其用，为城市治理提供"最强大脑"。以助力"政府要推动的重点难点工作"为出发点，论坛上，各方心往一处想、劲往一处使，共同为南京城市治理献计出策，对于占道经营、黑臭河治理、城市交通与文明出行、智慧停车等主题，在大家观点的交锋和思维的碰撞中，破题思路也愈发明晰。

公众委员成为城市治理全程参与的"管家"

有了"城治委"，政府部门不再唱"独角戏"，而是和公众委员一起调研、想点子。公众委员围绕城市治理、民生关注的共性难题，参与社会调研和部门调研，为民生难题的解决做了大量细致的前期工作，形成了建议和意见，这些建议和意见，有的写进了立法，有的被规划采纳，还有的形成决议，由各部门执行。从议题的背景、主要内容和拟解决的问题，到拟解决的方案和步骤、议题初步调研基本情况都需要有翔实的调研文字说明，意见建议的形成，凝聚着公众委员们大量的心血。

背街小巷是城市肌理的重要构成部分，也是展现市井民俗的重要载体，更是居民幸福感的直接体验区。以红庙街区为例，上宅下店的红庙街区是新街口商圈美食集聚地，然而小餐饮油烟扰民、五小加工噪声污染、物业管理不规范、机动车占道经营等问题投诉不断。公众委员实地走访了上百条背街小巷，与市、区、街三级城管、环保、工商部门、小区居民、沿街商户座谈沟通，了解管理机制、倾听民心民意、问询商户难处，随后起草议案报告。2018 年 11 月，《关于加强南京市背街小巷综合治理的决议》出台。红庙街区作为玄武区街巷整治的重点工程于 2018 年底开展全面整治，通过城管、环保、建委、房产等部门合理提升，采用新型油烟净化技术、设立油烟在线监测系统，餐饮扰民问题得到了妥善解决，巷子里设立了城管工作站，方便居民和店家需求。公众委员的参与为原本冷冰冰的环境改造工作注入一股暖流，使得街区整治成为一项有温度、暖民心的共建共治共享工程。如今的红庙街区整体装修风格统一，街道门面干净整洁，门头店招统一制作，小区立面色调一致。公众委员参与整改前的调研、整改中的推进及整改后的运行监管全过程，代表百姓发声，其建议和意见受到采纳，环境综合提升的结果得到了百姓的认可。

公众委员的引入，使任何一项决议从前期摸底调研、到决议施行、效果监督都有了全程跟踪的"管家"，执行决议过程中，公众委员组成的监督小组进行回头看督促检查，并在下一次城治委会议上汇报执行情况，有效地促进了问题的解决。城治委成立至今，公众委员们参加市级各类政策出台前的评估、质询、听证、评审、采访、座谈约 200 多次，成为参与行政程序建设的有力组成。针对决议执行情况进行监督，对落实困难部分进行梳理，提出进一步优化决议的实施办法，真正实现了行政程序建设的全程参与，推动了南京行政程序建设过程的进一步规范和透明。

从"城市管理"到"城市治理"，一字之差，体现的是改革创新和民主法治的意涵，"绣花"一样的管理。公众委员参与城市治理的创新，为建构良性治理格局提供了制度支撑，更为"共建共治共享"的社会治理模式在当下利益多元、管理复杂的实际中进行实践提供了可操作性。

资料来源：包咏菲. 公众参与城市治理的南京样本 [J]. 群众（决策资讯版），2019（10）.

思考题

结合材料，评析公民参与市政管理的意义，并分析如何保障城市治理中的公民参与。

▌▌本 章 小 结▐▐

　　市政职能是城市政府在城市公共管理和治理中依法履行的各项职责和功能的总称。一般而言，城市政府的宏观职能大致可以分为政治职能、经济职能、社会职能和文化职能这四类；具体职能包括城市规划职能、环境保护职能、公用事业服务职能、公共事业管理职能、社会福利与保障职能。市政职能改革的基本方向包括：合理界定市政职能、科学设置市政机构、转变市政职能重心、创新市政职能的实现方式等。市政过程，是指市政主体围绕市政管理活动的运行过程，就是围绕城市公共政策制定、执行和监督等环节的活动过程。

▌▌关 键 名 词▐▐

市政职能　职能转变　市政过程　市政政策过程

▌▌复习思考题▐▐

1. 如何理解市政职能？市政职能的特点有哪些？
2. 我国的市政职能主要有哪些内容？
3. 市政职能的影响因素有哪些？
4. 简述当前我国市政职能转变的主要内容与方向。
5. 简述市政过程包含哪些环节。

第3章　城市规划管理

【学习目标】

城市规划是城市发展的总体设计，是城市建设的前瞻性部署。它通过确立城市的性质、规模和发展方向，为合理利用土地资源、协调城市空间布局和基础设施建设提供了总体性框架。通过本章学习，学生应了解城市规划与管理的主要内容，城市规划的方针与原则，城市规划的编制原则和实施制度。

【重点内容】

● 城市规划编制的基本原则
● 城市规划发展的推动因素
● 城市规划的编制程序
● 我国城市规划面临的挑战
● 中国城市规划的理念变革

【典型案例】

奥斯曼对巴黎下水道的改造

19 世纪中叶以前，巴黎的排污系统少得可怜。在绝大多数街区，人们都采取"tout à la rue"（泼到路上）的方式处理废弃物，以至于许多路段被称为"粪路"。当时若男女一同出行，男士比较绅士的做法是走在道路内侧，以防从天而降的污水弄脏女士的衣物。恶劣的卫生状况不仅损害了巴黎的面貌，更一次次滋生瘟疫，夺走了无数巴黎人的生命。

时任塞纳省省长的奥斯曼男爵功不可没。他在任内推行了一场旨在应对城市危机的"巴黎大改造"，修建发达高效的下水道系统是改造的重要内容之一。

奥斯曼为巴黎规划了三级下水道系统：第三级位于人行道之下，收集街道两旁的住宅、店铺、工厂中排出的废水废物，汇集到位于主干道以下的二级通道之中，所有二级通道中的污水最后流入城中若干宽阔的一级蓄水池内，而后再经廊道引导，在远离城市的地方排入塞纳河，避免对城市饮用水源造成影响。新建成的下水道内部十分宽敞，二级以上下水道可通行小船和轨道车，并配有人行道，方便工人维护和检修。

在施工的过程中，下水道系统的建设与地上部分的街道建设同步进行。每规划一条新的道路，都先开挖路面，修建地下廊道，并设计成拱顶以增强承重能力。待完成以后，回填土方，铺设街道。如此一来，两项工程一步到位，不仅避免了重复施工，还使地上地下部分形成了一体化的通道网络。这样的下水道系统在奥斯曼任职期间共修建了近600公里，考虑到19世纪的技术条件，不能不说是一个奇迹。

全新的下水道系统不仅解决了先前存在的卫生难题，还提供了一种别具一格的娱乐体验。当时法国乃至欧洲上流社会的人们纷纷前来，乘船在下水道中游览，那些穿着长裙、佩戴首饰的贵妇人成为这幽暗地下世界中一道靓丽的风景线。由于规划科学，加之维护得当，曾有游客称在其中游览"和在卢浮宫中没什么两样"。

这项规划于百余年以前的工程，不仅回应了当时的迫切需求，更为城市日后的发展做好了准备。随着经济社会的发展和公共服务体系的完善，不断出现各种新式管线。由于下水道系统内有足够大的空间，包括供水、电话、光纤以及今天已经废止了的真空式邮政通信等在内的各种线路，都可以直接在其中架设，节省了大量的人力、物力和财力。下水道内有和地上部分一样的路牌、路标，一旦任何管线出现故障需要维护，工人只需按照地图指引找到最近的入口进入即可。

奥斯曼打造出的运转良好的"地下之城"，为世界范围内城市下水道系统的建设树立了样板，许多城市的规划者们不惜远渡重洋前来实地考察。同时代的开罗、芝加哥等城市的地下排污系统，在设计和建造过程中都吸取了巴黎的经验。

1868年，纽约的一家报纸甚至发出这样的感慨："我们期盼着一个奥斯曼能降临纽约，把他在巴黎的壮举重演一遍。"

1892年，巴黎下水道博物馆正式对公众开放，探访巴黎地下世界从王公贵族的消遣变成了百姓享受的休闲活动。今天，只要付上几欧元的门票，就可以进入这座位于博斯凯大街下的博物馆，漫步在奥斯曼时代修建的下水道中，一睹地下巴黎的风采。

资料来源：节选自荆文翰：《下水道系统中的另一个巴黎》，文汇报，2017年7月14日，第W16版。

3.1 城市规划概述

3.1.1 城市规划的含义与特征

1. 城市规划的概念。自城市出现以来，就面临着城市建设和发展问题，而城市的建设和发展涉及经济发展、居民生活、生态环境、文化遗产等各个领域，问题错综复杂。要妥善解决城市所面临的各种问题，必须把城市用地布局和各项建设活动纳入统一的科学规划，实施统一的规划管理，遵循统一的行动规范，以保证城市的合理发展。城市规划是城市发展的基础性工作，也是城市管理的一项重要内容。

什么是城市规划？对于这一概念，中外不同的学者给出了不同的界定。我国著名城市规划学家李德华教授将城市规划定义为："城市规划是根据一定时期城市的经济和社会发展目标，确定城市性质、规模和发展方向，合理利用城市土地，协调城市空间功能及进行各项建设的综合部署和全面安排。"①

英国权威的《简明不列颠百科全书》将城市规划解释为："为了实现社会和经济方面的合理目标，对城市的建筑物、街道、公园、公用设施，以及城市物质环境的其他部分所作的安排；是为塑造和改善城市环境而进行的一种社会活动，一项政府职能，或一门专业技术，或者是三者的融合。"

结合我国的实际，我们认为所谓的城市规划是指城市政府为了实现一定时期内城市经济社会发展目标、发展规模和发展方向，而对城市的各种资源进行系统筹划，尤其是对合理利用城市土地、协调城市空间布局和各项建设进行综合部署和具体安排。它是政府调控城市空间资源、指导城乡发展与建设、维护社会公平、保障公共安全和公共利益的重要公共政策之一。

城市规划目的就是通过城市设计者和管理者对城市各种资源要素进行科学、合理的综合配置，实施有效的建设和管理，实现城市的和谐、可持续发展。其内容主要是对城市的发展目标、土地利用、空间布局和各项建设作出具体安排，其核心是城市的土地利用，即合理用地、节约用地。具体来说，城市规划的基本任务是：

（1）确定发展目标。根据城市经济社会发展目标，确定城市发展目标，即确定城市性质、规模和发展方向，确定城市规划区范围和城市发展的重大工程建设项目。

（2）土地利用。确定城市各项用地种类、使用性质、功能分区、数量比例、使用强度等，为城市国有土地使用权出让、转让和开发，以及房地产开发等提供规划依据，为城市土地的合理利用、充分利用提供科学依据。

（3）空间布局。确定城市各项建设和设施的空间构成、空间组合、空间形象，包括地上、地下空间资源的开发利用和城市形态、城市景观、城市轮廓线、城市风貌特色的塑造等。

（4）建设部署。确定中长期发展建设目标、近期建设目标和当前建设安排，综合考虑，统一规划，分期实施，实现近远期结合，有计划地合理部署城市各项建设活动。

2. 城市规划特征。城市规划既是一门涉及多学科知识的综合科学，也是一项引导城市建设的政府行为，还是一种鼓励公民参与的社会活动。从政府行为的视角来看，现代城市规划是一项系统而复杂的工作，它具有以下基本特征：

（1）综合性。城市规划须对经济发展、产业布局、生态环境、基础设施、建筑风格、文化遗产、市民生活等各个子系统进行统筹考虑。这不仅涉及单体工程的规划和设计，还涉及城市的整体形象和复合功能。在设计城市的空间结构、建筑风格、产业布局、园林绿化时，必须考虑经济发展、人文地理等因素。城市规划还应考虑城市在资源

---

① 李德华. 城市规划原理［M］. 北京：中国建筑工业出版社，2001：42

禀赋上的比较优势，凸显不同城市的独特个性和特殊魅力。

（2）权威性。城市规划涉及市民的切身利益，具有明显的公共性和外部性特征，属于地方性公共产品和公共服务。城市规划应由一定的公共选择程序进行制定。在城市规划过程中，应当尊重和听取市民的利益诉求，鼓励市民通过多种途径参与规划活动。城市规划方案一经制定并颁布，就具有权威性和法律效力，所有法人和市民都必须遵守。

（3）前瞻性。城市规划既要解决城市现实问题，同时也要考虑长远的发展要求。由于人的理性都是有限的，预测城市的未来发展具有一定难度。凭借今天的知识和经验，任何人都难以准确判断未来将要发生什么，但就短期效应而言，社会预测具有一定的准确度。通过对发达国家城市发展经验和教训进行研究，可以为发展中国家的城市规划提供借鉴。

（4）阶段性。城市规划不是一劳永逸或者一成不变的，根据现实情况和发展需求的变化，需要适时对城市规划进行修改和补充，城市规划是城市发展的纲领性文件，它对城市的未来发展具有路径依赖性。一定时期的城市规划方案，需要根据现实情况和建设计划，经过周密调查和研究而制定，并且要在某个阶段保持稳定。

（5）区域性。城市规划是对城镇化区域的发展规划。由于不同城市的生产力水平、产业结构、区位条件和资源禀赋不同，应当因地制宜地制定规划方案，注意发挥各自的优势和特点，制定切合实际的发展规划。

3. 城市规划对城市建设与发展的重要作用。城市规划是城市建设和管理的基本依据，是保证城市土地和其他各种资源合理利用与开发的前提条件，是实现城市经济和社会发展目标的重要保证。要把城市建设好、管理好，做好城市规划工作是至关重要的。在城市建设和发展进程中，城市规划处于先导地位。具体来说，城市规划对城市建设与发展具有如下重要作用。

（1）城市规划是城市建设与发展的蓝图。城市规划是充分有效利用城市资源的指导性文件，是城市建设发展的起始点和主要依据，它引导着城市的发展方向。从宏观上来讲，城市规划决定了城市的规模、产业结构、空间布局、发展方向等，是决定城市发展的基础环节和总体要求。从微观上来讲，规划控制指标如用地性质、位置、面积、容积率、绿化率、地表建筑的造型等，决定了城市运转效率。科学的城市规划，可以防止城市无序发展，实现城市中心区、居民区、工业区、公共广场、公共绿地、卫星城镇、快速通道的合理布局，满足城市居民日常生活的需要。城市规划对学校、博物馆、图书馆、美术馆、体育馆、医院等的统一安排，还有助于教育、文化、体育、卫生设施的合理分布。

（2）城市规划是政府宏观调控的手段和政策工具。城市规划是重要的政府职能。作为一种政府行为，城市规划是维护城市社会发展和稳定，并为之服务的一种政策工具和客观存在的调控手段。城市政府通过城市规划，从城市整体利益出发对市场运作进行干预。例如，政府通过土地规划，对土地的市场运作进行干预，促进城市土地资源的合理配置。城市规划从宏观和微观两个层面来参与城市土地的配置。在总体规划阶段，对城市土地利用进行宏观层面的配置，确定了城市不同区域的功能和土地利用的主要方向。在详细规划阶段，从微观的角度对具体地块的土地用途、容积率等作出规定，进一步明确土地配置的内容。

（3）城市规划有利于经营好城市各项资产。城市作为区域经济的中心，是最大的存量资源，是巨大的无形资产。这种存量资源、无形资产能否得到充分开发，能否得到有效利用，能否创造最佳的经济效益，在很大程度上取决于城市规划的好坏与优劣。土地是城市有形资产中最大的一笔存量资产，而要盘活城市土地，先要搞好规划。城市规划良好，定位准确，则城市的吸引力就强，生产要素的集聚能力就强。城市规划还可以积累城市的无形资产，如城市各个区域环境风貌规划得好，城市无形资产积累得就多，可见，科学合理的城市规划，是城市经营取得良好效益的重要保证。

（4）城市规划是提升城市品位的先导。城市的品位关键是规划的品位，只有高品位的规划，才有高品位的建设、高品位的管理。在城市的建设和发展中，规划是蓝图，如果作为蓝图的规划没有特色，作为准则的规划就没有水平，就难以产生有品位、有特色的城市。因此，要提升城市品位，就要先提升规划的品位。

3.1.2　城市规划的方针与原则

城市规划是城市建设发展的蓝图，是城市管理部门开展城市建设的基础。在进行城市规划设计时，要充分考虑城市建设发展所面临的具体条件，可能遭遇的风险，资源的使用以及宏观层面，如国家方针、政策、产业布局等因素的影响。要坚持人与自然和谐共存的原则，既要发展经济，又要保护环境，实现城市建设的健康可持续发展。

1. 城市规划的方针。我国的城市规划方针遵循：（1）严格控制大城市规模、合理发展中等城市和小城市。《城市规划法》第 4 条第 1 款规定："国家实行严格控制大城市规模，合理发展中等城市和小城市的方针"。这一规定是针对我国目前不尽合理的城市发展格局以及大城市的弊端而提出的。该方针对规定我国城镇化的进程，促进我国构建合理的城市发展格局起着重要的定向作用。（2）符合我国国情，正确处理近期建设和远景发展的关系。我国是一个发展中的农业大国，地少人多，经济发展相对落后，各地自然条件差异较大，东南地区和中西部地区经济和社会发展极不平衡，很难制定出整齐划一的城市发展速度和规模。这就要求各地的城市规划必须因地制宜，从实际出发。在制定城市规划时，应当与国家和地方的经济、社会发展水平相适应，具有一定的前瞻性，留有适当的余地和适度的弹性，符合城市国民经济和社会发展持久、稳定、协调的要求。（3）要与国家生态建设规划相协调，重视城市生态环境的保护。为保护和建设好生态环境，实现可持续发展，国家制定了具有长期指导作用的全国生态环境建设规划，并纳入国民经济和社会发展规划。因此，在制定城市规划时，要围绕我国生态环境建设的目标，遵循生态环境建设的基本原则，重视城市生态环境的建设和保护，合理规划、切实保护好各类生态用地。

2. 城市规划的原则。城市规划应坚持以人为本，一切从人的需要出发。无论是城市总体规划，还是详细规划，都应体现出方便市民、服务市民的根本原则。具体而言，城市规划应遵循以下原则。

（1）协调原则。城市规划以协调城市空间布局、改善人居环境、促进经济社会全面协调和可持续发展为使命。制定城市规划，需综合考察城市的自然环境、资源条件、人文环境、生产力水平、社会文化发展状况，以及与周边地区的联系性，做到统筹兼顾、合理安排、综合部署、协调发展。城市政府应当根据当地经济社会发展的实际情况，合理确定城市发展规模、步骤和建设标准。

（2）效益原则。城市规划应有利于发挥城市的综合效益，更好地为经济建设和人民生活服务。科学的城市规划，不仅在整体布局方面具有美学价值，而且能够产生巨大的经济和社会效益。城市规划在考虑生产布局的同时，也要考虑社会发展和生活空间的合理布局。投入与产出的比例关系是衡量城市规划效益的重要指标。

（3）节约原则。土地是不可再生的宝贵资源，土地问题是制约我国经济可持续发展的关键因素。我国的人地矛盾突出，人均耕地面积在世界上排名靠后。城市用地紧张是我国城市建设长期面临的基本问题。城市规划必须贯彻合理布局、节约土地、集约发展和"先规划后建设"的原则，促进资源、能源的节约和综合利用。

（4）人文原则。城市是人类文化的宝贵遗产，城市规划应当保护历史文物和文化遗产，保持地方特色、民族特色和传统风貌。人文原则对于提升形象和发展旅游事业具有积极的推动作用。在旧城改造和新区开发过程中，城市规划要站得高、望得远，注意保护具有人文历史、地方特色和纪念意义的房屋建筑和古树名木。

（5）生态原则。城市是现代工业的发源地和摇篮，城市人口、建筑和资源具有高密集度。随着城镇化和工业化的加速发展，城市环境污染日益严重。环境污染危害市民健康、降低经济效益、损害城市形象，具有很强的负外部效应。治理环境污染、维护生态环境，是城市政府面临的一项紧迫任务。城市规划要注意保护和改善生态环境，防治污染和其他公害，实现人与自然的和谐发展。

3.2 城市规划的编制与实施管理

城市规划管理是城市规划的延续和具体化，是城市管理工作的一个重要组成部分，具有行政管理的性质。对于城市规划管理也有不同层面的理解，从广义上来看，城市规划管理是组织编制和审批城市规划并依法对城市土地使用和各项建设安排实施控制、引导和监督的行政管理活动。具体来说，城市规划管理主要包括三方面的工作：一是城市规划的组织编制和实施；二是城市规划实施的管理；三是对城市规划实施的监督检查。从狭义上来看，城市规划管理侧重于城市规划实施的管理，主要是指对城市规划中用地、建设项目的审查权和监督权。城市规划管理涉及主体众多，包含诸多内容和连续环节，具体可从城市规划的编制、审批和实施三个方面加以把握。

3.2.1　城市规划的编制

1. 城市规划的管理机构。《中华人民共和国城乡规划法》（以下简称《城乡规划法》）规定，国务院城乡规划主管部门负责全国的城市规划管理工作。县级以上地方政府城乡规划主管部门负责本行政区域内的城市规划管理工作。国务院城乡规划主管部门会同国务院有关部门组织编制全国城镇体系规划，用于指导省域城镇体系规划、城市总体规划的编制。全国城镇体系规划由国务院城乡规划主管部门报国务院审批。省、自治区政府组织编制省域城镇体系规划，报国务院审批。省域城镇体系规划的内容应当包括：城镇空间布局和规模控制，重大基础设施的布局，为保护生态环境、资源等需要严格控制的区域。

2. 城市规划的编制步骤。根据《城乡规划法》和《城市规划编制办法》的相关规定，我国的城市规划可分为总体规划和详细规划。大、中城市根据需要，可以依法在总体规划的基础上组织编制分区规划。城市人民政府还可以依据城市总体规划，结合国民经济和社会发展规划以及土地利用总体规划，组织制定近期建设规划。不同形式的城市规划，其编制内容也有很大不同。

我国法律规定，城市规划的编制和管理经费纳入本级政府的财政预算。城市总体规划的编制程序，一般可分为以下步骤：

（1）勘察、搜集和分析城市基础资料。基础资料包括城市自然条件和历史资料、城市经济技术资料、城市建设现状资料、城市环境资料。

（2）编制城市总体规划纲要。根据实际需要，在编制城市总体规划前，可以编制城市总体规划纲要，研究城市总体规划的重大原则。

（3）起草城市总体规划。城市规划组织编制机关应当委托具有相应资质等级的单位承担城市规划的具体编制工作。

（4）公告城市总体规划草案，征求专家学者和公众的意见。《城乡规划法》规定，城市规划在报送审批前，组织编制机关应当依法将规划草案予以公布，并采取论证会、听证会或者其他方式征求专家学者和公众的意见。公告的时间不得少于三个月。

（5）城市政府全体会议讨论，并通过城市总体规划草案。

（6）市人大审议和通过城市总体规划。城市总体规划在报上一级政府审批前，要先经本级人大常委会审议。

（7）上一级政府审查、批准城市总体规划。法律规定，城市总体规划被批准前，应当由审批机关组织专家和有关部门进行审查。

3.2.2　城市规划的审批

城市详细规划的编制程序相对简单，在组织编制完成后，由本级政府批准，报本级人大常委会和上一级政府备案即可。

经依法批准的城市规划是城市建设和规划管理的依据，未经法定程序不得修改。根据经济和社会发展需要，经评估确需修改的，城市政府可按照法定的权限和程序，对城市总体规划、详细规划进行修改。修改城市总体规划前，组织编制机关应当对原规划实施情况进行总结，并向原审批机关报告。修改后的城市总体规划，应当按照总体规划的审批程序报批。

对于控制性详细规划的修改，组织编制机关要对修改的必要性进行论证，征求规划地段内利害关系人的意见，并向审批机关提出专题报告，经原审批机关同意后，方可编制修改方案。修改后的详细规划，要按照规定的审批程序报批。修改后的城市规划经批准后，应当及时向社会公布。

1. 城市规划的分级审批及其权限。我国的城市规划实行分级审批制度。

（1）直辖市的城市总体规划由直辖市政府报国务院审批。

（2）省、自治区政府所在地的城市，人口在 100 万人以上的城市以及国务院确定的城市的总体规划，由省、自治区政府审查同意后，报国务院审批。其他城市的总体规划，由城市政府报省、自治区政府审批。县政府组织编制县政府所在地镇的总体规划，报上一级政府审批，其他镇的总体规划由镇政府组织编制，报上一级政府审批。

（3）城市、县政府组织编制的总体规划，在报上一级政府审批前，应当先经本级人民代表大会常委会审议，常委会的审议意见交由本级政府研究处理。镇政府组织编制的镇总体规划，在报上一级政府审批前，应当先经镇人民代表大会审议，代表大会的审议意见交由镇政府研究处理。

（4）城市政府城乡规划主管部门根据城市总体规划的要求，组织编制城市的控制性详细规划。经本级政府批准后，报本级人民代表大会常委会和上一级政府备案。县级政府所在地镇的控制性详细规划，由县政府城乡规划主管部门根据镇总体规划的要求组织编制，报县政府批准后，报本级人民代表大会常委会和上一级政府备案。城市、县政府城乡规划主管部门和镇政府，可以组织编制重要地块的修建性详细规划。

2. 城市规划的审批内容。各级人民政府及其城市规划行政主管部门，在审批城市规划时应当严格按照规定的程序，依照法律、法规、规章规定和强制性标准进行实质性审查。具体地说，在进行城市规划审批时，应特别注意审查以下几个方面的问题：

（1）必须严格依照法律、法规、规章的规定和强制性标准审查城市规划中涉及安全的事项。

（2）应当严格按照规定的程序，组织专家和有关部门对城市总体规划的防火、防爆、抗震、防洪、防范地质灾害和治安、交通管理、人民防空建设等要求进行审查。

（3）审查城市规划是否与国土规划、区域规划、江河流域规划、土地利用总体规划相协调。

（4）审查城市规划是否有利于保护与改善城市生态环境，是否有利于防污染和其他公害。

（5）审查城市规划是否有利于保护历史文化遗产，有利于保持民族与地方特色。

（6）审查城市规划是否做到了合理节约与利用土地资源、水资源和其他自然资源。

3.2.3 城市规划的实施

1. 实施城市规划的基本制度安排。依法批准的城市规划,是城市建设和管理的基本依据。城市规划只有切实得到实施,才能发挥其应有的功效。根据法律规定,我国实施城市规划的基本制度安排主要有以下几点。

(1) 依法实施城市规划管理。城市规划经制定和依法批准后,就具有法律约束力,城市政府应当及时公布。任何单位和个人都应当遵守依法批准并公布的城市规划,服从规划管理。城市规划区内的土地利用和各项建设都应当遵守城市规划。设计任务书报请批准时,须附有城市规划主管部门的选址意见书。

(2) 分步实施、统筹兼顾。城市政府应当根据当地经济社会的发展水平,量力而行,有计划、分步骤地实施城市规划。城市的建设和发展应当优先安排基础设施以及公共服务设施的建设,妥善处理新区开发和旧区改造的关系,统筹兼顾进城务工人员和周边农村经济社会发展的需要。城市地下空间的开发和利用应当与经济和技术发展水平相适应,遵循统筹安排、综合开发、合理利用的原则。

(3) 旧城改造与新区开发相结合。旧城改造与新区开发是实施城市规划的重要组成部分。旧城改造和新区开发都要遵照城市的总体规划,编制和执行详细规划。旧城区的改造,要处理好改造与保护的关系,要保护历史文化遗产和维持传统风貌,合理确定拆迁和建设规模,有计划地对危房集中、基础设施落后的地段进行改建。历史文化名城应当注意保护历史建筑物。对体现传统文化和地方特色、具有历史和纪念意义的建筑,城市规划主管部门应会同文化、文物部门,遵循"修旧如旧"原则,予以妥善保护。对于年代久远和毁损严重的古建筑,可采用现代材料进行修复,添加部分与原有部分应有明显区别。

新区开发应具备必要的水源、能源、交通、防灾等建设条件,应避开地下矿藏、保护文物古迹。城市新区的开发和建设应当合理确定建设规模和时序,充分利用现有市政基础设施和公共服务设施,严格保护自然资源和生态环境。新区开发要遵循"先地下、后地上"的建设程序,坚持基础设施和公共服务设施建设优先于其他设施建设。

(4) 土地用途管理制度。《城乡规划法》规定,城乡规划确定的铁路、公路、港口、机场、道路、绿地、输配电设施及输电线路走廊、通信设施、广播电视设施、管道设施、河道、水库、水源地、自然保护区、防汛通道、消防通道、核电站、垃圾填埋场及焚烧厂、污水处理厂和公共服务设施的用地以及其他需要依法保护的用地,禁止擅自改变用途。对于用途改变的其他土地,需进行登记管理。

(5) 建设用地规划许可制度。对于城市规划区内的建设项目,不论是以划拨方式获得土地使用权的,还是以出让方式获得土地使用权的,都需要领取建设用地规划许可证,方可进行项目建设。其中,对于以划拨方式获得土地使用权的建设项目,其建设单位在取得建设用地规划许可证后,方可向政府土地主管部门申请用地。对于以出让方式获得土地使用权的建设项目,在签订国有土地使用权出让合同后,建设单位应当持建设项目的批准、核准、备案文件和国有土地使用权出让合同，向城乡规划主管部门领取建设用地规划许可证。

（6）建设工程规划许可证制度。法律规定，在城市、镇规划区内进行建筑物、构筑物、道路、管线和其他工程建设的，建设单位或者个人应当向城市、县政府城乡规划主管部门申请办理建设工程规划许可证。需要建设单位编制修建性详细规划的建设项目，还应当提交修建性详细规划。建设单位须按照规划条件进行建设。确须变更的，必须向城市政府城乡规划主管部门提出申请。

（7）监督检查和责任追究制度。监督检查和责任追究制度是实施城市规划管理的重要保障机制。法律规定，城市政府及其规划主管部门应当加强对城市规划编制、审批、实施、修改的监督检查。监督检查情况和处理结果应当公开，供公众查阅和监督。对于建设单位或者个人有违法行为的，由城市规划主管部门处以责令停止建设、限期改正、罚款、限期拆除、没收违法收入等行政处罚或行政强制措施。

2. 城市规划实施管理的内容。城市规划实施管理的主要内容取决于城市规划实施管理的任务，它反映了城市规划实施要求和行政管理职能的要求。管理内容主要有：城市规划区内土地和建设规划管理、对城市规划内建设行为的监督检查等。

（1）城市规划区内土地和建设规划管理。城市规划实施管理的基本法律制度是"一书两证"，属于行政许可范畴，"一书"是指选址意见书，"两证"是指建设用地规划许可证和建设工程规划许可证。

① 建设项目选址的规划管理。建设项目选址主要是指国家和地方重点项目的选址，城市规划区内的各类重点建设项目的选址工作必须与城市规划工作相结合，以保证城市的合理布局和城市规划的实施。城市规划行政主管部门应参与建设项目建议书阶段的选址工作，并提出规划建议或意见；还应参与建设项目设计任务书（可行性报告）阶段的选址工作，并签署意见书。《城乡规划法》规定按照国家规定需要有关部门批准或者核准的建设项目，以划拨方式提供国有土地使用权的，建设单位在报送有关部门批准或者核准前，应当向城乡规划主管部门申请核发选址意见书。

② 建设用地规划管理。城市建设用地规划管理是城市规划管理的核心。城市建设用地规划管理是指依据城市规划（总体规划、控制性详细规划、修建性详细规划、分区规划、专项规划等）所确定的不同区位、总体规划、用地性质、土地利用强度等，合理、正确地决定建设工程所处的位置，满足建设工程的功能和使用要求，并在此前提下，经济、合理和科学地利用城市土地。

根据《城乡规划法》规定，规划区内以划拨方式提供国有土地使用权的建设项目，要由规划主管部门依据控制性详细规划，核发建设用地规划许可证；建设单位在取得建设用地规划许可证后，方可向县级以上地方人民政府土地主管部门申请用地，由土地主管部门划拨土地。规划区内以出让方式提供国有土地使用权的，出让地块必须明确规划条件；以出让方式取得国有土地使用权的建设项目，在经批准和获得国有土地使用权出让合同后，向规划主管部门领取建设用地规划许可证。

建设用地规划管理与土地管理有着密切的联系。规划行政主管部门依法核发建设用地规划许可证，也是土地行政主管部门在城市规划区内审批土地的前提和重要依据。因此，建设用地的规划管理和土地管理应该密切结合起来，共同保证城市规划的实施和土地利用的有效管理。

③ 城市建设工程规划管理。城市建设工程规划管理是依据城市规划和城市规划法律法规、规章，根据建设工程的具体情况，综合考虑有关专业和职能部门要求，对建设工程的性质、规模、位置、空间布局、设计方案、建筑色彩等进行审核，核发建设工程规划许可证的行政行为。

城市建设工程规划管理包括建筑管理和工程管线管理。建筑管理，重点是指城市规划对建筑设计和工程建设审批的管理，不包括房屋内部维修和产权方面的管理。工程管线管理中最常见的是道路管理和管线管理。

依据《城乡规划法》要求，在规划区内进行的建设工程，建设单位或者个人应当申请办理建设工程规划许可证。申请办理建设工程规划许可证时，应当提交使用土地的有关证明文件、建设工程设计方案等材料。需要建设单位编制修建性详细规划的建设项目，还应当提交修建性详细规划。对符合控制性详细规划和规划条件的，由城市、县人民政府城乡规划主管部门或者省、自治区、直辖市人民政府确定的镇人民政府核发建设工程规划许可证。

（2）对城市规划区内建设行为的监督检查。对城市规划区建设行为的监督检查是保证土地利用和各项建设活动符合城市规划要求的重要手段，具有法律效力。城市规划实施的监督检查，主要包括四项主要内容。

① 对城市土地的监督检查。城市土地使用情况的监督检查主要包括：对建设工程使用土地情况的监督检查；对规划建成区和规划保护区、控制地区规划实施情况的监督检查。

② 对建设全过程的监督检查。城市规划行政主管部门核发的建设工程规划许可证是确认有关建设工程符合城市规划和相关法规要求的法律凭证。监督检查的主要任务就是检查建设活动是否符合建设工程规划许可证中的有关规定。检查具体包括：建设工程开工前所订立的红线界桩和复验灰线；施工过程中的跟踪检查；建设工程竣工后的规划验收。

③ 查处违法用地和违法建设。第一，查处违法用地。建设单位或个人未取得城市规划行政主管部门批准的建设用地规划许可证，或未按建设用地规划许可证核准的用地范围和使用要求使用土地的，根据《城乡规划法》规定，由县级以上人民政府撤销有关批准文件；占用土地的，应当及时退回；给当事人造成损失的，应当依法给予赔偿。第二，查处违法建设。针对有些建设单位和个人出于自身需求，未向城市规划行政主管部门申请领取城市建设工程规划许可证就擅自进行建设，或者未按建设工程规划许可证要求进行建设的行为，依照《城乡规划法》的有关规定，无证建设和越证建设都属违法行为，城市规划行政主管部门将对其进行检查，并依法作出处理。

④ 对建筑物、建筑物使用性质的监督检查。在经济利益驱使下，开发商随意改变建筑物规划使用性质的，对环境、交通、安全、消防等产生不良影响，加大其查处力度。

3.3 我国城市规划管理的发展趋势

目前，在城市转型的背景下，我国城市规划也进行着一系列的变革。城市规划的变革必须有明确的定位和价值方向。对此，我国学者朱嘉钢认为，城市规划变革主要体现为四个方面的转变：在规划功能方面，实现由单一技术工具向公共政策转变；在城市规划的价值方面，由效率优先向公平优先转变；在规划理念方面，由精英规划向公众参与转变；在技术变革方面，由城市规划终极蓝图向过程规划转变。[①] 具体来讲，我国城市规划管理主要有以下发展趋势。

3.3.1 以科学发展观为城市规划管理的基本指导思想

科学发展观就是指经济和社会协调发展，是城市规划编制工作的总原则和总的指导思想。城市规划管理的基本指导思想能使城市规划管理者着眼于全面深入分析城市发展所面临的重大问题，选择科学的城市发展模式，推进城市实现健康发展。切实做到六个坚持，努力向六个方向转变：一是坚持走中国特色的城镇化道路，从片面追求数量转向更加注重质量，逐步提升城镇化水平；二是坚持以人为本，从单纯考虑人的物质需求转向逐步满足人的全面需求，不断改善人民群众的生活质量；三是坚持全面发展，从片面追求经济效益转向更好地兼顾经济效益和社会效益，全面建设社会主义物质文明、政治文明、精神文明；四是坚持协调发展，从就城市论城市转向统筹城乡和区域发展，促进城乡互动、区域互动，实现共同进步；五是坚持可持续发展，从大量消耗资源、排放污染转向大力节约资源、保护环境，保持人与自然和谐相处；六是坚持改革开放，从传统的规划管理体制转向适应社会主义市场经济要求的规划管理体制，为城市健康发展提供制度保障。

3.3.2 发挥城市规划管理的公民参与作用

城市规划是公共利益的代表。公众的参与监督，对于协调城市规划主体的各方利益，保证公共利益的实现具有十分重要的意义。民主监督机制的完善则有利于政府运行机制的科学化。在城市规划有关法律法规中增加公民参与的明确规定，包括公民参与的

---

① 邹德慈. 城市规划导论［M］. 中国建筑工业出版社，2020：277-280.

程序、权利、义务等内容。应积极拓宽征求意见的渠道，保证城市规划中的公众参与度，提高公众意见、专家意见的受重视程度。座谈会、论证会是当前有关规范性文件规定的、除听证外可以选择的两种征求意见的方式，对于这两种形式进一步明确其各自的适用范围、参加的人员及适用效力等问题。

3.3.3　实现城市规划管理的制度创新

随着时代的发展，我国城市规划管理制度走向创新之路。第一，《中华人民共和国城乡规划法》于 2008 年开始实施，将规划的范围扩展到城乡，提高了城市规划管理的法定地位与在政府行政体系中的地位，为城市规划管理制度的创新提供了保障。第二，改革城市与区域的规划管理体系，强化区域性规划的编制与管理。第三，将城市规划编制由部门性工作变为政府性、公益性法定工作。由政府直接授权规划委员会来组织规划的编制与审批。

3.3.4　由技术型城市规划向城市经营规划转变

为适应新时代的发展特征，城市规划由技术型工作走向社会型工作。城市规划并非超脱于社会经济现实的艺术创作，城市规划管理必须关注切实解决城市的有关社会、经济问题。必须处理好控制与引导的关系；必须强化通过规划管理来引导、调节社会经济健康发展的意识，强化城市规划对空间资源和经济资源的配置能力；必须树立城市经营的概念，注重城市规划效果的长期性和广泛性，强调城市规划对城市综合良性发展、循环促进。

⚙ **阅读材料**

北京城市总体规划（2016～2035 年）

新一版北京城市总体规划从七个方面回答：建设一个什么样的首都？怎样建设首都？

第一，更坚决的态度——落实城市战略定位。本次总规以"四个中心"战略定位为统领，并分别提出了空间布局规划方案，以切实增强首都功能的服务保障能力，不断提高"四个服务"水平，更好地服务党和国家发展大局。

第二，更宽广的视野——放眼京津冀谋划首都未来。京津冀协同发展是习近平总书记亲自谋划推动的重大国家战略，也是首都发展的重大历史机遇。北京要主动融入京津冀协同发展大局，发挥好北京"一核"的辐射带动作用，围绕首都形成核心区功能优化、辐射区协同发展、梯度层次合理的城市群体系，建设以首都为核心的世界级城市群。

规划从建立便捷高效的交通联系、支持在京资源转移疏解、促进公共服务全方位合作等方面，积极对接支持河北雄安新区规划建设，实现北京中心城区、城市副中心与雄安新区的功能分工、错位发展。为科学统筹不同地区的主导功能和发展重点，将北京的空间布局确定为"一核一主一副、两轴多点一区"，更加突出了首都功能、疏解导向与生态建设。

第三，更长远的眼光——建设迈向中华民族伟大复兴的大国首都。我们首先要贯通历史，然后要连接未来。要将历史文化保护和传承作为重要工作职责和内容：构建全覆盖、更完善的历史文化名城保护体系；加强老城整体保护，坚持整体保护十重点；加强三山五园地区保护；加强三条文化带的整体保护利用；加强城市设计，塑造传统文化与现代文明交相辉映的城市特色风貌。

第四，更刚性的底线约束——划定三条红线。这三条红线就是人口总量上限、生态控制线，还有城市开发边界，这也是习总书记反复强调的，且特别提出，城市规模要同资源环境承载能力相适应。

按照规划，到2020年，我们的城乡建设用地要控制在2 860平方公里，但2016年是2 945平方公里，这就需要减量规划，到2035年，在2 860平方公里的基础上还要再减100平方公里，减到2 760平方公里，应该说难度还非常大。所以，我们说这版规划是一个减量的规划，现在也在落实各个分区的减量任务。

第五，更科学的要素配置——三生空间统筹。坚持生产空间集约高效，构建高精尖经济结构。2020年城乡产业用地占城乡建设用地的比重要下降到25%以内；2035年下降到20%以内。

坚持生活空间宜居适度，提高民生保障和服务水平。2020年全市城乡职住用地比例调整为1：1.5以上，2035年调整为1：2以上。形成居民和家庭服务、健康服务、养老服务、旅游服务、体育服务、文化服务、法律服务、批发零售服务、住宿餐饮服务和教育培训服务十大便民服务网络。

坚持生态空间山清水秀，大幅度提高生态规模与质量。构建"一屏、三环、五河、九楔"的市域绿色空间结构，建设森林城市，2020年全市森林覆盖率达到44%，2035年达到45%以上。

第六，更真诚的行动——着力改善民生。标本兼治，缓解交通拥堵。2020年轨道交通里程提高到1 000公里左右，2035年不低于2 500公里。2020年城市绿色出行比例提高到75%以上，2035年不低于80%。完善购租并举的住房体系，实现住有所居。未来五年新供应各类住房150万套，平均每年30万套。

着力攻坚大气污染治理，全面改善环境质量。到2020年PM2.5年均浓度下降到56微克/立方米左右，到2035年大气环境质量得到根本改善，到2050年达到国际先进水平。

第七，更深化的改革——构建规划统筹实施机制。74城乡统筹：加强分类指导，明确城乡统筹格局和目标任务；加大治理力度，实现城乡接合部减量提质增绿。

　　城市体检评估：建立"一年一体检、五年一评估"的实时监测、定期评估、动态维护的城市体检评估机制，完善专家咨询和公众参与长效机制，建立国际一流的和谐宜居之都评价指标体系。

　　精治、共治、法治，超大城市治理体系：加强精细化管理、推动多元治理、坚持依法治理、创新体制机制。

　　资料来源：节选自汪涉一．北京城市总体规划（2016 年—2035 年）［A］．//对接京津——战略实施协同融合论文集，2019。

思考题

　　结合材料，分析北京市这一总体规划中所涉及的城市定位、城市性质、城市发展目标和发展策略。

本 章 小 结

　　城市规划是指城市政府为了实现一定时期内城市经济社会发展目标、发展规模和发展方向，而对城市的各种资源进行系统筹划尤其是对合理利用城市土地、协调城市空间布局和各项建设进行综合部署和具体安排。城市规划目的就是通过城市设计者和管理者对城市各种资源要素进行科学、合理的综合配置，实施有效的建设和管理，实现城市的和谐、可持续发展。城市规划的作用包括：城市规划是城市建设与发展的蓝图；是政府宏观调控的手段和政策工具；有利于经营好城市各项资产；是提升城市品位的先导。

　　城市规划管理主要包括三方面的工作：一是城市规划的组织编制和实施；二是城市规划实施的管理；三是城市规划实施的监督检查。我国城市规划管理的发展趋势有：以科学发展观为城市规划管理的基本指导思想，发挥城市规划管理的公民参与作用，实现城市规划管理的制度创新，由技术型城市规划向城市经营规划转变。

关 键 名 词

城市规划　城市可持续发展　城市规划编制　公民参与

复习思考题

1. 什么是城市规划？它有哪些基本特征？
2. 简述城市规划的主要作用。
3. 城市规划的编制要遵循哪些主要原则？
4. 简述城市总体规划的编制程序。
5. 请结合实际分析我国现代城市规划管理改革的出路。

第4章 城市公共基础设施管理

【学习目标】

　　城市公共基础设施是城市赖以生存和发展的重要基础条件，是城市经济不可缺少的一个组成部分，作为城市社会经济活动载体的城市公共基础设施建设的作用正日益受到人们重视。通过本章学习，学生应了解城市公共基础设施的内涵与构成、城市公共基础设施的特征与功能，了解城市公共基础设施需求的影响因素、城市公共基础设施的建设管理及改革的方向。

【重点内容】

- 城市公共基础设施的分类
- 城市公共基础设施建设的资金来源
- 城市公共基础设施需求的影响因素
- 城市公共基础设施的运营方式
- 城市公共基础设施投融资体制改革

【典型案例】

"第三卫生间"体现文明与进步

　　据《金陵晚报》报道，2015年5月，针对国家旅游局暗访提出的反馈意见，南京市夫子庙景区开始了公厕改造。近日，记者从秦淮区了解到，目前夫子庙核心景区旅游公厕的改造和新建已完成，已陆续投入使用，全面完善了核心景区内8座公厕，新建公厕1座，其中的亮点是新设了6处"第三卫生间"。

　　所谓的"第三卫生间"，是独立于男厕和女厕之外的一个小空间，由于我国的公厕通常只分男女，但若是遇到妈妈带着年幼的儿子，或者是爸爸带着年幼的女儿的情况，如果把孩子单独留在外面，父母肯定不放心；如果把孩子带进卫生间，又可能引起异性如厕者的反感。这时候，"第三卫生间"的出现，就可以很好地解决这个问题。

　　在南京市夫子庙景区出现的这些"第三卫生间"有婴儿护理台、婴儿安全椅、幼儿坐便器、无障碍设施等各种人性化设施。同时还有供行动不便游客使用的无障碍坐便器，坐便器前面就是洗手台。还配备了紧急呼叫系统，可呼叫管理间的管理人员，对如厕者可谓是关怀备至。"第三卫生间"除了可以解决"母与子"以及"父与女"的如厕问题，还可以帮助一些身体有残疾的人保护如厕时的隐私问题。从根本上来说，它的出现既体现了社会在"厕所文明"上的进步，同时也体现了在城市公共基础设施建设的人性化，值得充分的肯定。

关于"第三卫生间"，还有一个问题值得注意，那就是如何让其物尽所能，真正发挥作用。例如南京市这些新出现的"第三卫生间"，基本都设在景区景点等人流量很大的地方，每逢节假日可能会面临如厕者爆满的情况，很容易导致普通如厕者挤占"第三卫生间"的情况。因此，面对这一新鲜事物，大家应该有一份呵护之心，自觉不要占用"第三卫生间"，尤其是在需要使用"第三卫生间"的市民急需使用时，能主动让他们优先使用，避免出现"第三卫生间"被人占用、真正有需求的人却用不了的尴尬情况。

资料来源：节选自苑广阔."第三卫生间"体现文明与进步［N］.中国旅游报，2015－7－20（004）.

4.1　城市公共基础设施概述

4.1.1　城市公共基础设施的内涵与特征

1. 城市公共基础设施的内涵。"基础设施"一词来源于拉丁文，原意为"基础"或建筑物、建筑物的地层结构或下部结构。20 世纪 40 年代末，随着经济社会的发展，经济学家把"基础设施"一词引入经济结构和社会再生产的研究，用基础设施概括那些为经济活动服务的不可或缺的物质载体与基础条件。

城市公共基础设施是指为了满足城市物质生产和居民生活需要，向城市居民和各单位提供基本服务的公共物质设施的总称，也叫市政工程设施，或城市公共设施。它是城市赖以生存和发展的基础，也是整个国民经济系统的基础设施在城市地域内的延伸。城市公共基础设施可以分广义的概念和狭义的基础设施概念。

其中，工程性基础设施一般是指能源供应、给水排水、交通运输、邮电通信、环境保护、防灾安全等工程设施；社会性基础设施则是指文化教育、医疗卫生、科技、体育设施。狭义的城市公共基础设施，又称技术性或工程性城市公共基础设施，包括城市公用事业如自来水、电力、燃气、公共交通和通信，以及市政工程设施如道路、桥梁、隧道和地下通道等。

2. 城市公共基础设施的构成。城市公共基础设施一般分为两类，即工程性基础设施和社会性基础设施。而我国的城市公共基础设施多指工程性基础设施，其通常被分为以下六类。

（1）城市能源供给设施，主要包括城市电力生产和输送系统，城市煤气、天然气、汽油、柴油、液化气的生产与供应系统，以及城市热力生产与供暖管网系统等。长期以来，能源要素为城市发展及经济增长提供了保障，甚至是"数量上的保障"。当前，中国经济正由高速增长阶段转向高质量发展阶段，而城市的高质量发展则对能源高质量发展提出了更加迫切的需求。

（2）城市给排水设施，主要包括城市水资源开发与管理系统、自来水生产与供水管网系统、雨水及污水排放与处理系统等。给排水设施系统满足了用户对水量、水质、水压的需求，为城市的生活、生产用水提供了保障。水资源的合理利用，用水效率和水环境质量的提高，对高效、节能、节水的水处理工艺的开发研究，都将推动城市更好地发展。

（3）城市交通运输设施，可分为对外交通设施与内部交通设施。前者主要包括公路、铁路、港口、机场等设施；后者主要包括道路、隧道、地铁、桥梁等设施。城市交通对城市国民经济的发展起着极为重要的作用，特别是对城市可持续高速发展的前景起着明显的制约作用。因此编制合理的城市综合交通规划，形成功能明确、等级结构协调、布局合理的城市交通网络，显得至关重要。

（4）城市邮电通信设施，主要包括城市邮政、固定电话网络、移动电话网络、互联网系统、有线电视网络及广播网络系统等。城市邮电通信设施在当今信息时代显得分外重要，是整个城市公共基础设施建设的一个重要组成部分，它为人民的生活、产业的发展营造了便利、有效的通信网络环境。

（5）城市环境卫生设施，主要包括城市园林、绿化带、道路清扫、垃圾收集与处理及污染治理等物质设施。城市环境卫生设施旨在最大限度控制毒气、噪声、污水、废物等带来的危害，保持蓝天、碧水、绿地、宁静的良好生活环境，以保障人民生活的健康，保证社会发展的和谐。

（6）城市防灾设施，主要包括城市消防、防洪、防汛、防震、防风、防沙尘及防雪等物质设施。台风、沙尘暴、暴雨洪水等自然灾害以及泥石流、地震等灾难性的地质灾害，往往会大范围地严重危害城市安全。因此，加强城市防灾设施建设对确保城市居民生产和生活的正常秩序显得尤为重要。

城市公共基础设施中各类设施既相对独立又密切关联。随着社会经济的发展、科学技术的进步、人民生活水平的不断提高，既对城市公共基础设施提出新的要求，又为城市公共基础设施的发展开辟新的道路。而城市公共基础设施的加强、发展、完善、配套，又会进一步推动城市社会经济的发展，促进科学技术的进步，改善人民的生活条件和生活环境质量，形成一个良性循环。

4.1.2　城市公共基础设施的特征

城市公共基础设施作为城市赖以生存和发展的基础条件，作为一项系统工程，一般具有以下五个特征。

1. 服务职能的两重性和公共性。城市公共基础设施服务的两重性是指城市公共基础设施既为生产者服务，又为生活服务。

城市公共基础设施服务的公共性表现在两个方面：（1）任何一项基础设施都不是为特定部门、单位、企业或居民服务的，而是为城市所有部门、单位、企业和居民提供服务的，是为城市社会整体、为整个城市提供社会化服务；（2）具有公共物品的一些特性，如非排他性、非竞争性。

2. 运转的系统性和协调性。城市公共基础设施是一个有机的综合系统，也是城市大系统中的一个子系统，其系统性和协调性，不仅通过显而易见的城市道路网、电网、自来水管网、煤气输配管网等各类设施自成体系的网络表现出来，而且表现为城市公共基础设施的各个分类设施系统之间的密切联系，共同构成城市内部一个相对独立的系统。

这个系统在其内部以及同外界环境之间均需协调一致，才能正常良好地运转。城市公共基础设施必须与城市国民经济、人口规模、居民生活水平、城市规划建设等保持协调发展的关系。而且，城市公共基础设施内部各分类设施系统之间的联系也非常紧密而协调。例如城市道路建设中，往往涉及电力、电信、给水、排水、煤气、园林、环卫、消防等部门，城市的给水、排水、煤气、电信等管线往往预埋在城市道路下面，城市道路的开挖所影响的不只是城市交通，而且会影响到其他城市公共基础设施效率的发挥。这充分表现出它们之间联系密切、互相制约、互相依存的运转系统性和协调性。

3. 能力形成的同步性和建设的超前性。同步性是指保持城市公共基础设施与城市发展的步调一致，在计划安排上，应该使城市公共基础设施与其他设施在形成能力的时间上达到同步。如居民住宅在入住时，应做到水、电、气、热、道路、公交线路通畅。基础设施提前形成能力，会造成基础设施投资效率低下；滞后形成能力，会造成住宅区等生产、生活区域无法正常运转，从而阻碍城市发展；只有同步才能获得最佳效益。

城市公共基础设施建设的超前性有两层含义：一是时间上的超前。从城市发展的要求来看，作为城市发展和存在的基础，城市公共基础设施的建设理应在前；从技术角度来讲，城市公共基础设施建设的工期长，埋设在地下的部分较多，必须先行施工，否则不但会造成重复施工，影响整体建设工程的工期和效率，而且会浪费大量资财，影响整体效益，所谓城市建设前期准备必须先做到"七通一平"①，就是这个道理。二是容量上的超前，即城市公共基础设施的能力应走在城市对其需要的前面。这是因为，城市对基础设施的需要往往随时会有变化且会不断增长，而基础设施却因牵动面大而不宜随时扩建变动。所以，城市道路埋设在地下的各种管线等有关工程量大、使用年限长、建成后不易移动的设施，应按城市一定时期内发展规划和总体要求一次建成或按最终规划建设或者预留，否则会妨碍城市今后的发展和扩建。

---

① "七通一平"是指基本建设中前期工作的道路通、给水通、电通、排水通、热力通、电信通、燃气通及土地平整的基础建设。

4. 效益的间接性和长期性。城市公共基础设施的建设和管理，其目的并不完全着眼于获得自身的经济效益，而在于为整个城市经济的发展提供基础条件，促进城市经济和其他各项城市事业的发展，增进城市的总体效益。城市公共基础设施的投资效益和经营管理效果，往往表现为服务对象的效益提高，进而促进城市总体效益的提高。孤立地看城市道路和桥梁的效益很差，但它们确为城市高效运转创造了条件。重庆长江大桥、嘉陵江大桥建成后，使重庆市江北、南岸和市区连成一片，企业受益，上海市的南浦大桥、杨浦大桥、延安东路越江隧道的建设，对上海市世界性大都会建设产生深远影响，而这些大桥和隧道都没有直接向使用者收费。所以，城市公共基础设施的效益主要是通过整体社会经济效益而间接地表现出来的。

城市公共基础设施投资大、使用期长，总的投资效益在短期内难以得到集中反映，要通过一段相当长的时期才能表现出来，而城市公共基础设施的经济效益、社会效益、环境效益也要通过长期才能反映出来。例如，城市园林绿化等环境设施，给城市居民创造了良好的生活环境和活动场所，使居民身心得到健康发展；城市防灾设施的健全，可使城市能稳定安全地运转，这些效益都是长期而深远的。

5. 经营管理的多样性和垄断性。城市公共基础设施的建设和运营是一个投资、建设和产出的过程，因此它不仅为生产活动服务，其本身也是生产活动。这就决定了必须要有偿使用城市公共基础设施，维持和提高其服务水平。在经营管理中，对于城市公共基础设施的补偿主要有三类：市场补偿、财政补偿和两者的结合。市场补偿是指完全依靠市场的供求关系，依据成本——收益制定使用价格，对消费者进行收费来收回成本、获取收益；财政补偿是指对消费者实行免费服务，其经营管理的费用完全由政府财政支出支付；两者的结合是对消费者收取一定的费用用于经营管理的维持和提高，不足的资金由政府财政支付，有的是以财政补偿为主，有的是以市场补偿为主，视具体基础设施的性质而定。

垄断是指竞争的不完全状态。城市公共基础设施具有规模经济、非竞争性、非排他性、社会性等多种属性，这就决定了它不可能像私人物品那样实行完全的市场竞争，其经营管理过程中必然伴有垄断性。从经济属性上城市公共基础设施可以分为经营性城市公共基础设施和非经营性城市公共基础设施。前者的产品和服务可以通过市场进行流通或交换，包括能源、供水、公共交通、邮电通信等；后者属公共服务类型，其服务对象没有选择性，包括道路、防灾、绿化等。对经营性基础设施来讲，其技术和经济特性要求以集约化的方式进行，以达到最佳的规模经济效益。对非经营性的基础设施来讲，要求统一规划、布局、建设。

4.1.3　城市公共基础设施的功能

城市公共基础设施是整个城市生存和发展的重要基础，其功能作用主要体现在以下几点。

1. 城市公共基础设施是发挥城市多元功能的物质基础。城市公共基础设施是人流、物流、信息流、能源流的载体，是保证城市经济和社会生活正常运行的基础物质条件。城市的生存与发展离不开能源供给、供水排水、交通运输、邮电通信、环卫环护以及消防减灾等基础设施的支撑。基础设施越发达，城市功能就会越完备，就能为城市的发展创造更好的环境。

2. 城市公共基础设施为市民生活提供了基本条件。城市公共基础设施是市民生活最基本的物质保障。城市宜居程度的提升，有赖于基础设施条件的改善。高速公路、高铁、机场、大型码头、卫星信号接收站、5G 网络等现代基础设施的建设，极大地提高了单位时间内人流、物流、信息流的位移速度和频率，为市民享受现代化生活提供了便利条件。地铁、轻轨、立交桥等内部交通设施，也减少了城市交通堵塞，提高了市民出行速度，节约了出行时间。

3. 城市公共基础设施为城市形成经济集聚效应提供了重要保障。城市聚集效益是指由于众多的社会经济单位集合于城市这个空间内，既实现高度专业化分工，又形成经济实体、社会实体和物质实体三者的有机结构，从而提高劳动生产率，产生整体性高效益的结果。而良好的城市公共基础设施可以使城市各社会经济单位更好地分工协作加强联系，把城市地域内各社会经济要素紧密地聚合在一起，大大提高由城市所有部门的经济效益、城市社会效益和城市生态环境效益有机结合形成的城市聚集效益。

4. 城市公共基础设施为发挥城市的辐射能力提供了物质保障。城市辐射能力是指城市对周围地区，以及其他城市的影响能力。由于城市的经济是一个开放的经济系统，它不仅与城市周围地区有密切的关系，与其他城市也存在广泛的联系，这种联系既表现为以交通通信设施为联系途径的物质、人员和资本的流动，也表现为信息的流动和新思想、新技术的扩散。即它们通过完善的交通、通信等基础设施产生物质、信息、思想、技术的联系。因此，一个城市的辐射能力一定程度上与该地基础设施的完善程度正相关。

5. 城市公共基础设施是实现正外部效应的重要手段。城市园林绿化、公共绿地、文化广场、道路交通和环境保护等基础设施，打造了城市的优质公共空间，具有改善人居环境、减少城市污染、维护生态平衡、提高生活质量的作用。城市防火、防灾、防震、防洪以及社会治安等设施，能够减少自然和人为灾害，为城市运行提供安全保障。

4.2　城市公共基础设施管理概述

4.2.1　公共基础设施管理的概念

城市公共基础设施管理主要是指在政府及其职能部门统一领导、相互配合及在各区县政府职能部门的分工协作下，依靠城市公共基础设施企业、事业单位的经营管理，提高城市公共基础设施综合效益的组织行为，是合理利用城市现有的资源，包含设施的规划、建设、使用、维护、维修、报废、更换和回收等生命周期性的管理。

4.2.2　公共基础设施的管理机构及其职责

城市公共基础设施的管理机构，作为市政府的工作部门或附属机关，有四种类型。

1. 综合管理机构。综合管理机构既是城市政府的职能部门，对市政府负责，又是城市公共基础设施各专业管理机构的上级机关，发挥综合、宏观管理作用。我国城市公共基础设施的综合管理机构主要是各城市建设委员会。

城市建设委员会的基本职能是：执行党和国家关于城乡建设的政策和法律，制定本市城乡建设的法规、规章草案和文件；制订城市建设规划和住宅建设计划，参与制订国土规划和城市总体规划，审批基础设施的立项；负责制订工程建设的规范，会同有关部门制订工程建设定额；筹集和管理城市建设资金；指导城建系统经济体制改革；负责建筑业、建材业的行政管理和行业管理；指导并协调公用事业、市政工程、环境保护、园林绿化、环境卫生和住宅建设等工作；指导并协调房地产管理；制订并推行村镇建设标准；指导城建系统的科技开发和人才培养；组织和协调基础设施的重大工程建设；组织城建系统的对外经贸工作；指导城建系统行政建设等。[①]

2. 专业管理机构。城市公共基础设施由各个子系统组成，各个子系统本身又由许多环节和方面组成。从事各个子系统或子系统内部构成部分的专门设施管理的机构被称为专业管理机构。

城市公共基础设施管理的专业管理机构有：公用事业管理局、市政工程管理局、环境保护局、园林管理局、环境卫生管理局等。它们也是市政府的工作部门，是市政府的负责城市公共基础设施某方面管理的职能机构，是市政府城市建设委员会的下级机关。

3. 协调机构。由于城市公共基础设施系统性较强，一个方面的管理工作需要其他各方面配合。但是，各专业管理机构本身的权威性不够，要求其他专业管理机构协调时往往力不从心。另外，城市公共基础设施管理和城市其他各项管理也需要相互协调，发挥综合效益。这时就需要设置跨部门、行业、领域的协调性机构，使某一方面或几方面工作在整个城市良好开展。城市公共基础设施管理的协调机构有：市政管理委员会、交通管理委员会等。

4. 临时机构。城市政府或它的职能部门为了筹建重大公共基础设施工程，或综合解决城市建设和管理中的重要问题，可以设置临时机构，前者如某项工程建设指挥部，后者如某种治理整顿领导小组。临时机构的特征是：由市政府或它的职能部门授予有关权力；市政府有关的职能部门派负责人参加，具有协调有关部门工作的职能；工作人员从有关部门借调；工程完成或解决后，机构即被解散。

---

① 周俊．城市管理学导论 ［M］．上海：上海大学出版社，2006：134．

4.2.3　城市公共基础设施管理的原则

要加强和改善城市公共基础设施管理，应当根据城市公共基础设施管理的原则，以健全城市公共基础设施管理机构，改进城市公共基础设施管理方式，以城市公众对城市公共基础设施的满意为目标。

1. 坚持社会效益优先，兼顾经济效益。这是由城市公共基础设施非营利性社会公益类的性质定位所决定的，城市公共基础设施必须坚持"以服务为宗旨、不以营利为目的"。城市公共基础设施的服务对象是社会的全体，任何主体都不能排除别的主体享受城市公共基础设施提供的产品和服务。这就决定了城市公共基础设施应该把社会效益放在首位，而不能像市场中的其他企业管理那样以经济效益作为首要目标。但是由于城市公共基础设施具有生产性，应该是有偿使用，因此在管理中要兼顾经济效益，这样不仅有利于筹集资金，减轻财政负担，而且能够激励城市公共基础设施提高服务水平。

2. 坚持统筹规划，注重服务的同步性与建设的超前性。城市公共基础设施应该统筹规划，与城市的生产设施和生活设施相配套，与城市的经济和社会发展相协调。首先，城市公共基础设施的建设与城市其他建设项目相比，投资数量多，建设周期长，但是城市公共基础设施的建设必须与其他项目的建设同时形成使用能力，也就是说，必须进行同步建设。此外，为了与生产设施和生活设施同时交付使用，要在时间上超前建设，在空间上为以后的城市发展留有余地，这也要求合理规划，把握好时间差和空间布局。

3. 加强城市公共基础设施之间的协调与协作。把握城市基础设施内部各子系统之间的关系，加强协调和协作。城市公共基础设施本身就是一个复杂的综合性系统，并且每个单项基础设施也是一个独立的系统。城市基础设施所涉及的各个部门之间和单项基础设施内部各环节之间互相影响制约。城市基础设施负荷能力的高低、提供产品和服务的质量好坏同子系统之间和各子系统内部关系是否协调有极大关系，因此在管理中必须正确处理它们之间的关系，加强协调和协作，使之发挥综合效益。

4. 优化竞争机制，加快市场化改革。城市公共基础设施一方面具有服务公共性的特点，另一方面具有经营垄断性的特点。由于城市基础设施涉及社会的公共利益，因此政府常常对其保留强有力的规制。故而城市基础设施经营存在垄断性。服务的公共性使政府要求企业追求最佳的社会效益和环境效益，要力争以尽可能低的价格提供尽可能好的服务。而经营的垄断性则使经营城市公共基础设施的企业总是力争凭借垄断优势以尽可能高的价格来提供政府规定标准的产品和服务。为了解决这个矛盾，最好的办法是引入竞争机制，让几家企业同时开展竞争，提高经营效率和服务水平，从而推动城市公共基础设施的健康发展。

4.3　城市公共基础设施建设管理

城市公共基础设施作为城市的重要支撑，其功能发挥的强弱对于城市可持续发展与城市居民生活质量的提高有重要影响。要使城市公共基础设施所具有的功能得到充分发挥，必须加强城市公共基础设施管理。城市公共基础设施管理主要包括城市公共基础设施建设管理和城市公共基础设施的投融资管理两个方面。

4.3.1　城市公共基础设施管理的内容

城市公共基础设施的建设管理包括制定城市公共基础设施发展计划，基础设施投资立项、施工和验收。

1. 城市公共基础设施的发展计划。城市公共基础设施的规划建设直接关系到城市的持续发展，在对其进行设计的过程中必须将可持续发展理念融入其中。因此，我国应该清醒地认识到我国传统城市公共基础设施规划建设的现状及存在问题，并通过确保城市规模的合理性、空间结构要和基础设施协调、确保城市布局的紧凑性以及合理利用各种资源等方式，不断提高城市公共基础设施规划和建设的可持续性，更好地推动城市持续发展。

（1）确保城市规模的合理性。合理的城市规模是基于边际成本等于边际效益的原则而确定的，只有这样才能保证其规模的合理性。边际成本就是城市中新增加一个居民带来的总成本，这些成本包含多方面内容，包括住房紧张、交通拥挤、资源压力、城市公共基础设施压力、环境恶化等，这些都是可能带来的消极影响。边际效益则和其相反，是城市中新增加一个居民会给城市带来的效益，其主要体现在城市聚集效益上。

（2）空间结构要和基础设施协调。城市的空间结构需要和基础设施保持协调性，否则空间结构的发展就会让城市公共基础设施的利用效率下降。在城市高速的发展中，市政道路与城市空间结构的协调性显得尤为重要，城市居民的交通成本上涨，会增加地方政府基础设施建设上的压力，让单位道路长度的人口承载量降低，限制和降低了道路的利用效率，无法高效地发挥出道路的利用率。

（3）确保城市布局的紧凑性。城市布局的紧凑性会直接影响到基础设施的可维持性，紧凑型城市布局可降低交通成本，还可以减少交易成本，有效节约交通系统建设的成本。通常，城市中大多数人每天的单向交通时间和城市的基本尺度具有相关性，一般保证交通时间在两小时内，才能发挥出城市的聚集效益，要是城市居住区太分散的话就不能维持基础设施，影响其提供良好服务。

（4）混合利用的土地利用模式。使用混合利用的土地利用模式可有效降低交通成本。从理论上来说，让一个人可以用最短的交通距离就业，是实现城市可持续发展的一个重要前提。未来城市应该是多功能的混合型城市，原有的城市功能分区将被打破，将工作及居住功能相结合，可有效缓解大城市钟摆式交通，避免没有必要的交通需求。

2. 城市公共基础设施的投资立项管理。

第一，使用部门提交项目建议书和可行性研究报告申请立项。

第二，发改委根据递交上来立项申请进行初审，初审就是依据国民经济和社会发展中长期规划和行业发展规划来确定该项目是否被纳入项目储备库中，如果被纳入项目储备库中，就由项目储备部来进行审核，随后，项目储备部就提交给初审部进行批准；如果这个项目不在项目储备库，但这类项目是属于重点或重大项目，可将其递交给发改委的重点建设项目工作办公室。

第三，将申请立项的项目交给政府投资项目建设管理局，由政府投资项目建设管理局的招标部和设计预算部对项目的投资估算和招标前期工作进行评估，对于这些评估工作，政府投资项目建设管理局可以委托有资质咨询公司进行评估，招标部和设计预算部只需要对评估的结果进行审核，这样可以提高工作的质量，也能提高工作的效率。

第四，将这些对项目建议书和可行性研究报告的评估报告交给发改委的立项部，立项部就对项目对外进行公告，组织有关专家举行听证会，将听证会的结果提交给全国人民代表大会，决定是否批准立项。

第五，财政部门根据上报的项目估算，由财政评审中心对其投资估算进行审计，如果审计的估算没问题，就由政府采购集中支付中心进行支付。整个立项程序结束。

3. 城市公共基础设施的施工管理。市政工程是每个城市发展必不可少的一项基础工程，一个城市市政工程在一定程度上反映了这个城市的文明与底蕴，因此我们必须要加强市政工程的施工管理，确保施工质量及市政工程功效的有效发挥。

近年来实施的城乡人居环境提升工程中的一项重点内容即是提升城市公共基础设施，但在原有市政工程设施的基础上进行市政工程的施工则面临着很多施工难题，因此必须要加强市政工程在施工阶段的管理，使新建成的市政工程与原有市政工程衔接好，并与之前的市政工程融为一体，与整个城市融为一体，从而更好地发挥其功能，促进城市的和谐发展。

4. 城市公共基础设施的验收管理。城市公共基础设施是城市生产生活的基本条件，对市民的生活和城市的发展具有举足轻重的保障作用。在公共基础设施的规划、设计、建设、竣工验收和移交等工作环节中，竣工验收合格与否直接关系到项目能否顺利投入使用和发挥应有的效用，是最关键的一环，而这个环节由于涉及责任主体的变更，容易引发矛盾纠纷，难以顺利完成，造成公共资源浪费等消极影响，甚至引发公共安全问题，值得引起我们的高度重视，应果断采取有效措施，打通城市公共基础设施项目投入使用的"最后一公里"。

根据住房和城乡建设部颁布的《房屋建筑和市政基础设施工程竣工验收规定》，规定县级以上地方人民政府建设主管部门负责本行政区域内工程竣工验收的监督管理，具体工作可以委托所属的工程质量监督机构实施。工程竣工验收由建设单位负责组织实施。

（1）城市公共基础设施竣工验收标准。完成工程设计和合同约定的各项内容；施工单位在工程完工后对工程质量进行检查，确认工程质量符合有关法律、法规和工程建设强制性标准，符合设计文件及合同要求，并提出工程竣工报告。工程竣工报告应经项目经理和施工单位有关负责人审核签字；对于委托监理的工程项目，监理单位对工程进行了质量评估，具有完整的监理资料，并提出工程质量评估报告。工程质量评估报告应经总监理工程师和监理单位有关负责人审核签字；勘察、设计单位对勘察、设计文件及施工过程中由设计单位签署的设计变更通知书进行了检查，并出具质量检查报告。质量检查报告应经该项目勘察、设计负责人和勘察、设计单位有关负责人审核签字；有完整的技术档案和施工管理资料；有工程使用的主要建筑材料、建筑构配件和设备的进场试验报告，以及工程质量检测和功能性试验资料；建设单位已按合同约定支付工程款；有施工单位签署的工程质量保修书；对于住宅工程，进行分户验收并验收合格，建设单位按户出具《住宅工程质量分户验收表》；建设主管部门及工程质量监督机构责令整改的问题全部整改完毕；法律、法规规定的其他条件。

（2）城市公共基础设施竣工验收程序。工程完工后，施工单位向建设单位提交工程竣工报告，申请工程竣工验收。实行监理的工程，工程竣工报告须经总监理工程师签署意见。

建设单位收到工程竣工报告后，对符合竣工验收要求的工程，组织勘察、设计、施工、监理等单位组成验收组，制定验收方案。对于重大工程和技术复杂工程，可根据需要可邀请有关专家参加验收组。

建设单位应当在工程竣工验收7个工作日前将验收的时间、地点及验收组名单书面通知负责监督该工程的工程质量监督机构。

建设单位组织工程竣工验收。参与工程竣工验收的建设、勘察、设计、施工、监理等各方不能形成一致意见时，应当协商提出解决的方法，待意见一致后，重新组织工程竣工验收。工程竣工验收合格后，建设单位应当及时提出工程竣工验收报告。工程竣工验收报告主要包括工程概况，建设单位执行基本建设程序情况，对工程勘察、设计、施工、监理等方面的评价，工程竣工验收时间、程序、内容和组织形式，工程竣工验收意见等内容。

负责监督该工程的工程质量监督机构应当对工程竣工验收的组织形式、验收程序、执行验收标准等情况进行现场监督，发现有违反建设工程质量管理规定行为的，责令改正，并将对工程竣工验收的监督情况作为工程质量监督报告的重要内容。建设单位应当自工程竣工验收合格之日起15日内，依照《房屋建筑和市政基础设施工程竣工验收备案管理办法》的规定，向工程所在地的县级以上地方人民政府建设主管部门备案。

4.3.2　城市公共基础设施投融资管理

1. 我国城市公共基础设施投融资渠道。随着改革开放的深入和传统计划经济体制向社会主义市场经济体制的转变，我国城市公共基础设施的融资渠道不断拓宽。按照我国现行管理体制，城市公共基础设施投融资主要以地方为主，国家适当补助，多途径、多渠道筹措资金。主要渠道有以下几种。

（1）政府财政支出。城市公共基础设施的公益性决定了绝大多数的城市公共基础设施由市场和财政复合补偿或完全由财政补偿。因此，目前对于我国许多城市来说，城市公共基础设施建设的资金来源主要是国家和城市财政拨款。中央和地方每年都有一定的基础设施建设专项拨款、国家预算内基建投资，以及地方的机动财力。

（2）城市维护建设税与配套费。城市维护建设税按照纳税人所在地实行差别税率，市区为 7%，县级和建制镇为 5%，其他为 1%。公用事业附加费由地方政府按供水、供电、供气、公交、电话等营业额的 5%～8% 征收。

（3）土地租金收入。20 世纪 90 年代初，由于成功地进行城市土地使用制度改革，对经营性土地实行有偿转让，收取的大量出让金主要用于城市公共基础设施建设，土地出让收入和土地使用费收入成为城市公共基础设施资金的主要来源。以后，这方面资金投入将逐渐减少。

（4）城市公共基础设施的运营收入。国家和城市的财政拨款主要用于城市公共基础设施的扩大再生产，而城市公共基础设施的运营收入主要用于基础设施的简单再生产。在社会效益优先的前提下，根据所在行业的特点，制定合理的基础设施产品和服务的价格，同时推行企业化经营和管理，提高效率、降低成本、努力提高运营收入，为城市公共基础设施的建设提供部分资金。由于资金有限，这部分资金的收入主要用于城市公共基础设施的维修、管理开支和员工的劳动报酬。

（5）利用国内外贷款，进行基础设施债券和股票融资等。城市公共基础设施建设可以向国内工、农、中、建、交国有五大行和非银行金融机构贷款，但这部分贷款多为短期性、高利息贷款。而国外政府贷款和国际金融组织贷款同商业银行相比，还贷时期比较长，并且利率也低，缺点是有时附加条件较多。

2. 构建新型的城市公共基础设施建设投融资方式。

（1）界定政府对基础设施投资边界。根据基础设施的经济属性、技术属性和社会属性，遵循公平与效率协调的原则，将我国基础设施分为体现社会公平的公益性项目、体现控制力的项目、风险分担性项目和前期开发型项目。根据不同项目的界定范围，各级政府应明确分工，严格控制基础设施的投资规模，积极创新新型投融资方式以引导民间资金进入基础设施领域，形成政府、企业、个人多元化的投资主体。

（2）建立健全地方债券市场。目前，地方政府发行的市政债在国际城市公共基础设施建设中应用广泛。以国家经济市场为主导，遵循国家政策方针，建立健全地方债券市场，扩大市政债市场规模，完善相关政策措施，增强我国综合国力，丰富我国城市基础建设资金来源。

（3）探讨并推行资产证券化。资产证券化应用于不同行业的研究，从最初的房地产行业延伸到各个行业机构，如供水、电力、高速公路等，这些优质资产都可以为资产证券化带来可观的经济效益。资产证券化是一种良好的金融工具，在实践方面的不断应用创新,可以活跃经济市场,通过资本市场为新型城镇化建设融资。

(4)积极推广项目融资模式。项目融资具有多方面的优势,对于政府来说,可以减轻财政压力,推进基础设施建设的步伐。对于项目公司来说,可以充分发挥其创造性和主观能动性,吸引先进的管理者参与其中;还可以提高基础设施、经营、管理效率和服务质量,为大众服务,提高公众满意度。例如,PPP(private-public-project)模式是政府和企业资本共同建设、共同负责的,社会资本可以在项目建设完成后享受政府给予的特许经营模式并受政府的监督,从而收回成本赚取利益。采用政府和企业公私合作的融资模式,可以有效地吸纳社会资金参与城镇化建设,在多个领域发挥社会资本的积极作用,同时可以探索先进技术的应用,不断提高城镇建设水平。目前,在地方债新规下,公私合作经营模式已成为地方政府融资的主要模式。

3. 改革城市公共基础设施投融资体制。城市公共基础设施具有自然垄断性和正外部性,一般需要政府介入。我国需要在改革基础设施投融资体制的基础上,逐步实现投资主体多元化、资金来源多元化、公用事业商品化、经营管理企业化和基础设施民营化。

(1)投资主体多元化。在市场经济条件下,基础设施供给的决策职能和执行职能应当相对分离。城市政府负责基础设施供给的规划和决策,但不必直接组织生产。政府在确定了基础设施的供给数量、类别和标准以后,其建设和经营可以引入多元投资主体。为了提高基础设施的供给水平,应当引入市场机制,鼓励私人部门和非政府组织参与基础设施建设。

(2)资金来源多元化。当前,我国城市公共基础设施建设以地方政府投资为主,中央政府给予适当的专项财政拨款、预算内基本建设投资和财政转移支付。地方政府筹集的建设资金主要源于税收、土地出让金、经营性收入等。要加快城市公共基础设施建设步伐,需要扭转政府单方面投资的局面,拓展资金来源渠道,吸引外资和民间投资。除政府直接投资之外,可通过银行贷款、信托投资、建设—经营—转让等融资方式,筹集社会资金进行基础设施建设。

(3)公用事业商品化。有些基础设施领域的消费具有排他性,可以将不付费者排除在消费之外。这类基础设施一般被称为公用事业设施,它包括供水、供电、供气、供热、地铁、机场等。在政府规制下,公用事业设施可引入市场化机制,授权私人部门负责生产和运营。城市公用事业商品化,有利于减少财政负担,提高公用事业的运营效率。公用事业具有很强的公益性,公用事业的产品和服务定价,既要考虑供求关系和可持续发展,也要考虑社会效应以及消费者的承受能力,实行价格管制。

(4)经营管理企业化。基础设施经营管理要实行政企分开,建立公司法人治理结构,由企业负责投资、建设和运营。为此,一方面,对于政府出资兴办和拥有股份的基础设施经营企业,政府按照出资额行使所有者职能,但不干预企业的日常经营活动;另一方面,对于投资基础设施领域的私人企业,政府依法对其市场准入、产品质量和服务价格进行规制管理。

(5)基础设施民营化。城市公共基础设施民营化改革是指政府不以直接投资者或借款人的身份介入具体项目,转而通过提供政策优惠、特许经营权等方式,引导私人部门参与基础设施建设和运营。随着投资主体和资金来源的多元化，城市政府的角色和职能发生了很大转变。政府不再是基础设施的直接投资者和融资债务人，政府不再从事基础设施项目的经营管理，转而主要负责项目规划和质量监管。

民营化改革有必要区分项目的不同性质，分别作出不同的制度安排。可经营性项目可直接推向市场，由私人部门投资解决。可经营性基础设施建设受经济周期影响很小，具有稳定的经济回报和净利润率，蕴含着巨大商机，私营企业具有很高的投资积极性。对于准经营性项目，政府要给予一定的政策优惠。非经营性项目应当由财政部门进行投资，政府可采取合同外包的形式委托私人部门提供此类基础设施。

⚙ 阅读材料

重庆城投集团"四三二一"管理体系的探索与实践

重庆城投路桥公司是顺应市路桥收费体制改革，经市政府批准同意，于 2002 年 7 月正式成立的国有独资公司，隶属于重庆市城市建设投资（集团）有限公司（以下简称市城投集团）。公司下设 18 个管理部处、拥有员工 400 余人，目前主要负责长江菜园坝大桥、长江朝天门大桥、长江大桥复线桥等主城 11 座特大型城市跨江桥梁，石黄隧道、南城隧道和双碑隧道 3 个隧道，以及 1 200 余公里城市道路的日常维护管养工作，管理资产超过 400 亿元，是世界内河城市最大的路桥专业管养单位。

桥梁是国家重要战略资产，重庆城投路桥辖区范围广，员工人数较多（400 余人），路桥隧维护任务重（每年约 300 余项专项、日常维护项目），目前，企业内大到维护项目组织实施、辖区安全隐患排查，小到每天都在发生的办公用品领用、内务卫生管理等各板块业务工作，均不同程度地存在流程节点不明确，执行和监督集于一身，工作多头执行、交叉监管，工作倒查、问责机制缺失等通病。运用科学管理手段确定工作节点、明确工作职责、加强效能监管、提高内部整体工作效率是实现企业内部科学规范管理，确保路桥隧安全运营的内在支撑和重要保障。

2015 年底起，重庆城投路桥党委针对管理实际问题，调整思路方向，探索出一套符合企业实际需求的"四三二一"管理体系；2016 年公司党委正式提出"四三二一"管理体系内涵并将其作为企业内部管理的核心指导思路落实到实际管理工作中。

"四"，即"管理制度化、制度流程化、流程节点化、节点精细化"的"四化"建设。具体来说，"管理制度化"是指系统推行企业制度化建设，对公司 150 余项企业管理制度进行系统梳理，新增 12 个、保留 56 个、修订 60 个、废止 35 个。修订完善后的制度涵盖了公司维护、经营、人事、行政等业务的方方面面，大到重要维护项目的实施，小到日常办公用品的领用，确保企业管理无制度盲点、无制度死角、重点全覆盖。"制度流程化"是指以公司现有数字化管理中心为载体，将每项制度逐级分解到数字化管理中心的每个模块、根目录、子目录，实现企业各项工作流程式管理。

"流程节点化"是指各项业务工作必须明确节点，每个节点必具备"四明确"要素，即明确的工作内容、明确的工作目标、明确的责任部处或责任人、明确的完成时限。"节点精细化"是指业务工作的各节点规定了"做什么？怎么做？做到何种程度？"的基本要求。

"三"，即事前、事中、事后"三段式"管控机制，并将计划、执行、检查、纠偏的动态管理理念贯穿于"三段式"管理过程中。"三段式"管理实行"三必""三控"和"三审"。"三必"是项目实施前必制订计划、充分调研；必依据计划实行"桥处初审、公司职能部门会审、专家会审、公司内审、集团终审"多级会审；必事后集体决策。"三控"是对项目全过程、全方位实施督查管控、主动管控、动态管控，若项目实施偏离计划，相关部门及时制定纠偏方案，使项目始终处于受控状态。"三审"是严审资金使用情况、严审项目实施程序和严审结算验收。

"二"，即执行监督两线内控。公司法审部主要履行审核和监督职能，实行后端监督管理，即不参与项目实施，所有涉及事项均通过业务部门对接，保证了业务部门开展工作的独立性。

"一"，即构建"市城投集团党委统一领导—路桥党委统一部署—基层支部服务监督"一路式党组织领导体系。

资料来源：李政．重庆城投集团"四三二一"管理体系的探索与实践［J］．企业改革与管理，2017（18）：198.

思考题

结合材料，分析我国城市公共基础设施管理存在的问题及改革的路径。

本章小结

城市公共基础设施是城市赖以生存和发展的基础，也是整个国民经济系统的基础设施在城市地域内的延伸。城市公共基础设施具有服务职能的两重性和公共性、运转的系统性和协调性、能力形成的同步性和建设的超前性、效益的间接性和长期性、经营管理的多样性和垄断性等特征。

城市公共基础设施是发挥城市多元功能的物质基础；为市民生活提供着基本条件；为城市形成经济集聚效应提供了重要保障；为发挥城市的辐射能力提供物质保障；是实现正外部效应的重要手段。城市公共基础设施管理的原则包括：坚持社会效益优先，兼顾经济效益；坚持统筹规划，注重服务的同步性与建设的超前性；加强城市公共基础设施之间的协调与协作；优化竞争机制，加快市场化改革。

城市公共基础设施管理主要包括城市公共基础设施建设管理和城市公共基础设施投融资管理两个方面。我国需要在改革基础设施投融资体制的基础上，逐步实现投资主体多元化、资金来源多元化、公用事业商品化、经营管理企业化。

关 键 名 词

城市公共基础设施　经营管理　政府规制　投融资体制

复习思考题

1. 城市公共基础设施是什么？它有哪些特征？
2. 简述城市公共基础设施的主要作用。
3. 城市公共基础设施管理的原则有哪些？
4. 我国城市公共基础设施投融资渠道有哪些？
5. 试简述在新体制下应如何进行城市公共基础设施建设。

第5章 城市公共交通管理

【学习目标】

　　城市公共交通是城市的重要动脉网络，良好的交通管理是城市有序运行的重要表现。城市公共交通是满足人民群众基本出行需求的社会公益性事业，与人民群众生产生活息息相关，是政府应当提供的基本公共服务和重大民生工程。通过本章学习，学生应了解城市交通系统的构成、主要指标，城市交通管理的内容，能充分认识到当前我国城市交通面临怎样的困境，并提出城市交通管理策略。

【重点内容】

● 城市交通系统构成

● 城市交通管理内容

● 城市交通面临的困境及突出问题

● 改善城市交通管理的思路

【典型案例】

城市交通拥堵，到底给市民出行增加了多少"拥堵成本"?

　　最近，零点研究咨询集团与北汽福田汽车有限公司联合发布的《中国居民生活机动性指数研究报告》引起人们广泛关注，在国内几大城市中，北京的"拥堵成本"最高，每个车主平均每月要为堵车埋单375元。

　　"拥堵成本"究竟是如何计算出来的呢? 据了解，目前计算城市交通"拥堵成本"所采用的模式是：堵车时每公里数用时间衡量油耗，3分钟相当于一公里，以每辆车平均油耗每百公里8升计算，则每3分钟因拥堵停车产生油耗0.08升，每分钟因拥堵停车产生的油耗就是0.027升。

　　假设每天每辆车因堵车额外耗费时间按30分钟计算，平均每辆车每天的额外油耗为0.8升（事实上，频繁的起步停车油耗要大得多）。以93号汽油每升6.37元计算，每辆车每天额外耗费0.8×6.37≈5元，按每辆车每月22个工作日遭遇堵车计算，每月就要多付110元油钱。也就是说,每辆车每月的"拥堵成本"是110元,一年的"拥堵成本"是1 320元。

对此,零点集团指标数据业务总监张慧表示,不敢说这一计算方式是否科学,但至少更为直观,它一方面反映出居民对于交通拥堵的心理感受,另一方面也反映出交通拥堵对经济发展的影响程度。

资料来源:节选自韩爱青. 城市交通拥堵成本与日俱增 [N]. 中国改革报,2010 - 06 - 03 (006).

5.1 城市公共交通概述

5.1.1 城市公共交通的定义和分类

1. 城市公共交通的定义。城市交通一直是全球各大城市关注的焦点和难点问题。随着城镇化进程的加速以及机动车数量的迅猛增长,大中城市的交通拥挤问题也日益突出,面对私家车数量的暴涨,城市交通面临更加严峻的挑战。城市交通已经成为制约城市资源流动和运转效率的瓶颈问题、影响城市生活品质提升的重要民生问题以及关系城市可持续发展的重要领域。

城市交通是一个由人、货、车、路和环境组成的相当复杂的动态系统。具体来说,城市交通是指城市道路系统间的公众出行和客货运输。而城市公共交通,则是指在城市政府确定的区域内,利用公共汽(电)车(含有轨电车)、城市轨道交通系统和有关设施,按照核定的线路、站点、时间、票价运营,为公众提供基本出行服务的活动。

2. 城市公共交通的分类。传统的城市公共交通工具主要是指城市公交车和城市轨道交通,随着近年来互联网行业的逐渐兴起并发展壮大,"互联网+共享交通"开始成为一种风靡一时的全新城市公共交通出行方式,使得城市公共交通工具的种类更加丰富多样,满足了城市居民不同层次、不同需求的出行选择方式。其中主要的城市公共交通工具类型包括以下几种。

(1) 公共自行车。我国最早实行公共自行车的城市是杭州,杭州融鼎科技在2008年5月1日率先运行公共自行车租赁系统,将自行车纳入公共交通领域,试图让慢行交通与公共交通"无缝对接",破解交通末端"最后一公里"难题。伴随互联网行业兴起的共享单车运营模式,成为城市公共交通出行的一股新势力。共享单车是指企业在校园、地铁站点、公交站点、居民区、商业区、公共服务区等提供自行车单车共享服务,是一种分时租赁模式,是一种新型绿色环保共享经济。

(2) 公共汽车。公共汽车是城市公共交通系统中的主要交通工具。在一般的道路条件下,可以四通八达。小型公共汽车可在狭窄街区中开辟营业线路,乘用极为方便。发展公共汽车客运交通,设施简易,投资少,见效快。公共汽车的分类有多种,按照运行区间,可以分为短途(市区内)和长途(市区间)公共汽车;按照燃料种类的不同,可以分为燃油、燃气和电动公共汽车；按照车型结构的不同，可以分为单层、双层、铰接式公共汽车等。

（3）无轨电车系统。无轨电车从架空触线上获取电能驱动行驶。由于电能可以从煤、重油、水力、天然气、核能、地热等多种能源转换而来，因此，在石油资源不足的国家和地区，以无轨电车为主要公共交通工具有明显的优点。无轨电车的客运能力和公共汽车属同一等级。无轨电车加速性能好，噪声小，而且没有废气污染，乘用时比较舒适。无轨电车通常不能离开架空触线行驶，机动性比公共汽车差。在开辟新线路时，要建设变配电系统和线网设施，因此，建设费用较高，投资见效慢，而且架空触线影响市容。无轨电车通常无专用车道，在行驶中亦难免避让和紧急制动。为了提高无轨电车的机动性，一种双能源的无轨电车已经问世。它在通过十字路口或不容许架设架空触线的路段时，可改用内燃机或使用本车自带的蓄电池组供电驱动行驶。双能源无轨电车的集电杆，可由驾驶员操作脱离或自动捕捉架空触线。

（4）有轨电车。有轨电车是一种公共交通工具，也称路面电车，简称电车，属轻铁的一种，列车车厢一般不超过五节，但由于在街道行驶，占用道路空间。此外，某些在市区的轨道上运行的缆车亦可算作路面电车的一种。电车以电力驱动，车辆不会排放废气，因而是一种无污染的环保交通工具。在轻便轨道上行驶。它的优点是能源消耗低，结构简单，坚固耐用。其客运能力略高于无轨电车。旧式有轨电车噪声高，振动大，舒适性较差，轨道需要经常维护，在一定程度上影响交通。在开辟新线路时，它比无轨电车的线路投资大，工期长，投资见效慢。

（5）快速有轨电车。快速有轨电车与其他车辆隔离运行，多在地面轨道上行驶。在经过交叉路口时，多采用立体交叉方式。在繁华市区它既可转入地下运行，也可在高架线路上通过，建设费用低于地下铁道。快速有轨电车利用可控硅斩波调速，设有再生制动装置，可以节约能源；装有空气悬挂装置和弹性车轮等，在长轨铁道上行驶，可降低噪声，提高乘坐舒适性。它具有良好的加速性能，运行速度高，行驶平稳、安全、可靠，运行准点程度可达秒级精度。快速有轨电车以单车或车组方式运行，客运能力高，是城市公共交通干线上较理想的客运工具。

（6）地下铁路。地下铁路大部分线路铺设在地面以下，运行中几乎不受外界环境变化的影响，而且有一定的抗战争和抗地震破坏的能力。它以车组方式运行，载量大，正点率高，安全舒适。在多条地下铁路的立体交叉点上，设有楼梯式电梯或垂直电梯，换乘极为方便。地下铁路的地面出入口，可以建设在最繁华的街区，也可以建设在大型百货商店或其他公共场所的建筑物内。在交通拥挤、行人密集、道路又难以扩建的街区，地下铁路完全可以代替地面交通工具承担客运任务，并为把地面道路改造成环境优美的步行街区创造了条件。

5.1.2　城市公共交通地位和作用

城市公共交通体系是国家综合客运网络的枢纽和节点。城市对外交通和内部交通是通过公交客运交通联系完成的。城市公共交通是城市经济社会活动的"动脉",是连接城市工业、居住、公用、文教、商业、服务和公园,以及市郊农村的"纽带",在发挥城市功能、组织经济和社会发展方面起着十分突出的作用。

城市公共交通对城市政治经济、文化教育、科学技术等方面的发展影响极大,也是城市建设的一个非常重要的方面。发展城市公共交通不仅是缓解城市交通拥堵的有效措施,也是改善城市人居环境,促进城市可持续发展的必然要求,是提高交通资源利用率、缓解交通拥堵、降低交通污染、节约土地资源和能源的重要手段,对增强城市功能、统筹城乡发展、促进城乡共同繁荣具有十分重要的作用。

城市公共交通是城市公共基础设施的重要组成部分,在我国经济发展、城市建设和社会生活中占有重要地位,它直接关系着城市的经济发展与居民生活,对城市经济具有全局性、先导性的影响。推动公共交通的优先发展,是解决关系人民群众切身利益的现实问题,建设资源节约型、环境友好型社会和实现可持续发展的重要途径。

5.1.3　影响城市交通发展的因素

1. 城市社会经济发展水平。各种公共交通方式的建设成本和政府的财政能力是制约其发展的关键要素,城市公共交通发展模式的选择一定要与城市自身的经济实力和财政能力相符合。

2. 城市总体发展规划。城市公共交通必须服从城市总体规划中确定的城市形态和空间发展规划,并以总体发展规划确定的城市发展战略为基本依据,应当与城市总体规划的规划范围保持一致,与土地利用规划保持协同。

3. 城市发展规模。不同的城市用地规模或规划范围对交通出行的影响在于居民的平均出行距离。因此,各种公共交通方式在不同的城市规模中发挥着不同的作用。

4. 客流需求。城市交通需求是城市居民对交通基础设施的需要程度。城市交通需求的大小,尤其是城市居民公共交通需求的大小,是决定城市公共交通建设最直接并具有决定意义的因素。各种公共交通需要在客流分布密集、客流需求旺盛的廊道上,才能真正发挥社会经济效益。

5.2　城市公共交通管理概述

5.2.1　城市公共交通的管理机构

我国城市公共交通的管理属于"职能部门型"管理模式,具有国家行业管理的基本属性。总体而言,主要有城市规划管理部门、城市建设管理部门、城市交通管理部门、城市公安部门等。

其中,城市交通管理部门主要负责城市的交通运输系统管理工作;城市规划部门参与组织城市交通规划的制定工作,城市建设管理部门主要负责城市道路等交通基础设施的建设和维护工作;城市公安部门主要负责城市道路安全管理工作。

根据我国《交通道路安全法》规定,县级以上地方各级人民政府公安机关交通管理部门负责本行政区域内的道路交通安全管理工作。县级以上各级人民政府交通、建设和管理部门依据各自职责,负责有关的道路交通工作。其中,公安部门管理的内容包括:安全教育宣传,交通指挥,交通秩序维护,交通事故处理和车辆检验,驾驶员考核与牌照发放,道路路障、交通标志、安全设施等的设置与管理,等等。

5.2.2　城市交通管理的内容

城市交通管理是指城市政府为保障交通基础设施能为城市经济和市民生活提供良好的服务,综合利用各种手段,科学合理地组织城市中人与物运输的管理活动。城市交通管理是一个综合的系统工程,它涉及与交通有关的各方面内容,包括对道路等交通设施的管理、对交通工具的管理以及对交通出行主体——公众的引导和管理。

1. 对交通设施的管理。交通设施既包括铁路、机场、港口等交通基础设施,也包括道路和公路网、公共交通线网体系,还包括各种交通枢纽和停车设施等服务设施。对城市交通设施的管理,主要是对各种交通设施的规划、建设等。随着城镇化的推进和机动化进程加快,使得城市交通设施建设发展日渐滞后于高速增长的机动化需求,道路堵塞等问题日益严重,对交通设施的管理也提出了更高的要求。对交通基础设施的管理要从以下两个方面入手。

(1) 构建完善的交通设施网络体系。解决城市交通拥堵的一个途径便是增加交通设施的供给。城市政府采取灵活多样的经济政策,开辟多种投资渠道,鼓励民营资本和外资等多种资本投资交通设施建设;在规划和建设上保证财政的支持;制定合理的交通设施有偿使用政策等。

首先,要加快市区道路建设,增加和开辟新道路。尤其要注重路网结构优化,提高路网整体承载能力和运行效率,在加快城市道路建设、完善干道建设的同时,要加快建设快速道路体系,为中长距离交通提供通畅条件,也大力扩充支路系统建设,提高路网的集散能力和通达性。同时,要使市域公路网与国家和城际公路网实现高效衔接。

其次,要加快综合客运枢纽的建设,组织和协调各种不同层次的客运网络,改善市区公共汽车、电车、轨道交通、出租车等不同客运网络的衔接换车条件,为乘客提供集中换乘服务。为了适应私人汽车的快速发展,引导私家车合理出行使用,在中心城区边缘主要交通走廊规划建设"停车—换乘"枢纽和交通中心站点,在中心城区加大公共停车设施的建设。此外,还需要加快货运枢纽的建设,完善货运网络体系。

(2) 提升交通设施的科学管理水平。交通设施是静态的系统,它的作用的发挥是由管理决定的。在财力有限、设施建设难以迅速增加的情况下,加强科学管理水平就成了首要选择。科学的管理能够充分挖掘和发挥现有设施的负荷潜力,提高行车速度、减少交通事故和交通污染、节约能源、提高通行能力。

这方面的措施有许多，主要有：加强城市设施的基础管理工作，进行科学的调研分析，弄清交通设施的规模、质量、布局，居民出行和货物运输的基本情况，为交通管理提供坚实的依据；做好城市交通设施的规划布局，弥补现有不足，并为未来发展奠定基础，留出空间；制定统一的城市道路交通法规，规范道路的管理机构、交通参与者和运输者的权责隶属关系；区分城市交通设施的不同功能，重新配置使用；建立适合我国交通水平的完整指标体系，然后建立城市交通的观测系统，及时发现问题予以解决；推广新的智能管理系统，配备现代化设备，用高科技、智能化手段对交通设施进行管理；强化动态管理机制，增强对交通堵塞、交通事故的处理和预防能力等。

2. 对交通工具的管理。交通工具是城市中各种车辆的总称，既包括普通公共汽车、轨道交通、出租车、轮渡、索道、缆车等，又包括私人出行的自行车、小轿车和摩托车等，还包括共享单车、共享汽车等在内。对交通工具的管理，是对城市中各种交通工具的统一规划和协调，方便公众的出行，提高交通运输的效率。其实质是城市交通管理中对不同交通方式的选择和配置问题，是交通出行结构的优化与组合问题。

目前，我国城市私家车的拥有数量急剧增长，给城市交通带来了巨大压力。对于政府来说，如何平衡公交车与私家车之间的出行分担比例，是目前亟待解决的问题。鼓励公众乘坐公共交通工具出行是解决交通拥堵的有效手段。近几年，各级政府也在大力推行公交优先的理念，在规划、建设、土地、税收等各方面提供优惠政策，优先发展公共交通，缓解交通压力。但是采取公交优先的战略，并不代表公共汽车、地铁、轨道交通等多种方式不分轻重地共同发展，公交优先战略实施的关键是针对城市的实际情况选择居于主导地位的公共交通方式，并以科学的交通规划组织实现不同交通方式之间的良好衔接和协调。

另外，还可以综合利用交通政策和经济杠杆等方法调节小汽车的拥有量和出行使用量。可以通过收费限制等经济手段来调节私家车的拥有量，也可以通过增加私家车使用道路的成本，从而在时间上和空间上抑制对私家车的使用，例如收取拥挤费，提高拥挤路段和区域的停车费等措施。

3. 对交通出行主体的引导和管理。交通出行主体主要是各种车辆的驾驶员和城市交通中出行的公众。营造一个快捷、安全、方便、舒适的交通环境，离不开出行主体的参与。

（1）规范执法，加强对驾驶员的管理。我国《道路交通安全法》对机动车驾驶员的安全驾驶作出了严格的规定，要求机动车驾驶员应当遵守道路交通安全法律、法规的规定，按照操作规范安全驾驶、文明驾驶。饮酒、服用国家管制的精神药品或麻醉药品，或者患有妨碍安全驾驶机动车的疾病，或者过度疲劳影响安全驾驶的人员，不得驾驶机动车。近年来，随着私家车数量的急剧增加，驾驶员醉驾导致的交通事故不断增加，引发诸多社会矛盾，许多城市加大了有关酒后驾车的专项执法治理力度。

对于违反《道路交通安全法》的行为，要严格执法，依法追究责任。对于机动车驾驶人违反道路交通安全法律、法规的行为，除依法给予行政处罚外，实行累计积分制度。对累计积分达到规定分值的机动车驾驶人，依法扣留机动车驾驶证，对其进行道路交通安全法律、法规的教育学习，经重新考试合格后，方可再次申领机动车驾驶证。而对于遵守道路交通安全法律、法规，在一年内无累计积分的机动车驾驶员，可以延长机动车驾驶证的审验期。

（2）改善自行车和行人出行环境。一个健全的社会，应该为公众提供最低可行的通达能力，使出行者能够在较短时间和花费较少资金的情况下，舒适、安全地到达目的地。因此，应该在考虑方便私家车辆使用者的同时兼顾行人的利益，构筑以人为本的步行交通和自行车交通系统。

应该引导人们采取步行、自行车和公交相结合的绿色交通出行方式，完善行人过街天桥和行人步道系统，改善通行条件和步行环境以保护行人利益。如充分利用街坊道路和支路开辟自行车交通系统，扩大行人过街信号灯的安装范围和数量，改善交叉口的行人过街设施和信号相位；完善轨道交通及公交站点周边行人交通网络和自行车停放点建设，提升城市交通的通达性和便捷性，缩短换乘距离和换乘时间。营造全社会支持公共交通发展，人人以公共交通为首选出行方式的社会环境。

（3）加强交通安全知识和理念的宣传教育。通过各种途径对各类人群开展交通安全宣传与教育培训，提高交通参与人的交通安全意识，是交通出行主体管理的重要内容。交通宣传教育也应遵循制度化和长期性原则，突出重点，全民普及。通过建立、健全单位道路交通安全制度，加强对机关、企事业单位员工与社会团体成员的交通安全教育培训；把交通安全教育纳入城市中小学课程，加强对在校学生的交通安全教育；还可以在报纸、电台、电视台等宣传媒体开辟长期的栏目，进行交通安全的公益性宣传。

此外，在交通知识和理念的宣传教育中，应积极倡导绿色交通、文明交通等理念，开展"绿色交通日"等活动，积极组织交通志愿者开展各项活动，提高出行者对不同出行方式对环境影响程度的认知，促使出行者选择环保节能的出行方式，并且在出行过程中能够做到文明有序、礼让和包容。

5.3　我国城市交通管理的形势要求和管理思路

解决城市交通问题，管理应当是重点。因为城市交通不仅是硬件，而且是软件，城市交通设施只有通过管理才能充分发挥其价值和作用，有效服务于城市生产、生活。

5.3.1　我国城市交通管理面临的形势要求

1. 适应人民群众基本出行需求，城市公交应加强供给侧结构性改革。"十三五"末全国城市公交年出行总量将达 1 200 亿人次左右。[①] 同时，城市交通出行结构和运行方

---

① 数据来源：《城市公共交通"十三五"发展纲要》。

式发生了显著变化，出行需求将更趋多元化和个性化，客观上要求城市公交在持续提升保障能力的基础上，进一步加强供给侧改革，优化供给结构，提升服务针对性和精准性，实现量质并举、全面发展。

2. 适应新型城镇化建设需要，建立公交导向的城市发展模式。"十三五"时期是新型城镇化建设的加速期，《国家新型城镇化规划（2014—2020 年)》明确，"城市发展模式科学合理。密度较高、功能混用和公交导向的集约紧凑型模式成为主导"。为适应新型城镇化建设需要，必须加快建立公交导向的城市发展模式，改变城市公交被动追随城市发展的局面。

3. 适应城市交通科学发展需要，充分发挥公共交通主体作用。我国城市人口总量大、居住密度高、土地资源匮乏，同时私人小汽车以年均 20% 以上的速度增长，城市交通拥堵状况日益严重。[①] 国内外经验和实践证明，城市公交具有容量大、效率高、能耗少、污染小的比较优势。缓解城市交通拥堵、推进城市交通科学发展，要求充分发挥公共交通的主体作用，大力发展低碳、高效、大容量的公共交通系统。

4. 适应城乡公共服务均等化建设需要，城市公交发挥好带动作用。建设资源共享、相互衔接、布局合理、方便快捷的城乡客运一体化服务网络，是推进城乡客运基本公共服务均等化的重要依托。城市公交作为居民出行最重要、最基本的方式，应当发挥以城带乡作用，通过将公交服务逐步延伸到城市周边或市域，不断提升公交服务的广度和深度，全力带动城乡客运资源融合、服务衔接。

5.3.2　改善城市交通管理的思路

城市交通管理是一个系统工程，对于目前我国城市交通所面对的一系列问题，需要在科学合理的发展理念指导下，综合治理解决。

1. 做好城市交通规划，引导和调控城市交通发展方向。城市交通规划一般可分为两个部分：交通发展战略规划和交通规划设计。前者是宏观上确定城市交通的发展方向和目标，大体确定城市交通的结构、交通方式、交通的网络等。后者是落实交通发展战略的具体规划，包括道路的功能分布、停车场等配套设施的建设以及管理的具体对策等。

规划应当是建立在对交通需求进行分析的基础上，而且应尽可能地进行量化分析。城市交通的规划应当按照系统论要求，不仅要注意城市交通与城市用地、城市经济社会、城市地理环境的关系，还要注意城市内外交通、客运和货运、动静交通建设的协调，更要注意利益和成本之间的比例和分配。

2. 由注重交通供给向重视交通需求转变，实施交通需求管理。交通供给是为城市交通使用者提供交通设施和交通工具。交通需求是人和物在社会公共空间以各种方式进行移动的要求。交通供给和需求是一对错综复杂的矛盾，人们一度认为，通过大力加强

---

① 数据来源：《城市公共交通"十三五"发展纲要》。

道路交通设施建设，努力增加交通供给，能够满足人们日益增长的交通需求，但结果经常事与愿违：道路设施不断增长，但城市交通状况每况愈下。道路的供给使人们以为出行更加便利，刺激小汽车等机动车的增加，诱发新的交通量，如近年来机动车辆的大幅增长使城市道路建设的成绩被机动车的交通需求所淹没。交通需求的增加又使决策者认为应当增加供给，从而形成恶性循环。因此，要解决城市交通拥堵的难题，必须在注重供给的同时，注重对交通需求的控制和引导。

在实施交通需求管理过程中，如何运用好经济杠杆政策，将其与禁行、限行等行政手段结合起来，是当前交通需求管理研究的热点，如拥挤定价使个人在作出出行决策时不仅要考虑个人出行费用和时间成本，还要考虑自己的加入给其他交通参与者带来的成本增加，使个人边际费用和社会边际费用大体平衡，但需注意要使征收的税费量化合理，防止乱收费等不良现象。

3. 实行公交优先发展战略，优化城市交通结构。发展城市公交对于改善城市交通具有明显的效果。据科学计算，城市公交人均占用道路面积是小汽车的 1/10，是自行车的 1/6；污染少、节约能源，公交车的能耗比小汽车低一半以上；客运效率高，公交客运效率是小汽车的 14 倍。[①] 优先发展公交，提高其运输效率和服务质量，使其能够吸引大量乘客，降低私人交通的出行量，从而削减交通总量，缓解交通拥挤，提高道路交通效率。

城市公交属于公益性行业。其经营管理的基本方针应当以社会效益为主，而不能单纯地着眼于经济效益。城市公交的行业运营也要注意垄断和竞争关系的平衡，防止过度垄断和无序竞争，在推进城市公交市场化改革的过程中要注意保持行业的稳定。

4. 深化城市公交的管理体制改革，适应城市交通发展需求。继续深化城市交通统一管理体制改革的内容包括：全面协调铁路、公路、航空、水运、管道、城市交通运输等各个方面。统一制定规划、交通税收政策，并确定资金的投入方向，控制汽车购置和使用阶段的管理。不应再将公共汽车、电车、出租车、轮渡简单地按公用设施行业进行市政管理，改变条块分割的局面，保证宏观调控的权威性。将大交通系统与各城市内的交通统一管理，以便于协调市与市之间、城市内部交通与外部交通之间、城市与乡村之间以及同种及不同种运输方式之间的联系和衔接，提高交通运输系统的整体效益。

5. 制定协调的交通政策和法规，建立健全监管体系。首先，建立完善的交通发展政策和法规体系。应通盘考虑城市交通的发展政策、汽车工业发展政策、城市土地政策、环保政策，以及建设资金投入政策和税收政策、价格政策等一系列关系国民经济发展和行业发展的重大政策问题，将城市交通发展政策纳入国家政策层面统一考虑，对城市用地布局、规划与设计的一系列技术设计标准、建设标准、规范和法规进行引导性研究、调整、修改，对与城市交通管理有关的交通法规进行引导性研究，对公共交通发展进行立法保障。

其次，建立严格的交通法规监管体系。运用经济、法律和技术等手段，如加大对交

---

① 张舜禹. 私家车管理探析：以呼伦贝尔市为例 [J]. 中华民居，2011 (7)：68 – 70.

通违章者的处罚力度等。建立严格的交通法规监管体系，能够使人们自觉成为执法、守法、护法的城市交通出行者，自觉加入城市交通法规的监管队伍，为维护良好的交通秩序贡献力量。

6. 借助现代化交通管理手段和设备，提高交通管理水平。科学化、现代化交通管理手段充分有效地利用现有路网等设施，最大限度地发挥现有道路交通设施的作用。为此，世界各国纷纷开发和建立智能交通系统（ITS），把它作为解决交通拥挤、交通事故、环境污染、交通能源问题和制定加速交通运输产业高科技化战略决策的有效手段。

智能交通系统是将先进的信息技术、数据通信传输技术、电子控制技术以及计算机处理技术等综合运用于整个交通管理体系而建立起来的全方位、实时、准确、高效的综合运输管理系统。它包括先进的交通管理系统、先进的驾驶员信息系统、先进的车辆控制及安全系统等。

5.3.3 促进城市交通发展的具体措施

现代城市交通系统既要保障城市的发展，又要为居民提供便利的出行条件，因此，强化公共交通的吸引力、建设规模化的物流配送体系以不断提高人们的出行效率和道路安全水平，就成为众多城市发展交通的目标。与此相应的具体保障举措主要有以下几个。

1. 建设"公交城市"。"公交城市"是指以社会化公共运输方式为主体、多种交通方式协调运转、路网交通负荷最大限度减少、交通与城市发展相适应并支持和引导城市可持续发展的绿色出行交通系统。它不仅包括公共交通客运系统，还包含换乘系统、步行自行车系统、无障碍出行系统以及货运物流系统等多个领域。

打造"公交城市"的重要内容之一是构建高效便捷的快速通勤系统。快速通勤系统以早晚高峰通勤出行为主要服务对象，以加快轨道交通网络发展和提高地面公交运送速度、改善换乘条件为重点，适应城市发展，构建覆盖市区、辐射郊区的常规公交、轨道交通、快速公交系统（BRT）一体化的公共交通快速通勤体系，提高公共交通吸引力，提高市民通勤出行效率，提高通勤出行公共交通比例。

2. 提高路网承载能力。将"建好路"与"用好路"结合起来，提高路网承载能力和运行效率，以改造道路微循环系统为重点，建成功能完善的综合交通设施网络，使道路交通设施总体承载能力与服务水平明显提高。

在加快交通基础设施建设的同时要更加注重存量挖掘，继续深化管理养护体制改革，逐步实现管理、养护的规范化、标准化，实施养护的精细化和科学化管理，全面提高交通基础设施的使用效率；在继续扩充规模的同时，注重快速路、主干路、次干路、支路功能衔接匹配，充分挖掘现有道路资源使用效率，最大限度发挥道路网络效应；坚持交通先导的原则，发挥交通系统对城市空间结构调整和区域发展的引导和支持作用，在新城和服务功能区规划建设的同时，同步规划建设内部道路和对外联络道路。

3. 推进交通信息化建设。整合信息资源，加快新一代智能交通信息系统建设，提高管理、运输服务水平和运行效率。在智能交通的理念指导下，整合交通信息采集资源，建设一体化的综合交通数据中心，建设智能化交通运行管理决策支持系统，建设路网运行管理和综合交通枢纽管理系统。

在公众服务方面，完善公众交通信息服务系统，建设动态、静态相结合的交互式信息服务平台，为公众提供实时、便捷、人性化的信息服务。

4. 推进交通精细化管理。以科技创先为手段，体制机制创新为载体，寓管理于服务之中，在管理中体现服务，注重管理的人性化、标准化、规范化、信息化、精细化和智能化，保证交通系统安全、有序、顺畅运行。具体来说，主要有以下管理方式。

（1）优化交通组织。科学设置区域交通单行线系统。研究城市快速路及主干路的高承载率车道和放射线的潮汐车道设置。优化调整城市快速路和主干路出入口，渠化改造道路交叉路口，改善路网功能。

（2）规范交通标示系统。优化复杂交通点段标识的设置，增设预告类和确认类指路标识，增设地面标识，规范交通枢纽、场站的标识设置，完善和提升交通标示系统功能。

（3）规范静态交通。利用经济、法律和必要的行政手段加大停车管理力度，规范停车行为。实施差别化停车泊位供给和分区域、分时段差别化停车收费政策，修订居住区及各类公共建筑停车位配建指标。

（4）保障交通安全。完善现有道路交通安全设施，建立健全交通安全管理体系，开展安全风险评估，建设高效交通应急指挥处理系统。

5. 推进交通文明建设。加大宣传教育力度，增强交通参与者现代交通意识，营造"改善交通我参与，交通顺畅我快乐"的社会氛围；加大交通文明宣传，号召市民文明行车、乘车、停车、行路；倡导绿色出行，倡导乘坐公共交通工具、骑自行车和步行等绿色出行方式；倡导使用清洁能源汽车和低排放、低能耗汽车。

⊛ 阅读材料

新加坡政府购买公交服务改革

新加坡作为国际公认的"公交都市"是城市公共交通系统发展的样板和楷模。新加坡政府与时俱进的改革魄力和服务为民的管理思维，以及政府购买公交服务等市场化方面的优秀经验，对我国城市公共交通的发展具有一定的借鉴意义。

（1）厘清政府与企业的关系，合理地将政府与企业的社会职责分开。在新加坡这次公交改革的探索中，可以发现其改革的核心思想是转变政府职能，通过全球竞标方式发挥市场在配置公共交通资源方面的基础性作用，并通过合同、合约等方式明确政府的"管理"职责和企业的"经营"职责，政府与企业各负其责、协调运转、有效制衡。政府职能主要包括：负责线路的规划，负责提供场站、枢纽、车辆等基础设施，负责提供车队管理系统等运营所需设备，负责设定最低服务标准和要求，负责向运营商支付固定的服务费，负责对运营商进行监管与奖惩考核，实现对公交事务进行有效的管理。运营商职能则主要包括：负责线路的运营及管理，负责所租赁资产的维护，负责做好人力、安保、乘客服务等内部管理工作，负责按照合同约定以及政府设定的路线、标准，以最少的投入向社会提供最优质的服务。

（2）区分行使主体，将资产所有权和企业生产经营权分开。按照现代企业制度和公司法人治理结构，资产所有权和企业生产经营权的行使主体即所有者和经营者应当是分离的。以新加坡第一次招标为例，3 个公交枢纽站、380 辆车以及车队管理系统等资产都由政府来提供，是政府的公有资产，而公交运营商则可以通过租赁的方式使用政府提供的车辆和运营所需的设备，对公交线路进行运营管理。这种方式其实就是通过运用市场经济手段，对以公交场站、枢纽、线路等公共交通资源进行资本化的市场运作，以实现这些资源在结构、秩序和功能上的最大化与最优化，从而实现建设投入和产出的良性循环、公共交通服务的提升及促进城市社会、经济、环境的和谐可持续发展。

（3）按照政府购买公共交通服务的思路，实施票款收入和成本支出分开核算。新加坡政府作为购买主体，采用公开招标的政府采购方式确定运营商，再按照合同管理要求，与运营商签订合同，明确所购买公交服务的范围、标的、数量、质量要求，以及服务期限、服务费支付方式、权利义务和违约责任等，并加强对服务提供全过程的跟踪监管和对服务质量的考核。运营商则须严格履行合同义务，保证服务质量，对应承担的运营、管理和租赁维护等费用进行细致、精准的成本核算并报价，既要保证满足政府要求，又能保证运营商不致亏损，并由政府支付固定的服务费，但营业所得的票款等收入则全部归属政府。这种购买方式，其实就是通过发挥市场机制作用，把应由政府来向社会公众提供的公交服务事项，按照一定的方式和程序，交由具备一定资质、条件的运营商承担，并由政府根据服务数量和质量向其支付费用。

（4）建立一套系统科学的考核奖惩机制。政府作为公交运营的购买者，制定了科学的考核框架，以此来考核运营商服务。新加坡政府对运营商的考核指标包括：服务的可靠性、首末班车的准点率、车辆维护、公交枢纽和场站维护、票务系统维护。根据对运营商运营服务质量的评估，给予运营商最高 10% 的年度服务费奖励，以及最高 10% 的年度服务费惩罚。通过考核奖惩机制的建立，激励运营商为乘客提供更加可靠的公交服务；对运营商维护资产不符合要求的进行惩罚，以保障政府资产，并保障公交运营服务不受影响。

资料来源：王逢宝，李峰. 新加坡公交改革对我国政府购买公交服务改革的启示［J］. 中国物价，2019（6）：94－96.

思考题

结合材料，分析我国城市交通管理中如何有效推进公共交通优先发展战略。

本 章 小 结

　　城市公共交通是城市经济社会活动的"动脉",在发挥城市功能、组织经济和社会发展方面起着十分突出的作用。城市社会经济发展水平、城市总体发展规划、不同的城市用地规模或规划范围、客流需求是影响城市交通发展的重要因素。城市交通管理是一个综合的系统工程,包含着对道路等交通设施的管理、对交通工具的管理以及对交通出行主体——公众的引导和管理。解决城市交通问题,管理应当是重点。因为城市交通不仅是硬件,而且是软件,城市交通设施只有通过管理才能充分发挥其价值和作用,有效服务于城市生产、生活。

关 键 名 词

公共交通　交通规划　交通结构　交通需求　公交优先

复习思考题

1. 简述城市公共交通的概念。
2. 结合所在城市,谈谈目前城市交通管理中存在的困境。
3. 交通需求管理的内涵是什么?主要措施和手段有哪些?
4. 如何理解我国城市中的公交优先发展战略?
5. 简述城市交通系统管理的理念。

第6章　城市土地与住房管理

【学习目标】

土地是城市经济中最基本、最活跃的要素，是城市经济发展的基本载体，在城市建设中起着关键性作用。通过本章学习，学生应了解城市土地资源的内涵与特征、城市土地资源管理的体制及手段、城市土地资源管理的内容以及我国城市住房管理及其政策体系。

【重点内容】

● 城市土地含义及特征
● 城市土地有偿使用制度
● 城市使用权出让与转让
● 城市土地市场的结构
● 我国城市保障性住房政策

【典型案例】

"三块地"改革：处处保障农民土地收益最大化

新土地管理法的最大亮点是保护农民土地权益。已在部分地区实行多年的"三块地"改革试点，有望从试点走向全国。

在新土地管理法中，土地不能随随便便征收了，而是要遵循公共利益的前提。例如，军事外交、政府组织实施的基础设施建设、公益事业、扶贫搬迁和保障性安居工程，以及成片开发建设六种情况，就属于该范围。在这些情况下，土地将按需征收。

土地被征收后，将不再按土地年产值一定倍数补偿，而是综合考虑未来发展增值空间制定区片综合地价。这就极大保障和增加了被征地农民利益。

过去，集体建设用地不能直接进入市场流转。新土地管理法对此作出放宽，在符合规划的前提下，集体建设用地可以出租、出让并可以转让、赠与、抵押使用权，与国有土地同地同权、同权同价。这为城乡一体化发展扫除了制度性障碍，是土地管理法的一项重大制度创新，而土地供应格局也将因此改变。

在宅基地方面，新土地管理法允许已经进城落户的农村村民自愿有偿退出宅基地，但地方政府不能强迫农民退出。

"人多地少是我们的基本国情，广大农民都对土地十分珍视，我们任何一项改革一项立法都要把农民土地权益维护好、实现好、发展好。"全国人大常委会法制工作委员会经济法室副主任杨合庆的表态，彰显了此次土地管理法修改格外重视保护农民利益。

资料来源：谭畅．新土地管理法：将农民土地权益"大写"［N］．云南法制，2019 - 10 - 16.

6.1　城市土地管理概述

6.1.1　城市土地的含义

城市土地是一个与城市人口、城市经济活动相关联的地域性概念，它是城市形成和发展的前提，也是城市人口生存和开展各项活动的基础。正如我国古代学者管仲所认为的："地者，万物之本源、诸生之根菀也。"① 城市的土地，从广义上来看，是指城市行政区内陆地和水域及其地上、地下的空间总称。具体来讲，城市土地有三个层次：一是城市建成区内的用地，即建设用地；二是城市规划区内未建成区内的土地；三是城市行政区划的全部土地。从狭义上来看，城市土地就是城市市区，即城市建成区及其规划土地。其土地上人口密集、建筑稠密、生活设施比较齐全。

6.1.2　城市土地的特性

把握城市土地特性是研究城市土地问题、开展城市土地管理的基础。对城市管理影响较大的特性主要包括：

1. 城市土地的自然特性。

（1）位置的固定性。土地是真正的不动产，占据地球表面一定空间的土地是自然综合体，具有明显的地域性。城市土地的地理位置既不能互换也不能搬动，它具有固定的位置。其位置的固定性，要求人们就地利用和改良各种土地。

（2）面积的有限性。土地是地球表面陆地部分，其面积具有不可再生性。广义土地的总面积，在地球形成后，就由地球表面积所决定。人类虽然能移山填海，扩展陆地，或围湖造田，增加耕地，但这仅仅是土地用途的转换，并没有增加土地面积。而且在不合理利用的情况下，土地资源还将发生退化，甚至无法利用，从而使可利用的土地面积减少。

（3）适用的差异性。由于在地质、地貌、植被、水文等方面，不同地段的城市土

---

① 参见《管子·水地》。

地存在天然差异，既而不同地段土地条件和承载能力不同，城市土地的适用性存在较大差异。尽管依靠科学技术和人工力量可以缩小城市土地的自然差别，但土地使用的差异性是不可能完全消失的。

（4）利用的耐久性。土地作为一种生产和生活资料，具有永不消失性。不同于普通的生产要素在使用过程中因为损耗而逐渐丧失其使用价值。土地资源只要处理得当，土地就会不断改良，能够永续为人们所使用。

2. 城市土地的经济特性。

（1）土地供给的稀缺性。城市土地的总面积是既定的，不可能无限供给。相对于人们庞大的土地需求，城市土地总量供给往往是短缺的；而且城市土地由于面积的固定性和区位的唯一性，其在特定路段会出现土地经济供给的相对稀缺。大城市商业中心地段之所以"寸土寸金"，正是由于土地资源具有稀缺性。

（2）土地价值的区位效益性。经济活动的不同地理位置通常被称为区位。区位对城市土地而言非常重要，更是土地价格的决定性因素。不同的区位条件如繁华（集聚）程度、交通条件、设施状况和环境质量等决定了城市土地的价值、利用强度和利用方向。同样地，不同区位土地的经济投入，会产生不同的经济回报。

（3）边际效益的递减性。边际效益递减性是指当其他生产要素投入量不变时，某种生产要素的投入量超过一定限度后，其边际效益会随投入量的增加而递减。一般来说，前期土地产出递增比例会大于成本投入比例，而后期对城市土地的连续追加投资超过一定限度后，单位面积投资增量所获收益就会下降。

（4）土地价值的资本性。城市土地作为不动产，不仅具有经济价值和交换价值，而且具有保值增值性。土地的市场价格水平取决于城市土地可能产生的收益水平。经济收益水平越高，地块的市场价值也越高。

（5）变更土地利用的困难性。土地利用的变更需要较长的时间，具有一定的难度。因此土地一旦进入使用就很难再作调整。例如，建筑用地逆转的相对困难性，即由于土地的农业利用对土壤的水、肥、气、热等自然条件要求严苛，而建筑用地更注重土地的承载功能以及位置条件，导致由建筑用地再恢复到原来的满足生物生长的良好条件比较困难，常见的如已经建设好的工业厂房用地，短时间内不可能再进行农业耕种。

（6）土地利用后果的综合性。城市土地是社会、经济和生活等各项活动的载体。每块土地或每一区域的土地利用后果，不仅关系到本区域的经济、生态和社会效益，而且还会影响到邻近地区甚至整个国家经济、生态和社会效益。

6.1.3　城市土地的分类

按土地使用的主要性质进行划分，我国用地分类包括城乡用地分类和城市建设用地分类两部分。依据我国 2012 年颁布实施的《城市用地分类与规划建设用地标准》中对城市建设用地的定义，城市建设用地具体是指城市和县人民政府所在地镇内的居住用地、公共管理与公共服务用地、商业服务业设施用地、工业用地、物流仓储用地、道路与交通设施用地、公用设施用地、绿地与广场用地。详见表 6 – 1。

表 6 – 1 城市建设用地分类

代码	用地类别名称
R	居住用地
A	公共管理与公共服务用地
B	商业服务业设施用地
M	工业用地
W	物流仓储用地
S	道路与交通设施用地
U	公用设施用地
G	绿地与广场用地

1. 居住用地。几乎每一个城市的绝大部分土地都属于住宅用地，它满足城镇居民最基本的生活物质资料。居住用地在城市建设用地所占比例为 25% ~ 40%，包含住宅和相应服务设施的用地。

2. 公共管理与公共服务用地。在城市自由发展期，公共管理与公共服务用地所占比例一般较低，城市的整体功能也相对较低。但随着城市的发展，用于公共管理与公共服务的土地占城市土地的比例越来越高。目前在城市建设用地中所占比例在 5.0% ~ 8.0%，包括行政办公、文化设施、教育科学、体育、医疗卫生、社会福利等机构和设施的用地，但不包括居住用地中的服务设施用地。

3. 商业服务业设施用地。目前，我国商业服务业设施用地大部分属于出让土地。它对区域的选择性比较强。不是所有的土地都可以作为商业服务用地的。除交通便利外，特别注意营业环境和收益状况的用地，大多处于繁华地段，可以产生更高的经济效益。商业服务业设施用地主要包括各类商业、商务、娱乐康体等设施用地，不包括居住用地中的服务设施用地以及公共管理与公共服务用地内的事业单位用地。

4. 工业用地。工业是现代城市发展的主要因素。大规模的工业建设可以带动原有城市的发展，使城市发展壮大，并富有生气。目前工业用地在城市建设用地所占比例为 15.0% ~ 30.0%，包括工矿企业的生产车间、库房及其附属设施等用地，具体有专用铁路、码头和附属道路、停车场等用地，不包括露天矿用地。但同时也给城市带来环境污染等各种问题。这就要求城市政府相关部门全面分析工业对城市的影响，使城市中的工业布局既满足工业发展的要求，又有利于城市本身健康地发展。

5. 物流仓储用地。物流仓储用地是城市用地重要组成部分之一，它与城市其他功能部分，如工业、对外交通、城市道路、生活居住等有着非常密切的联系，是保障城市良性运转的物质条件之一。它包括物资储备、中转、配送等用地，包括附属道路、停车场以及货运公司车队的站场等用地。政府有关部门在布局物流仓储用地时，应该考虑土壤承载力、交通、地势、卫生、安全等诸多因素。

6. 道路与交通设施用地。目前道路与交通设施用地在城市建设用地中所占比例为

10.0%～25.0%，包括城市道路、交通设施等用地，不包括居住用地、工业用地等内部的道路、停车场等用地。

7. 公用设施用地。公用设施用地包括水、电、燃气和热等供应设施用地，雨水、污水、固体废物处理和环境保护设施及其附属设施用地，消防、防洪等保卫城市安全的公用设施及其附属设施用地。

8. 绿地与广场用地。目前绿地与广场用地在城市建设用地中所占比例为 10.0%～15.0%，包括公园绿地、防护绿地、广场等公共开放空间用地。

6.1.4　城市土地的功能

土地不仅具有满足人类生产活动的功能，还具有满足人类日常生活的功能和调节生态环境等多方面的功能。联合国粮农组织于 1999 年直接把土地的功能定义为支撑人类或者其他陆地生态系统的 10 项功能。具体而言，土地功能是人类直接使用或者间接使用一些自然界土地本身就拥有的功能，例如土地在生态环境方面的功能和土地在生产方面的功能；或通过对土地进行改造和深度利用之后所获得的功能，例如土地在社会方面的功能。人类通过各种不同的方式使用和利用土地的某一项或多项功能，获得一种或多种产品和服务。

1. 城市土地生态环境功能。城市土地为城市建设提供生态环境。城市是人口和工业集中的地方，被要求有较好的水文、植被、地貌条件；有较充足的空气和阳光。具体来讲，城市土地生态环境功能是指土地所提供的能维持各种生物，包括人类生存的自然环境条件和服务。土地通过自身的自然属性，包括地学、气候、水文、土壤及植被等，实现对生物生存环境的调节作用、环境净化作用、生命支撑作用和营养物质积累作用等，包括涵养水源、调节气体、净化环境、形成与保护土壤、维持生物多样性以及积累营养物质等多种生态功能。这些功能是土地所固有的、非市场化的，其价值属于间接价值。它与土地生产功能、社会功能构成一个整体，是土地生产功能和社会功能的基础。

2. 城市土地生产功能。城市土地生产功能是指土地经过人类活动与地学、气候、土壤、植被及水文等自然属性的共同作用为社会发展提供植物生长环境和物质的作用和能力。一方面是指通过气候、地学、水文、植被和土壤以及人类活动的共同作用，为植物提供适宜的生长环境，具体包括农业生产功能、林业生产功能、草业生产功能、动物生产功能和其他生物性生产功能；另一方面通过人类活动与地学特征的共同作用，为社会生产提供其发展所必需的各种矿物，包括土地具有为社会生产提供金属矿物的金属矿物生产功能如金、银、铜、铁等，以及非金属矿物生产功能如煤、石膏等，同时也包括矽、硒等稀土元素矿物的生产能力。

3. 城市土地的社会功能。城市土地有着巨大的承载力，为城市建设提供基地和空间，同时也提供人们的活动场所。城市土地所特有的承载力功能是城市中其他任何东西所不能替代的。正如马克思所说："没有土地，劳动过程就不能进行，或者不能完全进行""因为它给劳动者提供立足点，给他的过程提供活动的场所。"① 我们进行城市建设和工业建设不是建空中楼阁或海市蜃楼，没有土地的承载是不行的。

城市土地的社会功能是指土地受到深度的人类活动后，土地的地形、地貌、土壤、水文及植被特征均有了较大程度的改变，获得了为人类提供各种资源和各种服务的功能，能够起到促进经济发展和维持各种社会关系的作用，并为人类社会各种需求提供服务。具体涵盖以下几个方面的功能。

（1）一般公共服务功能是指土地受到人类活动后，为人类生活、医疗、科学研究、教育、居住、交通、安全保障、医疗、卫生、慈善等提供服务的能力。

（2）居住社会功能是指土地可以为人们生活居住及其相关活动提供服务的能力。现代城市中住宅小区均具有多种土地功能，但住宅功能是其最主要功能。

（3）交通社会功能是指土地经过人类活动后可以用于运输通行的地面线路、场站设施等用地所具有的能力。

（4）文化休闲社会功能是指土地经过人类活动后或者依靠其本身具有的属性，可以为人类的文化休闲活动提供服务和支持。如土地经过人类活动后，由于土地的位置固定性及信息储存能力，可以起到保护文明信息及文化多样性的作用；由植被、地形等自然属性或是人类活动后建成的一些建筑等形成具有美学特征的景观，这些景观也具有为人们提供旅游、观光、休闲等服务的能力。

（5）财产社会功能是指土地的资源属性、权籍属性，通过自身具有的自然属性或是通过一定的人为投入后，能为土地使用者带来经济收益的能力。如地形地貌经过较大幅度的人为改造后成为酒店、餐馆、证券交易场所、银行、理发店、仓库、停车场等，可以为密集人群住宿餐饮活动、商务金融活动、工业仓储等提供场所。

（6）社会保障社会功能是指土地在人类活动后，依靠土地资源属性与权籍属性，可以为人们提供社会生活的基本保障能力。尤其在没有较好的社会保障体系时，人们很大程度上必须依赖于土地提供就业岗位或是收获作物来维持基本的生活，可以通过持有土地资源权籍属性，采用对土地进行出租、转让及自己耕种等方式，保障基本的生活需求。因此持有土地是人们维持最低生活水平和抵御社会风险的主要手段。

6.2　城市土地市政管理

6.2.1　城市土地市政管理的必要性

城市土地市政管理是指政府相关部门依据国家有关城市土地的法律法规，对城市土地占有、分配、使用而进行的规划、组织、控制和监督等系列活动。

1. 城市土地本身的特点要求加强城市土地市政管理。土地是城市经济发展的基础，

① 资料来源：马克思恩格斯全集（第23卷）［M］. 北京：人民出版社，1972：205.

是城市居民活动的空间，具有多方面的使用价值和经济效益，同时也承受着庞大的城市人口和城市生活的全部设施。可以说城市土地是城市人口和经济赖以生存和发展的不可缺少的要素。而城市土地是一种有限的不可再生自然资源，这就要求政府管理部门必须以经济生态效益为前提，有计划、因地制宜地安排好城市土地，使其得到充分合理的利用。

2. 城市土地与城市社会经济发展的密切关系要求加强土地市政管理。一方面，随着城市社会经济的不断发展，对城市土地的使用情况提出新的要求；另一方面，城市合理的土地利用，会对城市经济的发展产生直接的、重大的影响。这些问题的存在均要求政府加强城市土地管理。

3. 中国城市土地的国有制要求加强土地市政管理。进行土地市政管理是国家对城市土地行使所有权的一个重要体现，能保障土地所有者的权益，维护全体劳动人民的集体利益。

6.2.2　城市土地市政管理机构

目前，我国城市土地市政管理机构主要有以下四项：

（1）市土地管理局。统一负责城市土地的管理和监督工作，是城市土地最重要的行政执法部门。

（2）市规划管理局。统一规划管理城市建设用地，负责核发建设用地规划许可证和建设工程规划许可证。

（3）市房地产管理局。其主要负责已经开发使用地的管理工作。

（4）市司法局。其主要监督城市土地管理法规的实施，受理各种城市土地违法案件。

6.2.3　城市土地市政管理原则

《中华人民共和国土地管理法》（以下简称《土地管理法》）规定："十分珍惜、合理利用土地和切实保护耕地是我国的基本国策"。现今我国正处于快速城镇化阶段，城市建设用地需求大，同时，人多地少的现实国情，要求我们在保护好城市用地的同时提高土地利用效率。因此城市土地管理要遵循以下基本原则。

1. 合理利用土地。《宪法》规定："一切使用土地的组织和个人必须合理地利用土地。"合理利用土地就是要求我们集约利用土地，提高土地利用率和产出率。

2. 切实保护耕地。把"珍惜和合理利用每一寸土地，切实保护耕地"作为一项基本国策，正是由于我国人均耕地少，可开垦的后备土地资源不足，工业、交通和城市的发展占用了一部分耕地，人地矛盾突出。为了切实保护耕地，我国实行占用耕地补偿制度。这是国家为实现耕地占补平衡而实行的一项保护耕地法律制度。它是指非农业建设经批准占用耕地的，按照"占多少、垦多少"的原则，由占用耕地的单位负责开垦与所占用耕地的数量和质量相当的耕地；没有条件开垦或者开垦的耕地不符合要求的，应依法缴纳耕地开垦费，专款用于开垦新的耕地。

3. 土地用途管制。土地用途管制是目前世界上土地管理制度较为完善的国家和地区广泛采用的土地管理制度。通过土地利用总体规划等国家强制力，规定土地用途，明确土地使用条件，要求土地所有者、使用者必须严格按照规划所确定的土地用途和条件使用土地，以保证土地资源的合理利用和优化配置，实现经济、社会和环境的协调发展。

4. 土地有偿使用。自 20 世纪 80 年代以来，随着我国土地使用制度与市场经济体制的建立和完善，城市土地所有权属于国家，我国实行土地所有权和使用权分离、城市土地有偿使用的制度。具体来讲，我国主要通过收取土地出让金、土地使用税、土地使用费、土地增值税、新增建设用地使用费等形式来实现城市土地的有偿使用。

5. 城市土地统一管理。城市土地行政主管部门代表国家统一行使土地管理权。涉及国家利益、社会稳定和发展全局的土地管理权，由中央和省级人民政府行使。

6.2.4　城市土地市政管理的主要内容

1. 城市土地地籍管理。城市地籍管理主要由城市土地调查、分等定级、统计、登记和地籍档案收集与整理等构成，为城市土地管理、保障土地权属、改革土地制度以及房地产交易等提供服务。

城市土地调查是对城市土地的数量、质量、利用和权属状况进行的调查。

城市土地分等定级是在土地分类的基础上，根据土地的自然、经济条件，进一步确定各类土地的等级。它是衡量土地质量好坏的标志，也是合理进行土地管理的重要依据。

土地统计是对土地的数量、质量、分布、利用和权属状况进行统计调查、汇总、统计分析的制度。

土地登记是指按照法律规定的程序，对土地所有权、使用权提出申报、审核、登记造册和核发证书的一项法律措施。

地籍档案的收集与整理是指对于在土地调查、分等定级、统计、登记的过程中汇总的文字、图、表等资料，都要及时进行分类整理存档。

2. 城市土地权属管理。现行《宪法》第十条规定："城市的土地属于国家所有""农村和城市郊区的土地除由法律规定属于国家所有的以外，属于集体所有；宅基地和自留地，也属于集体所有""国家为了公共利益的需要，可以依照法律规定对土地实行征收或者征用并给予补偿"。《土地管理法》第二条："中华人民共和国实行土地的社会主义公有制，即全民所有制和劳动群众集体所有制。全民所有，即国家所有土地的所有权由国务院代表国家行使。"《中华人民共和国物权法》（以下简称《物权法》）第四十五条规定："法律规定属于国家所有的财产，属于国家所有即全民所有。国有财产由国务院代表国家行使所有权"。《物权法》第四十七条规定："城市的土地，属于国家所有。法律规定属于国家所有的农村和城市郊区的土地，属于国家所有。"

这里的"国家所有"即"全民所有"，而所谓"全民"即全中国（包括港澳台）的城市居民和农村居民，城市土地当然不仅仅是城市居民所有，而且也为农民所有。法律规定"全民所有即国家所有土地的所有权由国务院代表国家行使"，表明国务院只是国家所有土地的全民所有人的代表人或受托人，而不是所有者本人，"国家所有"不是政府所有，国务院所代表、所受托的人，是"全民"，即城市居民和农村居民，而不仅仅是城市居民。

《宪法》表示城市土地所有权的权利主体只能是国家，国家对城市土地拥有占有、使用、收益和处分的权利。而城市土地使用权是由所有权派生出来的一项权利，是指土地使用人可按照法律或承包合同的规定对土地享有的利用和获取权益的权利。同时要求土地使用者必须承担管理、保护和合法利用土地的义务。政府部门对城市土地所有权和使用权的管理任务主要包括确立、变更和保护土地的产权，办理土地征用、审批土地使用、处理土地权属纠纷，制止违法用地等。

3. 土地使用规划管理。城市土地利用包括土地的规划、开发、使用、效益和保护等。

就土地的规划而言，要求土地管理部门面对任何单位和个人用地的申请，确保依据城市总体规划的要求进行审批；对于已经使用的土地，凡不符合城市规划要求的，土地管理部门要配合城市规划管理部门运用行政、立法、经济等手段，限制其使用，或结合旧城改造，另拨土地，进行搬迁。

就开发而言，有计划地利用和开发城市土地资源，应列为城市土地管理的重要项目。

就使用而言，应当遵循土地的自然、经济技术、社会等一系列条件，合理地使用土地。对于单位和个人的用地状况，必须经常进行检查监督，发现浪费土地、私自占用以及其他各种违法用地，要根据有关政策、法规及时纠正或作出适当处理。

4. 城市国有土地资产经营管理。城市国有土地资产经营管理是指城市政府运用经济手段管理城市土地，把投入城市土地的大量资金通过城市土地的有偿使用予以回收，并再投入城市土地的整治和开发，从而实现城市建设资金的良性循环。同时，经济手段是城市政府指导城市用地的重要杠杆，能充分发挥城市土地的使用效益。

6.2.5　我国城市土地市政管理的手段

1. 经济手段。针对不同时期城市土地市场出现的不同问题，政府相关土地管理部门运用地租地价政策、税收、金融等各类经济杠杆来调控市场。就地租地价政策而言，国家通过调整绝对地租、极差地租和垄断地租的升降，来影响各类房地产的开发成本和市场中不同用途土地的需求，达到控制土地市场供给、优化土地利用的目的。就税收而言，目前我国直接将房产和地产作为征税对象的税种包括土地增值税、耕地占用税、城镇土地使用税、房产税、契税（土地）等，共有 14 种。就金融而言，就是运用金融措施来调控城市土地市场，如政府可以通过放宽住房信贷，降低利率等一系列措施来刺激消费，鼓励贷款购买住房，以缓解国内购房需求疲软，带动住宅用地的需求。

2. 法律手段。法律手段是国家首先以立法的形式对城市土地市场进行规范。目前，我国涉及土地产权和土地市场管理的法律法规有：《中华人民共和国宪法》《中华人民共和国土地管理法》《中华人民共和国城镇国有土地使用权出让和转让暂行条例》《中华人民共和国城市房地产管理法》等。土地资源十分重要，人们在土地上生存、发展，土地既是生产资料，又是生活资料，从而围绕土地产生了占有、使用、保护、管理、收益、分配等各项关系，涉及广泛的权利义务。

3. 行政手段。就是依据国家制定的关于土地市场管理的有关法律，城市的土地主管部门运用行政权力，对城市土地市场运行的各个环节进行全方位的行政管理。目前，我国管理城市土地市场所运用的行政手段主要包括：编制土地利用总体规划和城市规划、制订全国土地利用计划、划定限制供地和禁止供地的范围、建立土地有形市场、建立交易许可制度和交易预报、土地预备、市场信息公开查询等一系列制度。

在城市土地市场管理方面，我国要求要不断完善市场机制，尽量减少政府有关部门运用行政手段来管理城市土地，真正充分发挥市场在资源配置中的作用。但这并不意味着在市场经济条件下要完全否认政府在城市管理中的作用。而市场经济的盲目性也决定了政府的行政干预是必不可少的，确保城市土地市场正常运行。

4. 技术手段。技术手段是管理者按照土地的自然、经济规律，运用科技手段来执行管理职能的方法。目前，应注重在土地管理中应用3S技术，以实现管理手段现代化。3S是遥感（RS）、地理信息系统（GIS）、全球定位系统（GPS）三者的总称。RS、GIS、GPS三种技术在各自独立发展的基础上，逐步走向集成化，形成了一种新的技术体系，即将P/RS和GPS作为快速获取和更新地理信息的手段，将GIS作为储存、管理和分析应用空间信息和数据的基础平台。

6.3 城市土地市场及其调控

城市土地市场管理是指为了保障土地市场的健康运行、促进土地资源的有效配置、达到经济和社会可持续发展的目的所采取的一系列规范土地交易秩序、调节土地供求关系、打击土地投机行为、维护土地权利人合法权益的管理措施。

6.3.1 城市土地市场的形成及特征

1. 城市土地市场的形成。20世纪50年代后，中国建立高度集中统一的计划经济体制，城市土地属于国家所有，实行无偿、无限期土地行政划拨使用制度，其实质就是土地的计划配置制度，城市土地的使用权不能流转，几乎不存在土地市场。

20世纪70年代末，伴随着经济发展和人口增长，对土地这种重要生产要素的需求量日益增加。20 世纪 80 年代，随着土地有偿使用制度的实施，开始了建立土地市场的摸索。1987 年，深圳市第一次协议出让国有土地使用权和第一次拍卖出让国有土地使用权，创造了土地使用权流转的先例。2004 年，十届人大二次会议通过的《宪法》（修正案）第一章总纲第十条规定："土地使用权可以依照法律的规定转让"，标志着在我国的根本大法上承认了土地使用权可以进入市场，以多种方式流转。

随着我国市场经济体制改革和土地管理制度改革的进程不断加深，2001 年国务院下发了《关于加强国有土地资源管理的通知》，明确提出："商业性房地产开发用地和土地供应计划公布后同一地块有两个以上意向用地者，都必须由市、县人民政府土地行政主管部门依法以招标、拍卖方式提供。"这成为经营性国有土地必须实行市场配置的第一个国家政策，自此，国有土地，特别是国有经营性土地配置，逐渐步入了以市场形成价格为核心的市场配置轨道。

2004 年，国务院在《关于深化改革严格土地管理的决定》中明确提出："要大力推进土地资源的市场化配置，逐步实行经营性基础设施用地有偿使用和推进工业用地的挂牌拍卖、挂牌出让。"这一政策的提出，使市场配置土地的范围和数量进一步扩大，大大推进了城市土地市场化的进程。

2014 年党的十八届三中全会通过的《中共中央关于全面深化改革若干重大问题的决定》进一步地提出：建立城乡统一的建设用地市场，建立兼顾国家、集体、个人的土地增值收益分配机制，合理提高个人收益，完善土地租赁、转让、抵押二级市场。

2. 城市土地市场的特征。

（1）买卖的只是城市土地的使用权，而不是土地的所有权。不同于一般商品的买卖，一经交换，不仅转移了商品的使用权，商品的所有权也同时被转移。城市土地进行交易的前后，土地的所有权始终归国家所有。因此，城市土地交换可视为以一定时期为限的租赁。

（2）城市土地市场交换的范围受到限制。城市土地只限于在国家或者代表国家的城市土地管理部门和用地单位之间进行交换。在一定条件下，用地单位之间可以依法进行城市土地使用权的转让。

（3）在城市土地市场上交易的土地，土地的使用方向或用途受到限制。使用者必须严格按照城市规划所确定的土地用途和条件使用土地。如小区的地皮，一般不能用来建厂房、车间等。

（4）城市土地市场具有国家垄断的性质。城市土地市场只能由政府主管部门或土地管理机构进行经营，不同于一般的商品市场，可由符合条件的任何单位或个人经营。

6.3.2　我国城市土地市场体系

1. 城市土地市场的结构。在有偿使用城市土地制度建立以后，城市土地的使用权可以流转，随之城市土地市场也开始确立起来。目前，我国城市土地市场主要可以分为三级。

（1）一级市场，就是国家凭借对城市土地的所有权，通过批租或出让的形式将城市的土地使用权投放到市场运行中；主要表现为城市土地使用权在城市政府与城市土地经营者、使用者之间纵向流动，具有垄断性质。

（2）二级市场，就是获得城市土地使用权的经营者或使用者，直接或通过建设商品房间接地将土地投入市场流通，主要表现为城市土地使用权在城市土地使用者之间横向流动，具有经营性质。

（3）三级市场，就是城市土地使用者通过房产交易间接地使土地进入市场流通；主要表现为土地使用者之间的横向交易，具有消费性质。

上述三级市场形成了城市土地的批发、零售、调剂三种互相联系的市场形态。其中，一级市场是二三级市场的基础和前提，起着导向作用；二三级市场是一级市场的延伸和扩大，能促进城市土地市场的发育和繁荣。中国土地市场的基本政策是垄断一级市场，搞活二三级市场。

2. 城市土地使用权出让。城市土地使用权的出让，是指国家以土地所有者的身份将一定年限内的土地使用权出让给土地经营者或使用者，土地使用者必须向国家支付土地使用权出让金的行为。

国家保留对出让土地的司法管辖权、行政管理权和为公共利益征用出让土地的权力等主权范围内的全部权力。农村集体土地和国有土地的所有权不能出让，出让土地的地下资源、埋藏物和市政公共设施也不能出让。

《中华人民共和国城市房地产管理法》（以下简称《城市房地产管理法》）规定，土地使用权出让最高年限由国务院规定。根据《中华人民共和国城镇国有土地使用权出让和转让暂行条例》第十二条按照出让土地的用途不同规定了各类用地使用权出让的最高年限：居住用地70年；工业用地50年；教育、科技、文化、卫生、体育用地50年；商业、旅游、娱乐用地40年；综合或者其他用地50年。

土地使用权的出让需要签订出让合同，是指市、县人民政府土地管理部门代表国家（出让人）与土地使用者（受让人）之间按照平等、自愿、有偿的原则，就土地使用权出让事宜所达成的、明确相互间权利义务关系的书面协议。国有土地使用权出让，必须通过合同形式予以明确，必须符合土地利用总体规划和城市规划。

土地经营者或使用者在签订土地使用权出让合同后，如果需要改变土地的使用用途，应当征得出让人同意，并经土地管理部门和城市规划部门批准，依照规定重新签订土地使用权出让合同，调整土地使用权出让金并办理登记。

土地使用权出让合同约定的使用年限届满，土地经营者或使用者如需要继续使用土地，应当于届满的前一年申请续期，除政府需要收回的土地，应当予以批准。出让合同约定的使用年限届满，土地经营者或使用者未申请或申请续期未获批准的，由国家无偿收回。

关于土地使用权的出让方式，《城市房地产管理法》第十二条规定："土地使用权出让，可以采取拍卖、招标或者双方协议的方式。"国土资源部2002年7月7日施行的《招标拍卖挂牌出让国有建设土地使用权规定》又明确了一种新的出让方式——挂牌出让。因此，我国现行国有建设用地使用权的出让方式就包括四种：拍卖、招标、挂牌和协议出让。

（1）拍卖出让，是指出让人发布拍卖公告，由竞买人在指定时间、地点进行公开竞价，按照"出价高者优先"的原则确定土地使用者的出让方式。《城市房地产管理法》第十二条规定，商业、旅游、娱乐和豪华住宅用地，有条件的，必须采取拍卖、招标方式；没有条件的，不能采取拍卖、招标方式的，可以采取双方协议的方式。

（2）招标出让，是指在规定的期限内由符合受让条件的单位或者个人（受让方）根据出让方提出的条件，以密封书面投标形式竞争某地块的使用权，由招标小组经过开标、评标，最后择优确定土地使用者的出让方式。主要适用于大型发展项目用地、小区成片开发用地、关键性的或者技术难度较大的项目用地。

（3）挂牌出让，是指出让人发布挂牌公告，按公告规定的期限将拟出让土地的交易条件在指定的土地交易场所挂牌公布，接受竞买人的报价申请并更新挂牌价格，根据挂牌期限截止时的出价结果确定土地使用者的出让方式。

（4）协议出让，是指土地使用权的有意受让人直接向国有土地的代表提出有偿使用土地的愿望，并由双方进行谈判和切磋，协商出让土地使用的有关事宜的一种出让方式。主要适用于市政公益事业项目，非营利项目及政府为调整经济结构、实施产业政策而需要给予扶持、优惠的项目，采取此方式出让土地使用权的出让金不得低于国家规定所确定的最低价。以协议方式出让土地使用权，没有引入竞争机制，不具有公开性，人为因素较多，因此对这种方式要加以必要限制，以免造成不公平竞争、以权谋私及国有资产流失。

3. 城市土地使用权转让。城市土地使用权转让，是指城市土地使用者对已经获得城市使用权的土地按规定进行开发后，通过出售、交换、赠与的方式，将土地使用权以及地上的建筑物及其他附着物的所有权进行再转让的行为。其中，出售是指土地使用者将土地使用权转移给买方而买方支付价款的买卖行为；交换是指当事人双方约定互相转移土地使用权的行为，或者是一方转移土地使用权、另一方转移金钱以外标的物的行为，属于以物易物的互易行为；赠与是指赠与人无偿转移城市土地使用权于受赠人的行为。

土地使用权转让应当签订转让合同。土地使用权转让时，土地使用权出让合同和登记文件中所载明的权利、义务随之转移，土地使用权转让时，其地上建筑物、其他附着物的所有权转让，应当依照规定办理过户登记。

城市土地使用权转让具有以下特点：（1）只有通过出让方式取得的城市土地所有权才能进入转让市场。（2）取得土地使用权的土地不能直接进入转让市场进行流通，必须按照土地使用权出让合同在土地上投入规定比例的开发资金后方可转让。（3）土地使用权与地上物权同时转让。地上建筑物及其他附着物所有权随土地使用权转让而转让，同样的，城市土地使用者转让地上建筑物及其他附着物所有权时，其适用范围内的土地使用权随之转让，但地上建筑物及其他附着物作为动产转让的除外。

4. 城市土地使用权租赁。城市土地使用权的租赁，是指土地所有者或土地使用者作为出租人，将土地使用权及其地上建筑物、其他附着物出租给承租人使用，由承租人支付租金的行为。转让和租赁的不同在于转让意味着土地使用权力的一次性买断。

5. 城市土地使用权抵押。城市土地使用权的抵押，是指土地使用者以其合法的土地使用权作为提供债务履行担保的行为。土地使用权抵押设定本身并不发生土地使用权转移，即土地使用权抵押后，土地使用者可继续对土地进行占有、收益，只有在债务不能履行时，抵押权人才能依照法定程序处分土地使用权，此时土地使用权才发生转移。当债务人不履行债务时，抵押权人有权依照抵押合同享有从拍卖所得款中优先受偿的权利。

6.4 我国城市住房管理与改革

住房自远古人类时期就已经出现，其历史源远流长，并与人类发展历史相伴。住房是容纳和承载人类生活工作的重要空间，与人类生存发展息息相关。住房无论是对城市居民个体，还是对城市地区宏观层面的社会和经济活动发展，都具有越来越重要和深远的影响。

6.4.1 城市住房管理概述

1. 住房的概念。住房作为一种城市建筑和设施类型，具有经济、社会、文化等层面的多重含义。给予多学科的视角，住房这一概念具有不同的内涵：

从建筑学的视角来看，住房是为满足人类居住生活的功能性要求而形成的建筑空间和技术工艺。例如，在我国的南方气候炎热而多雨潮湿，北方则相对较为寒冷干燥，因此，南北方住房建筑的材料、结构和空间设计等都有显著的差别。

从社会学的视角来看，住房是人类关于居住的价值、风俗、规范、观念与符号的总体。例如，北方合院建筑的布局基本呈对外封闭的矩形形态，分为内院和外院，以强调儒家传统的"内外有别"的观念；家中长辈或位尊者居于中轴线上的房间，晚辈和位卑者的住房落在中轴侧面或次轴的位置上。

从经济学的视角来看，住房是为满足人类居住需要而对住房所进行的加工与创新。例如，住房开发商付出成本投资，取得一定的土地或者建筑，住房供应者在土地上建设或者更新房屋建筑，并将房屋建筑在市场上进行交易，以满足消费者们的住房需求，而住房生产者或开发商从住房的建造和市场交易的过程中获得各自的受益。

2. 城市住房的属性。城市住房作为一种耐用性强的社会产品，具有自然的、社会的、经济的等多种属性。

（1）住房的自然属性表明，它既是一种耐用消费品也是一种投资品。作为耐用消费品，住房是人们的生活资料，一直到房屋陈旧动迁，属于消费性质；作为投资品，住房是人们保值增值的手段，由于建造住房的土地资源稀缺，且住房建设周期长，资金占用大，调剂余地小，随着经济发展，住房价值会增值。

（2）住房的社会属性表明住房既是私人产品又是公共产品。作为私人产品，住房以商品属性通过市场流通，市民可以根据个人偏好和资金多少做多种选择；而作为公共产品，住房是城市政府用来保证市民基本居住需要、实现"住者有其屋"目标而提供的社会保障。政府以再分配方式为低收入的无力购房者提供公共住房，以保障其基本居住需要和城市社会公平，这时住房具有公共产品属性。

（3）住房的经济属性表明住房既是社会再生产的物质条件又是促进国民经济发展的重要因素。作为社会再生产的物质条件，住房是劳动者再生产劳动力自身和延续后代的重要物质条件，是保证劳动力要素供给的基础；作为促进国民经济发展的重要因素，住房构成城市房地产业的主体内容，而房地产业往往是城市发展的支柱产业，城市住房会带动各种关联产业发展从而促进整个城市经济发展。两种不同的对住宅经济属性的认识会导向对住宅不同的发展政策。前者会导向廉租房和企业供房政策，后者会导向支持商品房开发的城市发展政策。

3. 城市住房管理的意义。城市住房作为城市各类建筑物和构建物的重要组成部分，是城市居民的基本物质条件，只有"安居"才能"乐业"。恩格斯曾经说过："如何满足住房的需要，是可以当作一个尺度来衡量个人其余一切需要是如何满足的。"具体来讲，城市住房管理是城市人民政府对城市住房规划、建造、使用所进行的一系列工作，是对城市住房和交易全过程的管理活动。住房不仅直接影响人们的生活，也间接影响人们的生产和学习活动，影响人们的情绪稳定，从而影响社会安定团结，所以住房不仅是一个经济问题，更是一个社会问题。因此加强城市住房管理就显得至关重要。

对于个人，有了公平合理的住房政策，城市居民都能够得到住房，满足休养生息的基本需要，就会使人们以饱满的体力精力投入劳动和工作，有利于家庭和睦和下一代成长，有利于城市社会经济发展。随着城市发展，住房逐步从单纯的生存资料发展为发展资料和享受资料。装饰精美、布局合理、室外环境优雅的住房，给人以生活快感。另外，住房是城市居民社会交往和精神满足的一种需要，面积宽敞、布局合理的住房，是进行社会交往的场所，它可以密切邻里关系，带来亲切融洽的居住氛围。若城市住房紧张，生存空间拥挤，也会导致人们的心理紧张，引发各种心理障碍。

对于社会，城市住房满足需要，是保证社会再生产（劳动力再生产）和促进国民经济发展的重要因素。首先，城市住房及关联产业在各国发展史上都曾作为支柱产业，住房投资和非住房建筑物共同形成的不动产投资可达国民经济投资额的一半以上，不动产税费也是城市地方财政收入的重要构成。其次，住宅业是一个关联性极强的产业，它与建材、冶金、化工、机械、轻纺、运输、市政等产业密切相关，会影响到城市的投资结构进而影响到产业结构。最后，包括住房在内的不动产还是一个广泛的就业领域，随着经济发展和产业的高度化，不动产的分工深化，形成了诸如不动产开发、鉴定、交易中介、管理、登记、金融、税收、咨询服务等十几种职能部门，这些部门为日益庞大的就业需求提供了机会。

6.4.2 城市住房管理的内容

为了实现城市住房建设规模和速度合理，保障城市住房的有效供给，更好地改善和提高市民居住条件，就要加强城市住房市场管理。城市住房管理就是要对城市住房建设以及住房交易的全过程进行监督管理。住房不是空中楼阁，任何住房都需要使用一定的土地资源来承载，因此城市住房管理与土地管理具有不可分割性。

1. 城市住房建设管理。我国城市住房建设的制度安排主要有以下几项。

（1）城市住房建设规划制度。城市住房建设规划是指对城市住房的选址、建设规模、速度和平面布局等作出总体安排。《城市房地产管理法》规定，城市住房建设必须符合城市总体规划的要求，依据城市的性质、规模和结构，按照经济效益、社会效益、环境效益相统一的原则，实行统一规划、合理布局、综合开发、配套建设。

（2）房地产开发经营制度。房地产开发经营是指房地产开发企业在城市规划区内国有土地上进行基础设施建设、房屋建设，并转让房地产开发项目或者销售、出租商品房的行为。为了规范房地产开发经营行为，促进和保障房地产业的健康发展，我国严格审查房地产开发企业的资格以及建设项目，如要求房地产开发项目应当建立资本金制度，资本金占项目总投资的比例不得低于20%。

（3）综合开发、配套建设制度。房地产开发项目的开发建设应当统筹安排配套基础设施，并根据先地下、后地上的原则实施。房地产开发企业应当对其开发建设的房地产开发项目的质量承担责任。勘察、设计、施工、监理等单位应当依照有关法律、法规的规定或者合同的约定，承担相应的责任。

（4）鼓励企业参与经济适用房建设。为了鼓励和扶持房地产企业开发建设经济适用房，国家出台了一系列优惠和支持政策。如经济适用房建设用地由行政划拨，免收土地出让金以及基础设施配套费，而且小区外基础设施建设费用，也由政府负担。

（5）旧区改建和新区建设相结合。城市住房建设应当注重开发基础设施薄弱、交通拥挤、环境污染严重以及危旧房屋集中的区域，保护和改善城市生态环境，保护历史文化遗产。

2. 城市住房交易管理。城市住房交易包括房产转让、房产抵押和房屋租赁。

（1）城市住房交易的制度安排。

① 房屋所有权和土地使用权同时交易。我国的城市住房在进行交易如转让、抵押时，房屋的所有权和该房屋占用范围内的土地使用权也一并被转让、抵押。

② 房产价格评估制度。《城市房地产管理法》规定房地产价格评估应当遵循公正、公平、公开的原则，按照国家规定的技术标准和评估程序，以基准地价、标定地价和各类房屋的重置价格为基础，参照当地的市场价格进行评估。

③ 房产成交价格申报制度。我国法律规定，房产所有权人在转让房产时，应当如实向县级以上地方人民政府规定的部门申报交易价格，不得瞒报或者作不实的申报。

④ 房产交易登记制度。我国实行土地使用权和房屋所有权登记发证制度。在依法

取得的房地产开发用地上建成房屋的，应当凭土地使用权证书向县级以上地方人民政府房产管理部门申请登记，由县级以上地方人民政府房产管理部门核实并颁发房屋所有权证书。

（2）城市房产的转让。城市房产的转让是指合法拥有土地使用权及土地上建筑物、附着物所有权的自然人、法人和其他组织，通过买卖、交换、赠与将房地产转移给他人的法律行为。我国房地产的转让必须签订书面合同以及向房产管理部门申请房产变更登记，否则房地产转让行为无法律效力。

（3）城市房产的抵押。城市房产的抵押是指抵押人以不转移占有的方式用其合法的房地产向抵押权人提供债务履行担保的行为。在办理房地产抵押时，应当凭土地使用权证书以及房屋所有权证书，并与抵押权人签订书面抵押合同。当债务人不能履行债务义务时，抵押权人有权利依法以抵押房产的拍卖所得优先受偿。但在签订抵押合同之后，土地上新增的房屋不属于抵押财产，需要拍卖抵押的房地产时，可以将新增的房屋与抵押财产一同拍卖，抵押权人无权优先受偿新增房屋的拍卖所得。

（4）城市房产的租赁。城市房产的租赁是指房产所有权人作为出租人将其房产出租给承租人使用，由承租人向出租人支付租金的行为。在办理房产租赁交易时，双方应当签订书面租赁合同，约定租赁期限、用途、价格、修缮责任等条款，以及双方的其他权利和义务，并向房产管理部门登记备案。

3. 城市住房权属登记管理。住房权属登记是指住房管理部门依据相关规定以及国家赋予的职权，将住房权利人合法拥有的土地使用权和房屋所有权，以及由上述权利所产生的抵押、设典等他项权利，登记于政府特定的簿册上的行为。

建立权属登记制度是为了保证住房产权的交易安全，起到确认、公示和保护的作用。在这个制度中，核心的内容是规定登记机关和登记人享有什么样的权利和义务，保护财产权利的效力如何，出现错误过失应如何救助。

从理论上来讲，房屋、土地是不可分的，在房屋交易过程中必然包含土地的交易，但是我国的登记政策规定房屋、土地的登记是分别进行的，有关政策分别由自然资源部与住房和城乡建设部分别制定和发布。按照《城市房屋权属登记管理办法》规定，房屋的登记由房屋所在地人民政府房地产行政主管部门负责；按照《土地登记规则》，土地登记由县级以上人民政府土地管理部门负责。

6.4.3　我国住房保障政策体系

我国的保障性住房政策的建设是伴随着中国住房政策不断改革发展而得到逐步的完善，其演变基本遵循着从全面福利转型为市场主导，再到当前民生主导的路径。到目前为止，基本形成了以廉租住房、经济适用房、住房公积金及公共租赁住房为主的住房保障体系[①]。

---

① 吕萍，丁富军，等. 快速城镇化过程中我国的住房政策［J］. 中国软科学，2010（8）：25.

1. 廉租住房政策。廉租住房政策是指政府和单位在住房领域履行社会保障职能，向具有城镇常住居民户口的最低收入家庭提供资金相对低廉的普通住房。该政策具有调控住房市场和收入分配的双重功能。其主要特点是：供应对象的确定性即住房困难的最低收入家庭；实施方式的固定性即配租；租金标准远低于市场，且受政府严格控制；禁止进入二手房交易市场或转租。从1998年《国务院关于进一步深化城镇住房制度改革加快住房建设的通知》中首次提出最低收入家庭租赁由政府和单位提供的廉租房，建立廉租住房制度至今，该政策不断得到充实和完善。

2. 经济适用住房政策。经济适用住房政策是指政府提供政策优惠，限定套型面积和销售价格，按照合理标准建设，面向城市低（中低）收入住房困难家庭供应，具有保障性质的政策性住房。从1994年最初颁布实施以来，该政策几经变化和调整，直到2007年修订后的《经济适用住房管理办法》出台才基本完善起来。其主要特点是：宏观调控，分级决策，享受政府扶持政策，具有政府行为的属性；建设用地通过行政划拨，免收土地出让金；减免大部分税费，享受低息贷款优惠；价格管制，按微利保本原则，实行政策指导价格；产权不完整，再转让受一定限制。

3. 住房公积金制度。住房公积金制度指的是政府运用法律、经济和行政手段，对住房资金进行强制性储蓄，并由政府集中支配、定向用于住房建设和住房融资的管理制度。在我国住房公积金是指国家机关和事业单位、国有企业、城镇集体企业、外商投资企业、城镇民营企业及其他城镇企业和事业单位、民办非企业单位、社会团体及其在职职工，对等缴存的长期住房储蓄金。其主要特点是：强制性、互助性和长期性；政府统一管理和支配；职工和单位共同承担缴费义务；免征个人所得税；享受优惠利率的公积金贷款等。

4. 公共租赁住房政策。公共租赁住房政策是指政府限定建设标准和租金水平，面向符合规定条件的城镇中等偏下收入住房困难家庭、新就业无房职工和在城镇稳定就业的外来务工人员出租的保障性住房。从2009年3月住建部第一次提出加快公租房建设的意见，中央和地方各级政府出台了一系列加快公租房建设的政策措施，2012年5月住建部发布《公共租赁住房管理办法》，公租房政策基本成熟。其主要特点是：供应对象为城市中低收入住房困难家庭；租金水平由市县人民政府根据住房市场租金水平和供应对象支付能力等因素合理确定，并定期调整；租赁合同期限一般为三至五年；只能用于承租人自住，不得出借、转租、闲置或从事其他经营活动；公租房的建设运营享受税收、信贷、政府补助等优惠政策；谁投资谁拥有，投资者权益可依法转让。

⊛ 阅读材料

房地产税立法的模式选择

如何征收更符合公平原则，这是关乎房地产税正当性的关键问题，也是立法的主要目标。过去的试点改革中，存在着"改革在先，立法缺位"的情况，这会导致改革的正当性不足；现阶段的房地产税改革，遵循的则是"立法先行，推进改革"的改革逻辑，这一点在党的十八届三中全会通过的《中共中央关于全面深化改革若干重大问题的决定》中"加快房地产税立法，并适时推进改革"的表达，以及目前我国稳步推进房地产税立法的实践中得到集中体现。这样的法治化路径是对税收法定原则的落实，有利于各方利益主体就房地产税改革问题在立法过程中提出自己的意见，将争议与妥协前置，使改革方案能够最大限度地满足各方主体的利益需求，得到人民群众的普遍同意，从而减少改革的阻力，提高房地产税法以及相关法规出台后的社会遵从度。

我国的房地产税法采取何种模式，目前尚无定论。观察其他国家不动产税的发展变迁，对我国的房地产税立法具有借鉴意义。例如，韩国在 1986 年制定了土地过多保有税，并在 1990 年制定了综合土地税（针对空闲土地），对住宅则课征财产税。由于分离课税效果不明显，2005 年韩国政府进行了地方税法改革，将之前的财产税与综合土地税进行了合并，通称为新财产税，这是为了加强关于不动产保有的税负公平，使不动产市场价格更加稳定，以实现地方财政的均衡发展。

而我国目前有两种可选择的房地产税立法模式。一种是采取房地合一的综合财产税模式；另一种是沿袭目前的城镇土地使用税和房产税并立制度。

无论采取何种模式，房地产税改革与立法都需要格外关注量能课税原则的落实。量能课税原则是指，应根据负担能力的大小来确定税收负担水平，它强调的是征税过程中的实质正义。基于量能课税原则的要求，房地产税的税制安排必须对不同人群的纳税能力进行充分调研，尽可能详细列举抵扣条件、税收优惠条件以及减免条件。例如，免税制度可以提供按面积计算和按房产套数计算两种方式，供纳税人根据自己的实际情况进行选择。另外，为了配合房地产税改革，还应该对相关配套制度进行及时完善或解释，排除开征房地产税的技术和制度障碍，例如，对物权法关于土地使用权自动续期的法律条款进行立法解释，在土地使用权届满时，应该由民众缴纳少量费用即可自动续期，同时规定自动续期的次数，避免购房者重复缴纳土地租金，较好地平衡相关主体的利益。

资料来源：张学博，方瑜聪. 法治视野下的房地产税改革［N］. 学习时报，2019－06－05.

思考题

结合材料，分析房地产税是如何调节房地产市场的，以及房地产税改革如何保障征税过程中的实质正义。

本 章 小 结

城市土地是城市形成和发展的前提，也是城市人口生存和开展各项活动的基础，具有自然特性和经济特性两种特点，因此需要对其加强管理。城市土地管理的主要内容包括城市土地的地籍管理、权属管理、规划管理和资产经营管理。中国土地市场可分为一级市场、二级市场和三级市场，其基本政策是垄断一级市场，搞活二三级市场。我国城市土地市场体系包括城市土地使用权出让、转让、租赁和抵押。我国基本形成了以廉租住房、经济适用房、住房公积金及公共租赁住房为主的住房保障体系。

‖ 关 键 名 词 ‖

城市土地　土地市政管理　土地市场　城市住房管理　保障性住房

‖ 复习思考题 ‖

1. 简述城市土地的自然特性和经济特性。
2. 简述城市土地市政管理的必要性。
3. 简述城市土地市场的划分标准及类型。
4. 简述城市住房管理的基本内容。
5. 简述城市住房管理的主要内容及意义。
6. 简述我国城市住房保障政策体系。

第7章 城市社会保障管理

【学习目标】

　　城市社会保障是国家社会保障的重要组成部分，是确保城市居民基本生活权利的重要体现。通过本章学习，学生应了解城市社会保障的含义与功能、城市社会保障管理的主体及职能，掌握城市社会保障体系内容及城市社会保障体制。

【重点内容】

- 城市社会保障的内涵与功能
- 城市社会保障体系的内容
- 城市社会保障制度类型
- 新型的城市社会保障管理体制

【典型案例】

浙江嘉兴 48 万名老人喜领政府"红包"

　　家门口有老年活动中心、居家养老服务站，每月领取政府养老生活补助金，生活困难老人还可享受免费家政服务……近年来，浙江省嘉兴市不断完善养老保障服务体系，实现了从"补缺型"到适度"普惠型"的转变，惠泽全市 64.98 万名城乡老年人。目前，全市共有 48.5 万名老年人喜领政府"红包"。

　　近年来，随着老龄化程度的日益加剧，嘉兴市深入开展了社会养老保障服务工程，每年都会推出一批为老实事工程，并积极探索立体式的养老服务体系建设，一些举措在全国尚属首创。2010 年，该市又出台了《关于全面推进居家养老服务工作的意见》，提出了具体的目标，对缓解养老服务难起到了重要作用。目前，一个以居家养老为基础、社区服务为依托、其他多种形式社会养老服务为补充、政府兴办社会福利机构为示范的养老服务新格局已在嘉兴形成。

　　截至目前，嘉兴共有 48.5 万名老年人每月领取 60 元至 160 元不等的政府养老生活补助金。不论城乡，60 周岁以上没有享受退（离）休待遇或职工基本养老保险待遇的老年人，都可领取基础养老金。70 周岁以上没有基本社会养老保障的老年人，则享受高龄生活补贴。而各级政府对百岁老人每月发放 300 元的长寿补贴。如今，嘉兴每年仅发放养老生活补助的资金就超过 1 亿元。

资料来源：节选自刘俊. 浙江嘉兴48万老人喜领政府"红包"［N］. 中国财经报，2010 - 12 - 21（003）.

7.1　城市社会保障概述

社会保障是一个古老的话题，但是现代国家社会保障是伴随着城镇化进程产生和发展的，是在城市中建立的一种保障民生和减轻人类苦难的基本社会制度。城市社会保障是国家社会保障的重要组成部分，城市社会保障管理也是城市管理的重要内容。

7.1.1　城市社会保障的含义与功能

1. 城市社会保障的含义。"社会保障"一词最早出自美国 1935 年颁布的《社会保障法》。1941 年著名的战时文件《大西洋宪章》两次使用了"社会保障"一词，再到 1944 年国际劳工组织在美国费城发表的《费城宣言》中进一步提出"扩大社会保障措施"。从此，社会保障这个概念得到了越来越广泛的应用。但时至今日，对于何为社会保障，还并未形成一个普遍认同的定义。

按照国际社会保障协会的定义，社会保障是指"任何依法建立的制度或计划，或其他任何强制性安排，以现金或实物的形式在下列情况下提供保护：就业事故、职业病、失业、生育、疾病、残疾、老年、退休、遗属或死亡，并且包括儿童及家庭成员津贴、卫生保健津贴、预防康复及长期护理等保护措施。社会保障可以包括社会保险、社会救助、互助津贴制度、公积金以及根据各国法律或实践构成一个国家社会保障制度一部分的其他安排"①。

在国内，学术界也根据自己的理解对社会保障下了不同的定义。

我国《宪法》第四十五条对社会保障作为公民权利也有明确规定："中华人民共和国公民在年老、疾病或者丧失劳动能力的情况下，有从国家和社会获得物质帮助的权利。国家发展为公民享受这些权利所需要的社会保险、社会救济和医疗卫生事业。"

葛寿昌教授在《社会保障经济学》中指出"社会保障是社会（国家）通过立法，采取强制手段，对国民收入进行分配和再分配形成社会消费基金，对基本生活发生困难的社会成员给予物质上的帮助，以保证社会安定的一种有组织的措施、制度和事业的总称"②。

① 摘自《国际社会保障协会章程》，自国际社会保障协会官网查询所得。
② 葛寿昌. 社会保障经济学［M］. 上海：复旦大学出版社，1990：2.

郑秉文教授在《社会保障分析导论》中指出"社会保障是与社会主义市场经济的体制基础相适应，国家和社会依法对社会成员基本生活予以保障的社会安全制度"①。

郑功成教授认为"社会保障是国家依法强制建立的、具有经济福利性的国民生活保障和社会稳定系统；在中国，社会保障应该是各种社会保险、社会救助、社会福利、军人保障、医疗保健、福利服务以及各种政府或企业补助、社会互助保障等社会措施的总称"②。

综合以上观点，社会保障是指国家为了保障社会安全和经济发展而依法建立的，在公民由于年老、疾病、伤残、失业、灾害、战争等原因而生活发生困难的情况下，由国家和社会依据法律规定，通过国民收入再分配，提供货币、物质或劳务形式的帮助，以维持公民一定生活水平或质量的制度。

2. 城市社会保障的功能。

（1）保障基本生活。在现代社会，保障人权是建立和完善社会保障制度的重要出发点。社会保障和人权之间的连接点是人的生存权。所谓人的生存权，即维护人的生存所必不可少的权利，包括生命权、健康权、物质享受权等。社会保障能够保障基本生活的功能，是指劳动力因意外灾害、失业、疾病等因素威胁到自身生存权时，给予劳动者及其家属以基本生活、教育、健康的必要保障，免除劳动者的后顾之忧，从而为社会稳定发挥必要的减震器和安全网作用。

（2）维护社会稳定。一方面，通过社会保障对社会财富进行再分配，可以适当缩小各阶层社会成员之间的收入差距，缓和阶级矛盾，避免贫富悬殊，能协调社会关系，维护社会稳定。另一方面，由于社会保障不只是单纯涉及经济活动主体间的资金往来，还是一种规范制约全体社会成员的社会机制，体现全社会对公平正义的共同追求。因此，城市社会保障有利于促成良好的社会调节机能，打造融合平稳的社会运行架构。

（3）促进经济发展。良好的社会保障制度，不但不会成为社会经济的负担或财政的包袱，反而会成为经济中激发经济要素活力、提高效率水平的积极手段。一方面，社会保障可以对经济发挥"自动稳定器"功能，可以调节社会总需求，平抑经济波动，主要体现在对社会总需求的自动调节作用。具体来讲，在经济萧条时期，由于失业增加、收入减少，用于社会保障的货币积累相继减少，以及因失业或收入减少而需要社会救济的人数增加，社会用于失业救济和其他社会福利方面的社会保障支出也相应增加。这使社会保障的同期支出大于收入，从而刺激了消费需求和社会总需求。在经济趋热时，用于社会保障的货币积累增加且赔付支出减少，从而对经济降温。另一方面，良好的社会保障制度能使劳动者的生活条件得到保障，使劳动者的能力得到更好的开发，从而促进人力资本的充分发挥，推助经济发展。

（4）保持社会公平。在市场经济条件下，主流原则是竞争原则和效率原则。为了保持市场经济的活力，兼顾弱者的利益，即弥补市场机制的"失灵"，通过社会保障可以对收入进行再分配，从而体现社会公平。通过重新分配公民收入实现社会保障，一方

①　郑秉文、和春雷. 社会保障分析导论［M］. 北京：法律出版社，2001：3.
②　郑功成. 社会保障学［M］. 北京：商务印书馆，2000：11.

面从高收入阶层逐步收集社会保障基金，另一方面以渐进的方式为弱势群体提供财政支持，从而克服完全市场竞争导致的社会财富分配不公，缩小贫富差距。

（5）增进国民福利。现代社会保障不仅承担着"救贫"和"防贫"的责任，而且还要为全体社会成员提供更广泛的津贴、基础设施和公共服务，从而使人们尽可能充分地享受经济和社会发展成果，推动物质生活和精神生活质量的提升。

7.1.2　城市社会保障遵循的原则

1. 公平与效率相结合的原则。这一原则要求社会保障体制既要让全体国民普遍享受社会保障，确保每一个劳动者都能维持基本生活，又要适度体现不同劳动者之间的差别，以提高积极性。具体来讲，公平性确保公民即使没有了收入或者收入极低时，也有获得基本生活资料的权利，而且缩小社会贫富差距，创造并维护社会公平也是社会保障制度的基本出发点。效率原则就是保障对社会贡献大的公民可以享受高待遇标准的社会保障，激励劳动者更好地工作，以提高经济效益。

2. 与社会经济发展相适应原则。一方面，社会生产力发展水平决定着社会保障制度的结构变化；另一方面，社会保障的待遇水平依赖于相应的财力支撑。因此在不同的经济发展阶段，社会保障待遇水平也应该有所不同。国家应当依照我国的城市社会发展阶段，根据国家、企业和个人的承受能力，确定与生产力发展水平相适应的社会保障待遇标准。

3. 责任分担原则。城市社会保障制度强调参与主体责任分担，要求每个劳动者享有平等权利的同时负有不可推卸的责任，政府承担财力支持、行政监督以及公共服务的责任，企业作为雇主，应当为其工作人员参加社会保险承担缴费义务，而个人只有履行了从事社会劳动、依法缴纳社会保险费并达到规定的最低缴费年限等责任和义务后，才可以享受社会保障待遇。

4. 法制性原则。法制性原则要求城市社会保障制度的制定以及实施必须以立法为依据，并以社会保障法律作为政府管理和监督社会保障事务具体实施细则的依据。即当社会保障体系被确定后，就必须借助法的强制性来保证其有效地运作，无论是社会保障项目的确立、社会保障资金的筹集和缴纳，还是社会保障的享受、社会保障金的发放，都需要有明确的法律规定。

7.1.3　城市社会保障的类型

1. 按照城市社会保障的负担方式划分。

（1）社会保险型。这种社会保障模式具体表现在权利和义务相对应，社会保障费用由政府、企业和个人三方分担，以保障基本生活资料为标准，待遇标准与个人收入和缴费相联系，强调公平与效率相结合。目前建立这种模式的国家有德国、美国、日本等发达国家。

（2）福利国家型。这种社会保障模式以全民性和普遍性原则为核心，不论公民是否有收入以及是否就业，均可以享受国家的各种福利保障待遇，范围涵盖"从摇篮到坟墓"的各种生活需要。而福利性社会保障模式的资金主要来源于国家税收。目前实行这种模式的主要是英国、瑞典等整个社会物质水平较高、经济比较发达的国家。

（3）强制储蓄型。强制储蓄型城市社会保障制度的基本特征是通过国家立法，强制所有雇主、雇员依法按工资收入的一定比例缴纳公积金，由管理部门加上每月应付的利息，一并计入个人账户，专户储存。这种模式以新加坡和智利为代表，两个国家的区别主要在于管理部门不同，前者由政府集中管理和运营，而后者则由私营基金管理公司竞争运营。

我国的社会保障类型又同德国、美国等这些发达国家有所区别。根据我国的国情，由于各地区生产力发展水平的差异性、经济发展的不平衡性以及我国社会保障制度内在要求国家主体要集中管理和统一协调，因此我国的社会保障模式具有多元化的特点。

2. 按照城市社会保障的给付基准划分。

（1）受益基准制。受益人的养老金获得方式和数额取决于主管部门规定的标准或计算公式，如一定的年龄条件、身体状况、工龄长短及实际生活需要等。只要符合所定的标准即可领取养老金，其量的多少跟其过去对养老保险基金的贡献无关或关系不大。其特点是：

其一，受益分配的方式是根据一定的受益公式，按照受益人当前的状态（如年龄、健康状况、失业期等）是否符合特定的标准而决定的。这种方式注重的是受益条件的公平性，而不注重受益人以往的资金贡献。

其二，资金筹集方式是采用现收现付制来筹集资金以满足当期的支出，因而是一种"量出为入"的"以支定收"方式，其资金来源主要是税收收入。在现收现付制下，当代人消费当代人负担——医疗保险；上代人消费当代人负担——养老保险；非劳动者消费劳动者负担——失业保险。其操作和管理相对简便，比较适应于人口年龄较轻、经济较稳定的社会条件。但从长期来看，由于经济波动和人口老龄化趋势，使得保障支出和筹集规模不稳定，特别是在人口老龄化出现后，就会因社会赡养比例过大造成支付上的困难或对当期工作人口征税过重而影响其工作动力。我国计划经济体制下长期以来实行的就是以现收现付为特征的受益基准制模式。

（2）交款基准制。受益人的养老金获得取决于本人过去在保障体系中的资金贡献数量，而且是"谁出资谁受益"，受益与过去的资金贡献完全对等。这种模式注重对个人的激励机制，再分配的功能很小。其基本特征有二：

一是采用预筹积累的方式来筹集资金，原则是先积累后受益。资金积累不是静态的，而是要不断地把上交资金汇集起来用于投资运营，实现价值增值。这种预筹积累方式的主要优点在于能够保证社会保障有可靠的资金来源，不会发生寅吃卯粮的问题。

二是强调谁出资积累谁受益，受益的多少取决于积累量的大小。其具体方法是采取个人账户，由于个人账户产权界定清晰，可以调动人们进行劳动的积极性，具有激励效率的功能。新加坡的中央公积金制即为典型的供款基准制。

3. 按照城市社会保障的财务机制划分。

（1）现收现付制。现收现付制是在职的一代赡养已退休的上一代、在职的交费直接用于支付当期退休者的退休金。现收现付制基金运作模式的特点是社会保障缴费率的确定和调整灵活、互利、管理成本低、操作简便、不受通货膨胀和利率变化的影响。现收现付制顺利运作的前提是长期稳定的人口结构，这意味着退休人员和员工应保持适度的比例。适合人口年龄结构年轻、保障范围较窄、支付标准较低的社会，但该系统易受到人口年龄结构的影响。随着人口老龄化和有资格获得保险的人数不断增加，每年筹集的资金和支付的保费将相应增加。因此，它抵抗人口老龄化的能力很弱，人口老龄化社会压力大。

（2）基金累积制。基金累积制是劳动者在职期间通过自己和雇主的缴费建立并逐年积累个人养老账户基金，退休后再以积累的养老基金和投资收益来给付自己的养老金。一般而言，员工在工作期间支付的养老金保险费越多，他们领取的养老金就越多；在工作期间支付的养老金越少，领取的养老金就越少。社会保险支付水平最终取决于资金积累水平，资金积累水平取决于基金的实际投资回报率。因此基金保值增值的风险较大，要求市场发育良好、基金管理水平较高，否则基金收益很不确定。从世界范围来看，目前新加坡、智利、马来西亚、阿根廷等国家都在使用资金积累系统。这是一个通过强制储蓄为员工提供自我保障的系统。其主要特点是"强制储蓄，自我保护和自用"。

7.2　城市社会保障管理概述

社会保障管理是指为了实现社会保障目标，由国家和政府成立专门的社会保障机构，组织社会保障的专业人员，对各项社会保障事务进行计划、组织、协调、控制和监督的过程。具体包括社会保障行政管理、社会保障业务管理和社会保障基金管理等。

7.2.1　城市社会保障管理的主体及职能

在我国，城市社会保障管理的主体即国家为了保证整个社会保障制度正常运行而设立的社会保障管理机构，主要负责对社会保障计划、法律法规的制定、贯彻、执行和监督，是社会保障事业的组织者、实施者和管理者。因此它的设置是否得当直接影响到社会保障制度的目标能否顺利实现。

按照不同标准，社会保障管理机构可以分为以下不同类型。

1. 按照管理机构的权限来划分。

（1）高层管理机构，是中央级管理机构，属于领导和决策层次，负责制定国家社会保障事业发展的全国规划，制定社会保障政策、法规和法律，指导、统筹和协调社会保障事务，组织、贯彻和实施社会保障法律法规，并对实施效果进行监督控制。如我国的人力资源和社会保障部、民政部等。

（2）中层管理机构，是省级地方管理机构，属于辅助和传递层次，负责具体贯彻实施中央政府社会保障管理机构的决策和法律法规，制定地方性实施细则和补充规定，将社会法令实施过程中存在的问题向高层管理机构进行反馈，以及地区内的社会保障基金调剂及业务执行情况、处理有关申诉等。如我国省、自治区、直辖市的人力资源和社会保障厅、民政厅、卫生厅等。

（3）基层管理机构，是地（市）、县（市）级地方社会保障管理机构，属于社会保障事务执行和经办层次，它接受高层、中层管理机构下达的任务，负责社会保障日常性工作的管理和经办。具体包括社会保障费收缴、基金的管理、待遇的给付，以及提供社会保障事务的信息、咨询和服务等。如我国地级市、县、区的社会保障局、民政局等。

2. 按照管理机构的职能和业务范围划分。

（1）行政主管机构。行政主管机构是管理社会保障事务的相关政府部门。主要职责是协助制定社会保障的法律法规、对社会保障管理机构进行监督、贯彻实施社会保障事务。

（2）具体业务实施机构。该机构是隶属于但相对独立于各级社会保障行政主管机构，可由政府主管部门的下属事业部门或者独立法人单位来担任。主要职责是社会保障参加者（受保人）的资格审定、登记，社会保障基金的收缴，社会保障基金的日常财务和个人账户管理，社会保障待遇的计算、发放，以及为投保人提供各种社会化服务。

（3）基金运营机构。基金运营机构是隶属于但又相对独立于各级社会保障行政主管机构的具有企业法人地位的金融部门。在行政层次上，它和业务经办机构同属一个层次，因此在具体实践上存在各国把它和业务经办机构合二为一的情况，主要职责是进行社会保障基金的投资、运营，实现基金的保值增值。

（4）社会监督机构。社会监督机构是独立于政府的公共事业部门，提供公共服务，机构成员由政府代表、企业代表、职工代表和专家学者组成，主要负责对社会保障管理机构行为的评审和鉴定。我国的社会保障监督机构可以分为三类：社会保障行政监督机构、社会保障审计监督机构和社会保障社会监督机构。其中社会保障行政监督机构和社会保障审计监督机构是政府有关部门代表国家实施的监督，而社会保障社会监督机构是代表参与者进行监督。

7.2.2　城市社会保障管理的内容

城市社会保障管理主要包括以下三个方面的内容。

1. 社会保障政策法规管理。社会保障政策法规管理不仅包括国家和政府制定社会保障相关的政策法规，还涵盖运用政策法规实行管理以及监督的全过程。这是社会保障管理的首要环节。具体可以分为以下三个方面。

（1）制定计划。依据地区和人群之间的利益和矛盾，拟订城市社会保障发展规划，统筹协调社会保障政策。

（2）制定法律标准。制定法规和政策，明确社会保障实施范围与对象、享受保障的基本条件、资金来源、待遇给付标准与方式以及国家、单位、个人的责任、权利及义务。

（3）贯彻、执行和监督。要求社会保障管理部门贯彻、组织和实施各项社会保障法律法规，并负责监督、检查。

2. 社会保障基金管理。社会保障资金管理是社会保障制度安全、有效、健康、可持续发展的重要物质基础。通常包括社会保障基金的基金筹集、支付和预算决算管理与投资运营、稽核、监督等方面。社会保障基金的来源为一般由国家、单位、个人按一定比例缴纳的社会保障费用以及私人和社会团体捐助的资金等；社会保障基金的投资运营，即妥善保管社会保障基金，安全可靠地运用这笔资金，使其保值、增值；社会保障基金的给付，即对享有社会保障的公民支付养老保险金、医疗补助、工伤保险金、失业期间社会保险补助、各种救济金、困难补助金等。社会保障基金通常由专门的社会保障管理机构进行管理运营，即社会保险基金管理局（中心），由国家、单位、受益者的代表组成，实行监督。

3. 社会保障对象管理。社会保障对象管理是指对社会保障直接服务的公民或者人口群体的管理，其本质就是服务。主要内容涵盖以下几点：社会保障对象的登记、审查；保障金的发放；丧失劳动能力的医务鉴定；劳动技能的培训和职业介绍；无生活自理能力人员的家务助理或院舍转介等。对于在固定单位稳定就业的社会保障对象，通常由受保障对象所在单位提供服务，但随着社会的变革，对社会保障对象的管理呈现出明显的社会化服务趋势；对于灵活就业者、退休者、鳏寡孤独者、失业者、伤残者等没有稳定就业的社会保障对象，则需要进行社会化服务。在社会化的前提下，对社会保障对象的管理，往往需要政府组织和引导，依靠工会、社会团体、慈善协会、专业人员和机构等社会力量，向保障对象提供物质保障、日常生活和健康服务，提供参与社会活动的机会以及提供精神慰藉等。

4. 社会保障机构管理。社会保障机构管理是指相关社会保障工作机构的建立、完善和优化。具体内容包括：确定机构的体制、职责、权限、分工，受理社会保障方面的申诉，并对其进行调解和仲裁；建立和完善社会保障信息化、社会化服务体系等。现代各国社会保障机构一般都是根据各国的国情和行政体制建立起来的，要求分工明确、职责清楚、效率优先。

在我国，社会保障工作机构包括劳动和社会保障局、市民政局，前者主要负责社会保险事务，后者主要负责社会救济、社会福利和优抚安置事务。

现代社会保障管理所涵盖的上述四个方面紧密相连、不可分割，共同构成完备的社会保障管理体系。

7.2.3　城市社会保障管理的方式

社会保障管理的方式取决于国家的社会制度、经济发展水平、历史文化传统等一系列因素，而且不同阶段社会保障目标和保障的水平和范围方面存在差异。因此社会保障管理的方式不存在一成不变的典型模式。按照管理权力的结构分布进行划分，社会保障管理方式可分为以下几种。

1. 集权制管理模式。集权制管理是指社会保障的管理权限较多地集中于中央政府的一种制度。在这种制度下，国家把养老保险、失业保险、医疗保险、工伤保险以及其他社会保障项目全部统一在一个管理体系内，建立统一的管理机构，实行统一的集中管理。基本特征是中央政府所属的社会保障行政主管机构是最高的行政机关，统一领导全国和地方的社会保障工作，地方各级社会保障管理机构统一服从于中央社会保障行政主管机构，并接受中央的监督。

这种社会保障管理方式的优势在于：一是有利于社会保障的统一规划、统一实施、统一决策、集中领导；二是有利于各地方在中央的统筹下协调关系和利益，充分发挥社会保障功能；三是有利于社会保障管理和企业机构精兵简政，降低管理成本，控制管理费用。

当然，集权式的社会保障管理方式也存在局限性：一方面，这种管理体制以中央为主的行政干预较多，容易引起效率低下和寻租行为；另一方面，中央与地方之间信息传递层次多，影响决策的正确性，容易导致基层管理人员积极性不高。

2. 分权制管理模式。分权制管理是指不同的社会保障项目由不同的政府部门管理，各自建立一套管理机构，不同保障项目之间相互独立，资金也不能相互融通使用的一种管理制度。在这种制度下，中央社会保障行政主管机构主要行使规划、立法和监督职能，地方社会保障管理机构可以在权限范围内自主决策，拥有较大的自主性。

这种社会保障管理方式的优势在于：一是由于各地方管理机构具有一定的自主权，有利于地方政府根据社会保障发展的需要，因地制宜地制定政策，调整保障项目和内容。二是管理的独立性强，有利于责权清晰，从而提供好的激励约束机制，调动基层管理人员积极性，提高工作效率。

这种管理方式的局限性在于：一是管理机构设置过多，管理成本高；二是地方的利益和关系较难协调，不利于全国范围内的统筹规划；三是容易引发权力滥用和地方主义的滋生。

3. 集散结合管理模式。集散结合管理模式涵盖两个方面的内容：一方面，在宏观上实行统一集中管理、在微观上实行分散管理，即在社会保障制度的规划、立法和监督等宏观层面采用集权式管理，在具体事务的经办、运营等微观层面采用分权式管理；另一方面，根据各个保障项目的不同，对共性较强的部分实行统一管理，而将特殊性较强的项目单列，由统一的社会部门分散管理。这种管理模式把统一管理和集中管理有效地结合起来。日本就是采用此种管理模式的典型国家之一，日本的养老保险和医疗保险由原生省负责，失业保险由劳动局负责，各部门分别管理各自的社会保险项目。

总的来讲，集散结合管理模式有效地兼顾了集权制和分权制管理的优点，在一定程度上避免了两者的缺点。其一，既能体现社会保障的社会化、一体化要求，又能兼顾个别项目的特殊要求；其二，有利于调动各方面利益主体的积极性，提高工作效率；其三，相对于集权制管理模式而言，在一定程度上节约了管理成本。但这种管理模式的实施需要苛刻的条件，如完善的市场经济以及法制体制等。无论国家选择何种社会保障管理方式，都应当兼顾公平和效率，保证社会稳定以及经济平稳有序发展。

7.3　城市社会保障体系

社会保障体系所涵盖的内容是由社会保障制度决定的。特定的社会保障体系总是和特定的社会保障制度相联系。

目前，按照国际劳工组织的界定，社会保障包括 10 个分项的内容，即医疗服务、疾病津贴、残疾津贴、老龄津贴、遗属津贴、生育津贴、家庭津贴、失业津贴、工伤津贴、贫困津贴。[①] 其中，贫困救济是国际劳工组织依据《收入保障倡议书》在原有 9 个分项的基础上新增的一个分项。根据《社会保障最低标准公约》规定可知，任何一个国家要 "从社会保障原有的 9 个分项中最低选出三项，且至少涵盖一种长期性的突发事件或失业"，才可被认为已经建立了社会保障制度。实际上，各国根据自己的国情，以《社会保障最低标准公约》规定为标准，对社会保障体系规定了不同的内容，但一般来讲，这一体系主要是由社会保险、社会救助、社会福利、社会优抚这四大方面组成，如图 7 - 1 所示。

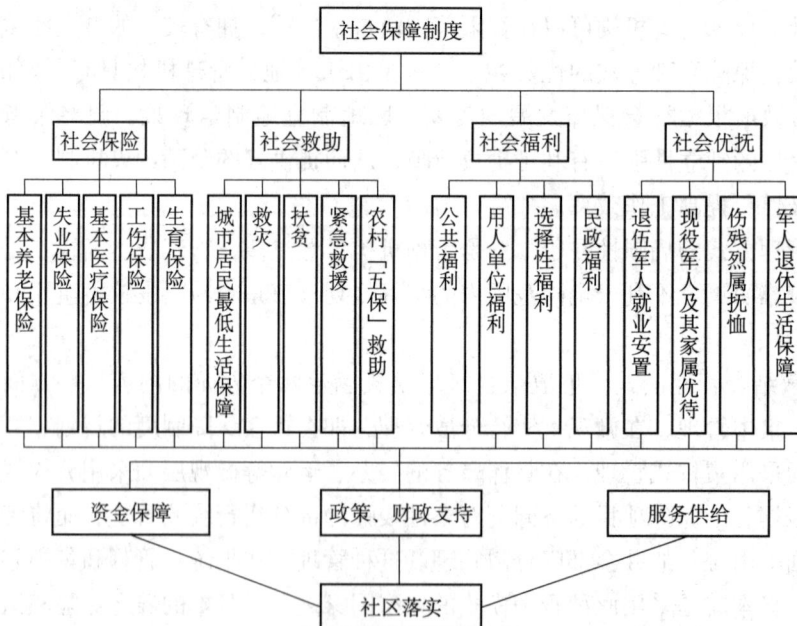

图 7 - 1　我国社会保障制度结构及其项目构成

资料来源：赵曼. 社会保障学 [M]. 北京：高等教育出版社，2010：13.

---

① International Labour Office, World Social Security Report 2010/11, International Labour organization, 2010：20.

7.3.1　社会保险

1. 城市社会保险的含义。城市社会保险是与劳动风险相对应的，简而言之就是对劳动风险的社会保障。劳动者以劳动为谋生手段，当其在完全或部分丧失劳动能力，或者丧失劳动机会，而完全不能劳动、不能正常劳动或者暂时中止劳动的情况下，为了确保劳动者生存和劳动力再生，国家和社会对因丧失劳动能力或劳动机会而不能劳动或暂时中止劳动者，给予物质帮助，使其至少能维持基本生活需要，即社会保险。社会保险是由政府举办，强制要求符合法规条件的社会成员参保，并将其收入的一部分作为社会保险税（费）形成社会保险基金，当被保险人面临年老、疾病等原因导致出现收入骤降风险时，被保险人可从基金获得固定的收入或损失的补偿，使得风险得到防范的一种制度。它属于一种再分配制度，有助于确保物质及劳动力的再生产和社会的稳定。一般而言，我国社会保险的主要项目包括养老保险、医疗保险、失业保险、工伤保险、生育保险。

在我国，社会保险是社会保障体系的重要组成部分，其在整个社会保障体系中居于核心地位。它与其他社会保障的一个最大的区别在于只有社会保险所需的资金是由政府、企业和个人三方筹集的，其他社会保障的资金主要来自政府的财政拨款。社会保险实际是一种缴费性的社会保障，劳动者只有履行了法定的缴费义务，并在符合法定条件的情况下，才能享受相应的社会保险待遇。

由于社会保险实际上仿效商业保险发展而来，两者有一定的共同之处。两者对参保人都有缴费和待遇给付的规定，目的均是在一定的条件水平下起到分散风险的作用。但两者的区别也是非常明显的。具体来讲，商业保险是指保险公司根据合同约定对保险人在保险期限内发生责任范围内的保险事故承担赔偿保险金责任。而就业保险实行的与公民收入相关的缴费制度，淡化了参保人和个体风险的联系。社会保险和商业保险两者之间相互补充、相互影响，但又相互区别。两种保险的区别具体如表 7 – 1 所示。

表 7 – 1　　　　　　　　　　社会保险与商业保险的区别

主要区别	社会保险	商业保险
实施主体	政府或政府认可的机构	商业机构
性质	非营利性	营利性
加入方式	具有强制性	平等自愿
目的	社会效益为主	经济效益为主
保障范围	投保人、被保险人与保险公司协商确定	一般由国家事先规定
参与对象	劳动者及其供养的直系亲属	个人或全体人民
保障水平	不低于基本生活水平	依据个人偏好和交付能力
给付决定	依照法定权给付	依照合同约定给付
融资方式	部分积累制或现收现付制	完全积累制

2. 城市社会保险的主要模式。

（1）"传统型"社会保险模式。这种模式为德国首相俾斯麦首创，故称联邦德国模式或俾斯麦模式。它强调国家责任、雇主责任和个人责任相结合，主张给付、收入及交费联系，社会保险费由个人、单位和政府三方负担或两方负担，统一由国家专门机构进行管理。其特征为：一是突出社会保险制度中权利与义务的关系，筹资方式为三方（国家、企业、个人）负担，政府（国家）一般为最后的保证；二是以维护社会安全和国民经济稳定及均衡发展为目的，虽有公平的内涵，但更强调自主。美国、日本、荷兰、奥地利等均实行该模式。

（2）"福利国家型"社会保险模式。这是一种以国家为主的全民保险模式，以英国和瑞典为代表。其是以"普遍性"为原则，主张实行"收入均等化、就业充分化、福利普遍化、福利设施体系化"的社会保险制度，总目标是消除贫困。其特点有：一是保障对象的普遍性和保障项目的全面性，覆盖全民而又无所不包，可谓"从摇篮到坟墓"；二是推崇公平，不惜以牺牲效率为代价；三是保障经费由国家通过国民收入的再分配来实施。

（3）"国家保障型"社会保险模式。这是苏联、东欧国家实行的与计划经济体制相配套的社会保险模式。其主要特点是，社会保险完全由国家包办，社会保险费用全部由国家和企业负担，个人不缴纳。

（4）"个人储蓄型"社会保险模式。在新加坡、印度尼西亚、马来西亚等东南亚的一些国家和地区，尽管经济发展相当快，但是由于人们在观念上仍然认为家庭在社会保障中起着重要作用，所以，这些国家和地区就因势利导地实行了以个人（或家庭）储蓄为主的社会保障制度。如新加坡实行的公积金制度，就是国家通过立法，强制劳资双方储蓄，以职工个人名义存入专门管理机构，职工退休、购房、治疗等情况发生时，才可能动用自己账户上的资金，职工之间没有互助互济，也不共同承担风险，属于自助型的社会保险模式。

（5）"雇主责任型"社会保险模式。雇主对其雇员的特定保险事故负全部责任，即保险基金全部由雇主负担。许多国家的工伤保险采用此模式，比利时和德国的疾病保险也采用此模式，其目的是促使雇主关心雇员的人身安全和健康。

3. 城市社会保险的主要内容。

（1）养老保险。养老保险是劳动者在达到法定退休年龄退休后，从政府和社会得到一定的经济补偿物质帮助和服务的一项社会保险制度。它设立的目的主要是保障居民的老年生活。"完全"或"基本脱离劳动岗位"并达到一定年龄要求的劳动者是法律规定的养老保险主要的适用对象。针对目前我国现有的养老保险制度，从养老保险覆盖的人群角度划分，可以划分成企业职工基本养老保险、机关事业单位养老保险、新型农村社会养老保险和城乡居民基本养老保险制度。

伴随着1951年《中华人民共和国劳动保险条例》的颁布，我国养老保险制度正式建立。国有企业职工是主要的适用对象，该条例同时也规定了退休年龄、资格条件、养老金发放等事项。国家是国有企业经营的经济承担者，职工的养老金由企业发放。1984年，我国养老保险覆盖范围开始涵盖中外合资企业，国家规定将国有企业养老金作为准则，据此面向为中外合资企业服务的中国员工发放养老金。1988年，私营企业职工也被国家纳入提供养老金的对象中，之后，养老保险制度范围开始涵盖全民。1991 年，我国养老保险的社会统筹开始正式实施。养老保险制度将基本养老保险、企业补充养老保险和职工个人储蓄性养老保险三者结合。我国养老保险被重新定义，将以前由国家和企业承担养老保险，扩展成企业、国家和个人三个方面来为养老金承担责任。2015 年 8 月 23 日，《基本养老保险基金投资管理办法》由国务院发布，该办法对养老基金的投资运营进行明确规定，要求各地可投资的养老金先由省级政府归集到省级社会保障专户，然后由国务院授权的养老基金机构负责运营。我国的基本养老保险基金在投资运营方面走向市场化和法制化。

（2）失业保险。失业保险是指国家通过立法强制实行的，由用人单位、职工个人缴费及国家财政补贴等渠道筹集资金建立失业保险基金，为因失业而暂时中断生活来源的劳动者提供物质帮助以保障其基本生活，并通过专业训练、职业介绍等手段为其再就业创造条件的制度。失业保险是社会保障体系的重要组成部分，是社会保险的主要项目之一。在我国，失业人员在满足：非因本人意愿中断就业；已办理失业登记，并有求职要求；按照规定参加失业保险，所在单位和本人已按照规定履行缴费义务满 1 年 3 个条件后，方可享受失业保险待遇，失业保险是由失业保险金、医疗补助金、丧葬补助金和抚恤金、职业培训和职业介绍补贴等构成。失业保险待遇中最主要的是失业保险金，失业人员只有在领取失业保险金期间才能享受到其他各项待遇。

中国失业保险制度的正式建立是以 1968 年国务院颁布的《国营企业职工待业保险暂行规定》为标志的，该文件规定对国有企业职工实行职工待业保险制度，明确了建立制度的主要目的是配合国有企业改革和劳动制度改革。20 世纪 90 年代后，为了使劳动力管理更加适合市场经济的发展，中国政府开始鼓励地方政府实验性地建立失业保险制度。经过多年的努力和不间断改革，1993 年国务院发布的《国有企业职工待业保险规定》标志着中国失业保险制度进入了正常运行时期；1999 年颁布的《失业保险条例》标志着适用于中国城市人口的统一失业保险制度的建立，推动了我国失业保险制度的进一步发展，使我国失业保险逐步步入法制化的轨道。

（3）工伤保险。工伤保险指的是在工作中或在法定的特殊情况下，劳动者遭受意外伤害或患职业病，导致暂时或永久丧失劳动能力或死亡时，劳动者或死亡劳动者的遗属从国家和社会获得补偿和物质帮助的一种社会保险制度。工伤保险具有以下法律特征：

第一，工伤保险是国家强制的。它由国家强制力保证实施，这是工伤保险最鲜明的特点，是国家对职工履行的社会责任，也是职工应该享受的基本权利。工伤保险的实施是人类文明和社会发展的标志和成果。

第二，工伤保险具有保障性。工伤保险虽然属于社会保险，具有社会保险的补偿性特征。但与社会保险其他险种相比，却优势明显。具体表现为：保障范围大，理赔项目多，保障时间长。例如，对于因工伤残的劳动者与死亡劳动者的遗属，工伤保险会支付一次性经济补偿，以安抚受伤劳动者与死亡劳动者的遗属。同时，工伤保险还会根据规定支付劳动者伤残年金、劳动者遗属待遇，以持续提供经济补偿。对于因残疾等需要使用辅助器具的，工伤保险基金也依法提供该笔费用。另外，伤残人员的转岗培训、职业康复等方面也有相关规定。

第三，工伤保险是非营利的。基于保护劳动者合法权益的立法目的，工伤保险基金不得挪作他用。同时，在我国，工伤保险机构的性质属于非营利性机构，社会保险经办机构的经费仅来源于财政拨付。另外，工伤保险的非营利性还表现在劳动者不缴纳保险费，全部费用由用人单位负担。而且无论工伤事故的责任归于用人单位还是职工个人或第三者，用人单位均应承担保险责任。

我国第一个工伤保险制度的规范文件是 20 世纪 50 年代颁布的《劳动保险条例》，其完全具备了工伤保险制度的雏形。该条例明确企业需建立劳动保险基金，一旦发生工伤保险费用之中的残疾抚恤费和伤残补助费就从中扣除，工伤保险费用的其他补偿则由企业按照规定标准支付。《工伤保险试行办法》的颁布彰显了计划经济时代向市场经济时代的转变，"企业保险"式的工伤待遇向社会化工伤保险待遇转变。2004 年，工伤保险制度正式实施。即《工伤保险条例》的颁布和实施表明工伤保险制度驶入法治化阶段。另外，与之相关的立法规范也相继颁布，诸如《安全生产法》《职业病防治法》等之类的法律法规从不同维度和不同路径共同构建了劳动者的权益保障，这样就全方位和多层次地构成了关于劳动者的工伤保险制度。2011 年正式实施的《社会保险法》标志着我国工伤保险制度已然定型。在该部法律之中，工伤保险的费率设置、工伤认定、工伤保险补偿等诸多内容得到规范，也就是工伤保险适用更加有法可依，法律实施符合立法预期目标。

（4）医疗保险。社会医疗保险是指劳动者患病时，社会保险机构对其所需要的医疗费用给予适当补贴或报销，使劳动者恢复健康和劳动能力，尽快投入社会再生产过程。社会医疗保险属于社会保险的重要组成部分，一般由政府承办，政府会借助经济手段、行政手段、法律手段强制实行以及进行组织管理。

中华人民共和国成立后成立了公费医疗、劳保医疗、旧农合的传统保障体系。随后国家先后推广了城镇职工基本医疗保险制度、新型农村合作医疗保险制度和城镇居民基本医疗保险制度，构建起医疗保险的安全网，旨在通过财政补贴式的个人缴费建立医疗保险基金，当参保人员患病就诊发生医疗费用后，由医疗保险经办机构给予一定的经济补偿，以避免或减轻劳动者因患病、治疗等所带来的经济风险。

城镇职工基本医疗保险制度（以下简称城职保）。1998 年 12 月，国务院发布《关于建立城镇职工基本医疗保险制度的决定》，要求在全国范围内城镇所有用人单位及其职工都要参加基本医疗保险，实行属地管理；由用人单位和职工双方共同负担基本医疗保险费用。

新型农村合作医疗保险制度（以下简称新农合）。2002 年 10 月，《中共中央、国务院关于进一步加强农村卫生工作的决定》明确指出：要"逐步建立以大病统筹为主的新型农村合作医疗制度""到 2010 年，新型农村合作医疗制度要基本覆盖农村居民"，其由政府组织、引导、支持，农民自愿参加，个人、集体和政府多方筹资，是以大病统筹为主的农民医疗互助共济制度。

城镇居民基本医疗保险制度（以下简称城居保）。2007 年发布的《国务院关于开展城镇居民基本医疗保险试点的指导意见》，决定将不属于城镇职工基本医疗保险制度覆盖范围的中小学阶段的学生（包括职业高中、中专、技校学生）、少年儿童和其他非从业城镇居民纳入城镇居民医疗保险制度中，采取以政府为主导，以居民个人（家庭）缴费为主、政府适度补助为辅的筹资方式，按照缴费标准和待遇水平相一致的原则，为城镇居民提供医疗需求的医疗保险制度。城居保覆盖对象普遍为：老、幼、病、弱多，零星闲散人员多，文化素质偏低者多，低收入和无收入者多，而人口基数和参保人数却相对较少，被称为在"四多一少"的状况。即这种"四多一少"的状况反映出居民医保参保对象的最大特点就是这个群体主要是城镇的社会弱势困难群体。

2016 年，中国已经初步建立了全民医保，主要由覆盖不同人群的城职保、城居保和新农合三种基本医疗保险制度构成，重复参保和未能覆盖到的现象同时存在；就保障水平来看，城镇职工基本医疗保险制度最高，城镇居民基本医疗保险制度居中，新型农村合作医疗保险制度最低。为了解决医保碎片化和保障水平差异太大的问题，2016 年 1月，政府发布《国务院关于整合城乡居民基本医疗保险制度的意见》（以下简称《意见》）。《意见》指出整合城居保和新农合两项制度，建立统一的居民医保制度。

（5）生育保险。生育保险是国家通过立法手段，在怀孕和分娩的妇女劳动者暂时中断劳动时，由国家和社会提供医疗服务、生育津贴和产假的一种社会保险制度，是国家或社会对生育的职工给予必要的经济补偿和医疗保健的社会保险制度。我国生育保险待遇主要包括两项：一是生育津贴，二是生育医疗待遇。生育保险虽然也是社会保险当中的一种，但是其具有很多较为明显的特点，与其他的社会保险项目之间存在着较大的差异。

第一，适用对象范围有限性。生育保险待遇的适用对象范围有限，主要是为女性生育提供保障，且被保障对象需要同时满足已婚、已参加保险等条件，否则不能享受生育保险待遇。但随着社会经济的发展，我国许多地区也开始规定了男职工的假期，可在妻子分娩后在家照顾妻子、婴儿。

第二，有明显的福利性。生育保险的福利性质十分明显，一方面职工个人不缴纳生育保险费，而是由参保单位按照其工资总额的一定比例而缴纳；另一方面具有更高的待遇，有孕期、产后工作强度的照顾、假期、津贴等，为生育女性提供物质生活保障，促进女性体力、健康的恢复。

第三，生育保险制度内容涵盖女性产前和产后。生育保险制度提供生育补贴、医疗服务、产假等，对生育前后一段时间均有覆盖，而且产前假期不能提前或推迟使用，产假也必须在生育期间享受，不能积攒到其他时间享用。

中华人民共和国成立后，我国建立的生育保险制度主要针对机关事业单位、国营企业等的女职工。从 1958 年开始，随着经济体制的转变，劳动者单位所有制得以形成，职工生育保险责任由国家转移到企业，生育保险从社会保险转向企业保险。但从 1978年开始，企业逐步开始自负盈亏，独立进行核算，同时开始探索改革就业制度。企业为了降低自身经济成本，尽量选择招录男性职工，或者企业接收女职工但不予以缴纳生育保险费，也不支付生育费用。妇女的公平就业权受到比较严重的侵犯。随后《劳动法》明确规定，女职工和男职工在生育年龄享受生育保险。女职工不仅在生产期间享有不少于 90 天的产假待遇，在生育期间也享有依法应享受的社会保险其他待遇，有力地保障了妇女的权利。近 20 年来，我国的生育保险制度日益完善，基本完成了从企业向社会的转变。目前我国生育保险待遇主要通过生育保险社会统筹、用人单位自行负担等方式实现。全国大部分省（区、市）已将机关、事业单位、社会团体以及有雇工的个体经济组织、其他社会组织的职工纳入生育保险覆盖范围，部分地区还将灵活就业人员纳入保险范围。2019 年 3 月，国务院办公厅印发的《关于全面推进生育保险和职工基本医疗保险合并实施的意见》表示，2019 年底前实现生育保险和职工基本医疗保险合并实施，生育保险的并入并非意味着"生育保险"消失，而是合并同类项，减少了收费、基金管理、支付结算以及与医疗服务和药品供给方协调等方面的运行成本，另外简化了参保过程，方便了企业和个人。

7.3.2　城市社会救助

1. 城市社会救助的内涵。城市社会救助，是指国家和社会按照法定的程序和标准对由于各种原因而陷入生存困境的城市公民，给予财务接济和生活扶助，以保障其最低生活标准的社会保障制度。社会救助是社会保障体系中的重要组成部分，其在缓和社会矛盾、维持社会稳定方面能够起到积极的推动作用，被称为整个社会的"最后一道安全网"。

社会救助是现代国家中得到立法保障的基本公民权利之一，其目标主要是缓解生活困难。同时，实施社会救助也是政府和社会必须履行的责任。由于社会救助的对象是缺乏收入来源或收入水平很低的社会成员，故实现社会救助而发放的款项需要由政府另行筹集。

现实生活中的贫困现象基本上可以分为三类：个人生理原因、个人能力问题、职业竞争失败造成的贫困。现实生活中的贫困现象决定了社会救助的内容。根据不同的致贫原因，社会救助的主要内容具体包括孤寡病残救助、贫困户救助、失业救助、自然灾难救助。

（1）孤寡病残救助，是指公民因个人生活原因丧失劳动能力而无生活来源时，由国家和社会提供其最低生活需要的物质援助的社会救助项目。

（2）贫困户救助，是指公民因个人能力问题无法适应市场竞争而陷入贫困时，由国家和社会提供其最低生活需要的物质援助的社会救助项目。

（3）失业救助，是指公民因失业而无生计来源时，由国家和社会提供其最低生活需要的物质援助的社会救助项目。

（4）自然灾难救助，是指公民因遭受自然灾害而造成生活困难时，由国家和社会提供其最低生活需要的物质援助的社会救助项目。

2. 城市社会救助的基本原则。

（1）定向原则。社会救助的对象具有特定性。国家和社会只负责救助最困难的老年人、残疾人、儿童等弱势群体，其同社会保险的对象是不完全相同的。

（2）公民待遇原则。公民待遇原则要求国家和社会在实施社会救助时，要始终坚持以人为本、人权平等，不歧视贫困群体，即当贫困真实存在而需要帮助时，就可以成为社会救助的对象。

（3）国家责任原则。社会救助的责任主体是国家，同时也鼓励民间组织参与以弥补政府的财力不足，属于单方面的义务。凡是属于救助范围以内的社会成员，政府和社会就有责任给予无偿救助。这也是社会救助区别于其他社会保障制度的一个重要标志。

（4）依法救助原则。社会救助和其他类型的社会行动一样，在实施社会救助的过程中，同样可能导致其他的社会矛盾和问题。因此，社会救助的过程也要遵循一定的社会规范，才能从根本上保证社会救助制度的权威性、公正性。

3. 城市社会救助主要模式。

（1）民间救助。民间救助是社会救助最古老的形式，又称慈善机构救助或慈善事业，是指建立在慈善伦理基础上的，以社会捐献为财产来源的，由民间公益团体或机构对生存困难者提供的救助。

第一，参与主体。参与主体为非政府组织。以萨拉蒙为代表的约翰·霍普金斯大学非政府组织研究中心从组织"结构—运作定义"的角度出发，强调非政府组织必须满足以下五个条件：组织性、独立性、非营利性、自治性、志愿性。[①] 清华大学王名教授从我国实际出发，将非政府组织定义为：不以营利为目的、主要开展各种志愿性公益或互益活动的非政府社会组织。[②]

第二，角色定位。民间救助是官方救助的必要补充。非政府组织参与救助，可以弥补官方救助过程中存在的一些盲点。非政府组织参与救助就是基于同情基础之上的社会行为，在整个救助行为过程中，救助者与被救助者形成纯粹的关怀与被关怀关系。

第三，救助资金来源。其主要通过财政拨款、社会募捐、会费等多种资金募集渠道，以确保救助资金的稳定与持续。

第四，救助对象。它的救助对象具有随机性和个案性。它主要覆盖的是那些被排除在政府救助范围之外的或在现行政府救助制度中尚未覆盖到的边缘化弱势群体。

（2）官方救助。官方救助，又称政府救助，是指由政府直接组织的并以财政支出为主要财产来源的对生存困难者提供的救助。

第一，参与主体。我国官方救助主体是中华人民共和国民政部。根据救助对象的不同，其职责又划分给救济司、优抚局、救济总会等具体部门。

第二，角色定位。政府是实施救助的第一责任主体。在社会救助体系中占重要地位的政府，承担的是一种法定义务，而不是伦理道德上的责任。任何公民都享有获得政府救助的权利，在依法得不到应得救助时，公民有权将其诉诸法律。

---

① ［美］莱斯特·M. 萨拉蒙等. 全球公民社会非营利部门视野［M］. 贾西津，等译. 北京：社会科学文献出版社，2007.

② 王名. 非营利组织管理概论［M］. 北京：中国人民大学出版社，2002.

第三，救助资金来源。救助资金主要来源于国家财政拨款。这种资金来源的优势在于，突发事件后，应急能力强。它可以在最短的时间内调集大量人力资源和物质资源，这是其他任何组织都无法办到的。

第四，救助对象。官方救助对象具有确定性。官方救助讲究公平公正，必须符合相应的贫困标准才能申请政府救助。主要针对达到城市最低生活保障和农村五保标准的人群，相应地导致一部分未达到标准的弱势群体被排除在政府救助范围之外。

（3）官方民间结合救助。官方民间结合救助，是指由官方救助与民间救助相互补充而构成的对生存困难者提供的救助。官方救助与民间救助这两个部分相互补充、相互促进。官方救助是现代社会救助的责任主体，在很多方面承担社会救助的无限责任，它主要通过立法、公共财政为贫困群体提供最低生活保障；民间救助是指在政府的鼓励和支持下，社会团体和社会成员通过募捐或其他慈善行为，自愿对社会弱势群体进行援助，更多承担的是伦理道德上的责任。民间救助的内容非常广泛，包括企业、社会团体和个人三方面。社会的可持续发展，离不开政府责任主体的救助，但也需要企业、社会团体、个人承担救助弱势群体的责任。

4. 我国社会救助待遇享受资格管理。我国社会救助待遇享受资格管理，是指社会救助管理部门和有关机构依法对公民是否具备享受社会救助待遇的条件，予以认定。其主要内容是实行社会救助申请制和社会救助调查制。前者是指需要救助的公民个人或家庭应当向有关机构递交申请书，表明请求救助的原因、理由和相应事实；后者是指有关机构应当派出专业人员向申请救助者所在社区和单位进行详细调查，并将调查结果作为是否批准救助的依据。我国社会救助待遇享受资格认定程序中应当包括以下环节：

（1）个人申请，即公民个人向所在社区基层管理机构或工作单位提出救助申请。

（2）社区证明，即由社会基层管理机构（村民委员会或居民委员会）在个人申请报告签署意见、证明情况属实后，上报乡镇政府或街道办事处。

（3）基层审核，即乡镇政府或街道办事处经调查审核，然后上报县级民政部门。

（4）上级批准，即县级民政部门根据事实和法规予以批准并确定救助标准。

7.3.3　城市社会福利

1. 城市社会福利的内涵。广义的城市社会福利，泛指国家和社会对全体城市居民在生命全过程中所需要的生活、卫生、环境、住房、教育、就业等方面提供的各种公共服务；狭义的城市社会福利，是指国家和社会为城镇全体成员或老人、儿童、残疾人等社会中特别需要关怀的人群，创造物质文化环境或生活保障、援助。费用主要来自国家和地方政府财政支出，以社会筹资为辅。

一般而言，依据社会福利的保障对象，可以将社会福利分为以下几个具体方面。

（1）未成年人福利，是指政府和社会为未成年人在就业前提供的福利，如义务教育等。

（2）老年人福利，是指政府和社会为达到法定年龄的老年人提供的各类福利，如老人免费体检、乘车等。

（3）残疾人福利，是指政府和社会为实现残疾人享有与正常人同样的工作和生活条件的目标，通过资金、设施和服务等形式提供给残疾人的福利制度，如为残疾人举办的特殊职业培训、提供免费特殊教育等。

（4）劳动者福利，是指政府和社会为劳动者提供的工资以外的津贴、物资和服务，如廉价住房、廉价公共交通、季节性取暖或消暑补贴等。

2. 社会福利的特征。

（1）社会福利的保障水平处于较高层次。社会福利的保障目标，不是济贫，不是维持城市公民的最低生活水平、基本生活水平或一般生活水平，而是在国家财力允许的范围内，在既定的生活水平基础上，尽力提高被服务对象的生活质量。

（2）社会福利是国家和社会单向提供的物质帮助。社会福利的各个环节均不以营利为目的，即不要求被服务对象缴纳费用，只要公民属于立法和政策划定的范围之内，就能按规定得到应该享受的津贴服务；不仅无偿地对被保障人给予资金资助，而且还向社会成员提供医疗护理、伤残康复、教育培训、职业介绍以及其他各种社会服务。

（3）社会福利是普惠性的物质帮助（相对的）。社会福利范围涵盖较广，社会的各类主体，包括国家、集体和社会成员个人都被纳入了这个制度体系之中，共同参与、共同负责，使社会的生存风险由全社会的力量来承担。尽管公民在享有的社会福利待遇方面存在差异，但与社会保险主要服务于工薪劳动者、社会救济面向贫困人口和灾民、社会优抚只面向军人相比，社会福利范围更具普惠性。

社会福利待遇的分配实行一致标准。即社会福利待遇在一定范围内按一致的标准进行分配，而不考虑享受福利者之间的贫富差别和贡献大小。

3. 城市社会福利的内容。

（1）住房福利。

我国城市居民住房福利有公共住房福利和职业住房福利两种，但目前职业住房福利正在逐渐社会化，公共住宅福利是福利性与商品性兼有的住房福利。其具体内容有：

① 住房分配货币化。1998 年 7 月 3 日国务院下发了《关于进一步深化城镇住房制度改革，加快住房建设的通知》，明确指出在 1998 年下半年开始停止住房实物分配，逐步实行住房分配货币化。目前，我国城市已经基本停止住房实物分配，而代之以按规定分配住房补贴，由享受住房补贴者购买或租用住房。

② 提供经济适用住房。经济适用房是指政府提供政策优惠，限定套型面积和销售价格，按照合理标准建设，面向城市低收入住房困难家庭供应，具有保障性质的政策性住房。现阶段，经济适用房依然是解决低收入群体住房问题的有效途径，可以让低收入群体的购房需求得到有效满足，有助于促进社会稳定和共同发展。

③ 提供廉租住房。廉租住房是指由国家出资建设的规格适当、设备齐全的住房，国家以低廉的可以接受的方式向城市低收入住房困难家庭提供，以保证其住房达到社会最低生活标准。根据《廉租住房保障办法》的规定，廉租住房资金来源主要为财政预算拨款，其保障方式主要采取货币补贴和实物配租相结合的方式。

④ 提供住房金融扶持。住房金融扶持是指政策性住房信贷业务，是受各级政府委托，由指定的银行以政策性住房资金为来源而经营的住房信贷业务，政策性住房信贷业务资金来源有城市住房基金，行政、事业、企业单位住房基金，职工住房公积金，地方政府发行住房建设债券筹集的资金以及国际金融组织为地方政府提供的住房贷款资金。

（2）医疗卫生福利。医疗卫生福利是在为公民提供医疗卫生方面的社会救助和社会保险的同时，为患者恢复健康提供必要的医疗场所、医疗设施和医疗照顾，主要表现为政府运用财政支出和筹资社会资金来兴办公共医疗机构并改善其医疗条件，提高全社会的医疗服务能力和质量。目前，我国的医疗卫生福利主要有：

① 大病医疗保险。大病医疗保险是为了减少群众由于患了重大疾病需要支出的医疗费用负担过重而出现的"因病致贫，因病返贫"的现象，减轻患者与家庭的经济负担，使贫困人口具有平等的就医机会，为参加城乡居民医保的参保患者提供医疗费用"二次报销"的一种保险制度。这项制度的施行有效防止了一个家庭由于医疗费用负担过重而导致的经济问题，具有以下几个方面的特征：

第一，我国大病医疗保险的运作机制是由政府来掌控，通过招标的方式引入了商业保险机构参与大病医疗保险的管理。但在整个制度的制定和运行中政府依然起主导作用，政府负责制定大病医疗保险的一些制度性规定，例如筹资标准、报销比例、保障范围等，还会对商业保险机构与医疗机构进行监督、组织、协调、管理。

第二，我国的大病医疗保险制度对起付线和报销的封顶金额都有所规定，起付线以下的部分，需要患者自付，其以上的部分，不同阶段的医疗支出金额按照规定的比例给予报销；保险的封顶金额是指每个参保人每年最多可以报销的金额。我国的大病医疗保险制度与基本医疗保险制度并不是被包含与包含的关系，而是一种补充与被补充的关系。

② 严格管控药品价格。目前我国实行了药品价格的市场化政策，但政府行政机关依然是价格管制的主体。在药价放开的同时，政府不断完善与药品成本、药品招标、药品流通医疗保险等方面相关的政策和法律，来监管药品的最终价格。现阶段制定的《中华人民共和国药品管理法》《价格法》《中华人民共和国药品管理法实施条例》《关于完善公立医院药品集中采购工作的指导意见》《关于落实完善公立医院药品集中采购工作指导意见的通知》以及药品流通实行了新版 GSP 认证等相关制度举措，全方位监管药品价格问题。《2018 年全国医疗保障事业发展统计公报》显示，我国 2018 年住院医疗费用占职工医保参保人员医疗机构发生费用的 60.1%，费用比上年增长 8.4%。在住院费用中，药品费、检查治疗费分别为 2 183 亿元、3 252 亿元，分别占住院费用的 34.6%、51.6%，其中药品费在医疗机构住院费用增长 8.4%的情况下，占住院费用的比例较上年降低 3.1 个百分点，检查治疗费占比较上年提高 3.0 个百分点，此外，开展抗癌药医保准入专项谈判，将 17 种药品纳入医保目录，平均降幅 56.7%，大幅低于周边国家和地区价格，4 +7 药品集中采购试点等工作的顺利开展，都对医保支付和打击

药价虚高有着十分积极的影响。①

（3）教育福利。教育福利是指以国家为主体，以公平性为原则，为社会成员提供免费或低价的教育服务，目的是为受教育者提供更好的教育机会和教育环境。教育福利作为福利制度的一个重要组成部分，在提高个人素质和社会文明程度方面发挥巨大作用。我国的教育福利制度包括义务教育制度和师范生公费教育政策。

① 义务教育制度。为了让所有的社会成员都能够接受到基本的教育、保障国民基本素质，我国的教育法规定我国实行九年义务教育制度。在此期间学校不得征收任何学费、杂费。在贫困地区，国家实行"两免一补"政策，即为贫困学生免除学费和书本费并提供生活补助。义务教育的费用主要由国家财政负责。这大大减轻了许多贫困家庭的经济负担，让所有的适龄儿童都有机会、有能力接受教育。

② 师范生公费教育政策。权利义务关系是师范生公费教育政策内容的核心。公费师范生享有免除学生培养期间的相关费用、保障实现有效就业、提供免试攻读非全日制教育硕士的机会等，同时需要完成约定服务期的义务，在 2018 年的师范生公费教育政策中，约定公费师范生毕业后，需要"承诺毕业后从事中小学教育六年以上"，并且"到城镇学校工作的免费师范毕业生，应先到农村义务教育学校任教服务一年"。

（4）文化福利。文化福利是指国家和社会为满足公民文化的精神生活需要而提供的、以非商业性经营文化设施和服务为内容的公共福利，包括公园、图书馆、文化馆、博物馆等场馆和群众性体育运动设施等，以及相应的服务。

作为社会福利的文化设施和服务，其构成条件为：①由国家或集体兴办的，并给予资金支持；②为满足社会大众的精神需要而兴办，不以营利为目的；③实行免费或低偿服务；④向社会开放，社会公众能普遍、平等地享用。

（5）特殊群体福利。

① 残疾群体福利。残疾人福利的对象是全社会的残疾人，即由于先天或后天原因而存在生理或心理上的缺陷，造成生活、劳动、学习障碍的公民。残疾群体福利目标是充分保障残疾群体的生活、教育、医疗、康复和就业权益，为残疾群体创造良好的物质和精神条件，使残疾人在事实上成为社会中平等的一员，分享经济社会发展所带来的物质文化成果。目前，我国已经颁布实施了《中华人民共和国残疾人保障法》，为残疾人康复、教育、劳动就业、文化生活、社会福利等提供法律保障，政府通过兴办福利企业，实施按比例就业和扶持残疾人个体从业等方式，帮助残疾人实现就业，采取临时救济和集中供养以及兴办残疾人福利安养机构等福利措施，对残疾人提供特别照顾。

② 老年人福利。老年人福利的对象是全社会的老年人，老年人福利的目标是安定老年人生活、维护老年人健康、充实老年人精神文化生活，实现"老有所养、老有所医、老有所为、老有所乐"。目前，我国已经跨入老龄化社会，老年人福利因此成为我国举国关注的事业。

---

① 资料来源：国家医疗保障局发布的《2018 年全国医疗保障事业发展统计公报》。

老年人福利的主要内容有：

一是兴办养老院、福利院、老年公寓等机构，为选择居住老年人有组织和集中地提供衣、食、住、行、医等服务，对无依无靠又无收入来源的老年人实行免费收养，对有收入来源的老年人实行低费收养。

二是建立以医疗机构为基础，以社区为依托的医疗保健组织体系，配备必要的专业人员和设备，为老年人提供疗养、护理、健身指导等保健服务。

三是建立专门的老年文化、教育、体育等机构，并配备相应的人员和设备，组织和发展适合老年人特点的学习、文娱、体育等活动，改善和丰富老年人的精神生活。

四是要求社会公共服务机构发挥敬老爱老的传统美德，在行业服务过程中尽可能为老年人提供照顾和方便。

③ 儿童福利。儿童福利的对象是全社会的未成年人。儿童福利的目标是解除家庭养育儿童方面的后顾之忧，实现优生、优育、优教，保障儿童身心健康和全面发展。

儿童福利的主要内容有：

一是兴办专门的儿童收养机构，集中收养孤儿、弃儿，为孤儿、弃儿提供养育、治疗、康复、教育等服务；同时，鼓励家庭领养、代养、收养孤儿、弃儿，并向这种家庭给予特殊津贴和帮助。

二是兴办儿童医院或在全科医院中设立儿科，专为儿童提供医疗服务；有组织地开展儿童保健工作，由专门设立的机构定期进行儿童健康检查、预防接种、防治常见病和多发病，保障儿童健康成长。

三是建立托儿所、幼儿园，为婴幼儿提供良好的生活条件和生长服务；建立儿童活动中心、少年宫、儿童医院等，为儿童活动和学习提供良好的场所和服务。

四是普及义务教育，保障每一个学龄儿童有受教育的机会。

④ 妇女福利。妇女福利的对象是全社会的妇女。妇女福利的目标是保障妇女实现其基于生理特性和生育负担的特殊权益。

妇女福利的主要内容有：建立妇女保健机构，为妇女提供保健服务；为育龄妇女提供孕产福利津贴和孕产医疗服务；为妇女就业提供职业培训、职业介绍等服务。

7.3.4　城市社会优抚

1. 城市社会优抚的内涵。城市社会优抚是指国家和社会对城市中的革命军人及军烈属等优抚对象，实行优待、抚恤及其他物资照顾和精神鼓励的一种社会保障。社会优抚是国家和社会保障残废军人的生活、抚恤烈士家属、优待军人家属的工作。它是城市民政部门的重要职责。

2. 城市社会优抚的特征。

（1）优抚对象的特殊性。社会优抚的对象是为革命事业和保卫国家安全作出牺牲和贡献的特殊社会群体。根据我国《军人抚恤优待条例》中规定，优抚对象包括中国人民解放军现役军人（含中国人民武装警察部队现役指战员）、革命伤残军人、复员退伍军人、革命烈士家属、因公牺牲军人家属、病故军人家属、现役军人家属。

（2）保障内容的全面性。社会优抚的内容涵盖范围广，涉及社会保险、社会救助和社会福利等，其中具体包括抚恤、优待、养老、就业安置等多方面的内容，是一种综合性的社会保障制度。

（3）采取军地结合、分工负责的管理体制。在我国，面向军人的保险、福利、医疗保障等均由军方负责，但具体实施细则仍需要与政府主管部门沟通、协商一致。因此，我国军人保障的管理机制采用军方与地方政府主管部门相结合，按照军队政治与后勤机关、政府民政等主管部门分工负责的原则组织实施。

3. 社会优抚的主要内容。

（1）优待制度。社会优待是指国家和社会按照立法规定和社会习俗，对优抚对象从政治上、经济上给予的优厚待遇。优待有广义和狭义之分。广义的社会优待是指国家、社会、群众对服现役的义务兵家属和抚恤补助对象给予优待金，以及在医疗、交通、住房、就业、入学、入托、生活困难补助、救济等方面提供的优惠待遇；狭义的社会优待是指对义务兵家属和抚恤补助对象发给的优待金。

根据《军人抚恤优待条例》规定，军人享受的优待主要有：一是生活优待。如义务兵服现役期间，其家庭由当地人民政府发给优待金或者给予其他优待，优待标准不低于当地平均生活水平。二是医疗优待。如国家对一级至六级残疾军人的医疗费用，按照规定予以保障，由所在医疗保险统筹地区社会保险经办机构单独列账管理。七级至十级残疾军人旧伤复发的医疗费用，已经参加工伤保险的，由工伤保险基金支付，未参加工伤保险，有工作的由工作单位解决，没有工作的由当地县级以上地方人民政府负责解决；七级至十级残疾军人旧伤复发以外的医疗费用，未参加医疗保险且本人支付有困难的，由当地县级以上地方人民政府酌情给予补助。三是交通优待。如现役军人凭有效证件、残疾军人凭《中华人民共和国残疾军人证》，可优先购票乘坐境内运行的火车、轮船、长途公共汽车以及民航班机；残疾军人享受减收正常票价 50% 的优待。四是其他优待。如现役军人、残疾军人凭有效证件参观游览公园、博物馆、名胜古迹享受优待；义务兵和初级士官退出现役后，报考国家公务员、高等学校和中等职业学校，在与其他考生同等条件下优先录取等。

（2）抚恤制度。社会抚恤制度主要指慰问伤残人员或死者家属并发放一定费用的社会优抚制度。我国的社会抚恤制度可分为死亡抚恤和伤残抚恤两大类。具体来讲，死亡抚恤是政府依照相关规定向死者遗属提供的，分为一次性抚恤金、定期抚恤金、特别抚恤金三种。其中，一次性抚恤金是政府有关部门依据军人死亡性质、工资收入、生前是否立功等制定；根据有关规定，革命烈士家属、因公牺牲军人家属、病故军人家属中符合条件的人员享受定期抚恤；在国防、军队建设、科研事业以及作战中作出重要贡献的现役军人死亡，由国家另外发放特别抚恤金，另外在乡红军老战士、西路军红军老战士享受抚恤生活补助费；红军失散人员和符合规定的在乡复员军人享受定期补助；少数带病还乡、医疗和生活困难很大的退伍军人也可以享受定期补助待遇。而对于伤残抚恤，我国 2013 年修订的《伤残抚恤管理办法》中规定了伤残抚恤的适用对象，即因战致残、因公致残、因病致残的军人，明确了残疾等级评定、伤残证件和档案管理、伤残抚恤关系转移、抚恤金发放、革命伤残军人享受伤残抚恤等具体办法。伤残抚恤金的标准根据伤残性质和伤残等级，并参照全国一般职工的工资收入确定。

（3）退役安置制度。退役安置是国家和社会向退出现役的军人提供的经济保障和服务保障。其中，经济保障包括退役安置费、各种临时生活补贴以及生产性贷款等；服务保障包括就业安置、就学安置、落户安置、职业技术培训等。退役安置制度是专门为军人提供的一项特殊制度安排，以保障军人退出现役后的生活安全。在我国，对于退役士兵的安置依照"从哪里来，回哪里去"的原则，由原征集地的人民政府负责具体安置事务；对于退役军官的安置主要采取转业、复员、自主择业、退休等形式，由政府妥善安置；同时随着我国军队转业安置制度逐渐向市场经济体制过渡，军人转业职业技术培训越来越重要，目前对于军人的职业培训以实用性为主，最大限度满足市场需求。

城市社会保险、城市社会福利、城市社会救济和城市社会优抚构成了城市社会保障体系，这四类保障在保障层次、资格条件、保障内容、资金来源以及保障手段上各有异同，表7-2展示了城市社会保障体系四个方面的异同。

表7-2   城市社会保险、城市社会福利、城市社会救济、城市社会优抚

项目	城市社会保险	城市社会福利	城市社会救济	城市社会优抚
保障层次	基本保障：保障劳动者因失去劳动能力从而失去工资后仍能维持基本生活	高层次社会保障：增加城乡全体居民生活福利	最低层次保障：保障社会成员的生存需要	特殊性质保障：保障为社会作出特殊贡献群体的基本生活
资格条件（目标群体）	通过就业和缴费确定的劳动者	全体社会成员	通过生活调查或需求评估确定无法维持生活的人	为社会作出特殊贡献或牺牲的群体
保障内容	保险金：额度和供款挂钩	现金或物品	救助金或物品：额度取决于家庭规模或收入	现金或物品
资金来源	保险费（税）	多渠道（官和民）	国家财政预算拨款	国家财政拨款
保障手段	"投入—返还"式	普遍性	选择性	选择性

资料来源：盖锐，杨光. 社会保障学 [M]. 北京：清华大学出版社，2009：4；黄晨熹. 社会政策 [M]. 上海：华东理工大学出版社，2008：197.

⊕ 阅读材料

加快健全社会保障体系

"十三五"时期是全面建成小康社会的决胜阶段，也是让全体人民在共建共享中有更多获得感并朝着共同富裕方向稳步前进的关键时期。社会保障作为共享发展成果的基本途径与制度保障，无疑应扮演更加重要的角色。加快健全社会保障体系，并使之沿着更加公平、更有效率、更可持续的方向走向成熟、定型的发展新阶段，是"十三五"时期经济社会发展的一项重要任务。

全面建成小康社会不仅需要兜住困难群众生活的底线，解除城乡居民的诸多后顾之忧，而且需要通过共享发展成果来缩小收入差距、化解社会矛盾、促进社会公平、

增进人民团结。社会保障在其中的重要性与不可替代性，决定了"十三五"时期应对其给予更高程度的重视，投入更多的公共资源与社会资源，设计更为合理的制度安排。

毋庸讳言，现行社会保障制度安排还存在诸多缺失。一方面，以往形成的重经济保障轻服务保障、重政府包办轻责任分担、重局部改革轻统筹推进的格局并未从根本上改变，几乎每个社会保障项目都面临优化结构、厘清责任、理顺体制、创新机制等紧迫问题。另一方面，现行制度体系并不完整。例如，养老、医疗基本保险制度逐步完善，但补充保险与商业保险发展滞后，未能发挥应有作用，市场资源还未得到有效调动，多层次体系并未真正形成；养老服务产品供给总量不足、质量不高的问题长期存在，制约了"老有所养"目标的实现；面向老残妇幼的社会福利事业发展不足，既影响这些群体的生活质量，又制约消费需求扩大，还影响就业与经济增长；慈善事业发展滞后，法定社会保障缺乏重要的有益补充；等等。因此，我国社会保障当前面临的主要问题是健全制度体系、提高制度公平性和运行效率、合理分担保障责任。

加快健全社会保障体系，应客观看待社会保障的功能与作用，不能将社会保障视为国家发展与经济增长的负担，而应将其视为国家发展的重要目标和必要的社会投资，并始终把握好如下原则：一是政府积极主导，并尽可能做到立法先行、于法有据；二是责任合理分担，真正形成共建共享格局，充分调动社会与市场主体及个人参与的积极性；三是坚持互助共济，筑牢以群体力量化解个体风险的基石；四是切实维护制度公平，努力提高制度运行效率，追求制度可持续发展。社会保障体系是否健全的标志不仅在于体系是否完整，而且要看其能否兜住民生底线、保障困难群众生活，能否化解城乡居民的后顾之忧，以及能否不断增进人民福祉。

加快健全社会保障体系，当前应抓好以下几个方面：一是巩固普惠性，包括实施全民参保计划，实现社会保险、社会救助和其他法定保障对象应保尽保。二是全面完善社会保险制度，包括推进制度整合、重塑筹资机制、提高统筹层次，真正实现多层次发展；基本养老保险最好采取现收现付制，如果维持个人账户则不宜采取大账户，但可以考虑选择名义账户制；适应人口老龄化需要，建立长期护理保险制度；等等。三是完善综合型社会救助制度，大力支持慈善事业发展，确保困难群众基本生活有保障。四是全面推进社会福利事业发展，包括不断提升教育福利水平，构建以居家养老为基础的养老服务体系，大力发展面向残疾人、儿童的福利事业。

"十三五"时期是我国健全社会保障体系的关键时期。党的十八届五中全会提出的"十三五"规划建议，将共享确立为经济社会发展需要遵循的新理念之一，并对社会保障体系建设作出了相应部署。我们有理由相信，一个成熟、定型的社会保障体系将在"十三五"时期得到确立，并成为全面建成小康社会的重要制度保障。

资料来源：郑功成，加快健全社会保障体系［N］. 人民日报，2016－2－2，007.

思考题

结合材料，分析我国城市社会保障存在哪些问题困境，以及如何完善城市社会保障体系。

▌本 章 小 结▐

社会保障是国家和社会通过立法，采取强制手段对国民收入进行再分配，形成社会消费基金，对由于年老、疾病、伤残、死亡、失业及其他灾难发生而使生存出现困难的社会成员，给予物质上的帮助，以保证其基本生活需要的一系列有组织的措施、制度和事业的总称。

社会保障管理的内容涉及社会保障政策法规管理、社会保障基金管理、社会保障对象管理、社会保障机构管理四个方面。我国的社会保障制度决定了我国的城市社会保障体系涵盖社会保险、社会救助、社会福利、社会优抚四个方面。

▌关 键 名 词▐

城市社会保障　城市社会保障管理　社会保险　社会救助　社会福利　社会优抚

▌复习思考题▐

1. 什么是城市社会保障？城市社会保障的类型有哪些？
2. 简述城市社会保障管理的主要内容。
3. 简述社会保险、社会救助、社会福利、社会优抚的区别与联系。
4. 我国城市社会保障管理主体有哪些？其对应的职能是什么？

第8章　城市公共事业管理

【学习目标】

　　促进公共事业发展一直是各国政府的重要职责。提升城市公共事业管理水平，是现代城市管理能力提升的重要体现和必然要求。通过本章学习，让学生了解城市公共事业管理的含义及内容，管理机构和基本制度，掌握城市科技、教育、文化、卫生体制改革的必要性和基本方向。

【重点内容】

- 城市公共事业管理的含义
- 城市教育管理
- 城市文化管理
- 城市公共卫生改革的基本思路

【典型案例】

衡阳市图书馆新馆

　　衡阳市图书馆新馆建设正当其时，新馆位于衡阳市区中轴线衡州大道中点、南岳第一峰景区内，四通八达的公共交通、秀美的周边环境、2.6万平方米的简约中式建筑、现代化的服务设施，的确让人非常期待。

　　2019年6月10日上午，在衡阳市图书馆新馆工地旁，32岁的市民杨先生兴奋地说："我很关注新图书馆的进展，最近每天都会过来看看，希望早日开馆。"

　　杨先生的期待也是800万名衡阳市民的共同期待。雁城衡阳是湖南省第二大城市，具有两千多年建城史，历来为湘南政治、经济、文化、交通中心，1988年获批为湖南省第一批历史文化名城。衡阳文化底蕴深厚，境内有五岳独秀南岳衡山、古代四大发明之一造纸术发明家蔡伦、北宋四大书院之一石鼓书院、东西方哲学双子星座之一王船山、新中国十大元帅之一罗荣桓，素有"蓝墨水的上游""文明奥区"之美誉。

　　1917年冬，衡阳劝学所所长左全孝等倡建衡阳县公立图书馆，筹建馆舍、筹措经费、募捐书籍，艰苦努力四年始成，1921年元旦对外开放。此后，馆舍屡经迁徙，馆名多次变换，1966 年定现名，1975 年迁现址。衡阳市图书馆历百年风雨沧桑，延续雁城两千载文化积淀，逐步发展壮大为在全省居于重要地位、在全国有一定影响的市级公共图书馆。

资料来源：刘忠平. 筚路蓝缕创佳绩 开拓进取绘新景［N］. 新华书目报，2019 – 10 – 18.

8.1   城市公共事业及其管理

8.1.1   城市公共事业概述

1. 事业。《现代汉语词典》对"事业"作出如下解释：（1）人所从事的，具有一定目标、规模和系统而对社会发展有影响的经常活动。（2）特指没有生产收入，由国家经费开支，不进行经济核算的事业（区别于"企业"）单位。中国传统事业管理体制内的"事业"一般被认为是指"没有生产收入""所需经费由国库开支"的社会工作，也可以指上述社会活动形成的部门和行业。在我国，"事业"领域相当广泛，它既包括由"国家机关利用国有资产"举办的，也包括"其他组织利用部分国有资产和社会资本"举办的，以公益为目的从事文化、教育、科研、卫生、体育等活动的领域。

2. 公共事业。公共事业主要是指"没有生产收入""所需经费由国库支出"的非政府、非营利的社会公益工作。"公共"一词说明了它是人类公共领域的活动；"事业"一词一般与"企业"和"政府"的活动相对应，指的是一种非生产性活动。具体来说，城市公共事业是指面向全社会，以满足社会公共需要为基本目标，直接或间接为国民经济和社会生活提供服务或创造条件，并且不以营利为主要目的的社会活动。主要包括科技、教育、文化、医疗卫生等事业，每种公共事业都有其特定的目标，以及实现目标所特有的方式、方法和手段，有其各自特殊的运行规律。但是，每种公共事业也都具有不同程度的公共性、非营利性、专业性、基础性等特点，其产品生产和服务供给的具体职责主要委托事业单位承担。政府不仅需要为教科文卫等事业单位建立一系列具有普遍适用性的人事、财务、设备、资产等管理制度，同时承担对事业单位的宏观行政管理。

3. 城市公共事业管理。所谓城市公共事业管理，不仅涵盖政府对公共事业及从事公共事业活动的各类组织的管理，还包括事业单位自身的行政管理、业务管理和后勤管理。本章所研究的城市公共事业管理主要指的是，以城市政府为核心的公共组织，为增进城市社会整体利益，满足社会公共需要，使城市协调发展，采取一定的手段和方式，对城市公共事业进行规划、组织、调节、控制的活动过程。从定义中可以看出城市公共事业管理内涵包括以下方面。

（1）城市公共事业管理所适应和满足的是城市居民在教育、科技、文化、卫生、体育等方面，维护和提高自身的素质水平以及在基础设施、社会保障等方面的需求。这既是城市公共事业存在和发展的根本原因，也是城市公共事业所提供的公共物品与企业所提供的私人物品之间的区别。

（2）城市公共事业及其管理所提供的有形产品和无形服务在性质上属于公共物品。

（3）城市公共事业的主体是国有企业和单位，也允许一部分非国有企业和单位进入城市公共事业领域，通过展开有序而适度的竞争，以增加城市公共服务的数量和种类，提高城市公共服务的质量。

（4）城市公共事业领域的资金投入以政府财政为主，其产权结构也以国家所有为主，这是由公共物品的内在属性所决定的。

（5）城市政府有必要对城市公共事业实行必要的管制。

（6）城市公共事业的目标是以社会效益为主，兼顾经济效益。

（7）城市公共事业主要涉及教科文卫体、基础设施、社会保障三个基本领域。

8.1.2　城市公共事业的基础管理内容

1. 城市公共事业的规划管理。城市公共事业的规划管理是城市政府为了适应城市经济和社会发展的需要，以及满足市民提高物质和文化生活水平的需求，对城市公共事业的数量、质量、空间布局等所作的预测和安排，以及对这种预测和安排进行监督和调整的过程。

2. 城市公共事业的准入管理。城市公共事业的准入管理是城市工商行政管理部门会同城市公共事业的主管部门，依法审核和确认申请进入城市公共事业领域单位的必要资格，允许以国有公共事业单位为主体，一部分集体经济、个体经济、私营经济、外资经济的企业和单位参与提供城市公共服务，从而相互展开适度竞争的过程。城市公共事业市场准入的基本条件包括：要具备一定数量的与所从事的城市公共服务领域相对应的专业技术人员；要拥有一定数量的资本金、工作场所和设备；要具有一定年限的与所申请城市公共事业领域相同或相似的生产实践或服务实践经验；要在履行企业社会责任和追求社会效益、开展公益活动方面具有良好的记录、信誉和声望；要在依法经营和管理方面具有良好的记录与声誉。

3. 城市公共事业的价格管理。城市公共事业的价格管理是城市政府的物价管理部门根据价格管理权限，对城市公共事业所提供的产品和服务制定政府定价或政府指导价，并监督实施的过程；或者对城市公共事业单位执行城市上一级政府的定价或指导价实行监督，以通过价格手段来调节城市公共服务供求关系的管理过程。城市政府的价格主管部门有职责监督、检查公共事业单位执行政府制定的服务价格制度。城市的价格主管部门受理市民对公共事业单位违反规定收费的投诉或举报，是保障政府制定服务价格制度得到遵守的主要途径。

4. 城市公共事业的税收管理。城市公共事业的税收管理是城市政府的税务部门执行有关税收的法律、法规和规章，依法对城市公共事业单位提供的产品和服务征收税款，作为政府为公共事业单位活动提供外部条件的补偿，并且作为经济手段调节公共服务供求关系的过程。中国对城市公共事业单位开征的税种主要有：增值税、企业所得税、城镇土地使用税、城市维护建设税。城市公共事业的税收管理还包括：

第一，健全城市公共事业单位税收的基础管理。通过建立健全能够反映城市公共事业单位人财物全貌、产供销全过程的账务系统和信息系统，为税务专管人员准确掌握税源提供基础。

第二，向城市公共事业单位的负责人、财务会计部门人员等宣传税务规则，使他们了解并自觉遵守税法。

第三，采取纳税单位主动申报与税务人员重点稽查相结合的制度。

第四，在各个纳税环节上加以检查和督促，确保应缴税款及时、足额入库。

第五，对城市公共事业单位实现纳税系统电算化、控制和降低成本、提高公共服务的质量、增加公共服务收入、遵守税法税则等多提合理化建议。

8.2　城市科技管理

在现代社会，科学技术已成为继土地、资本、劳动之后的第四种重要的生产力要素，它推动着社会经济的全面发展，改变人们的生活方式和思想方式，提高人们的生活质量和水平，在相当程度上，科学技术已成为现代社会中的第一生产力。要充分发挥科学技术在社会经济发展中的作用，必须在正确认识科学技术活动的基本特征和政府在科技事业发展中的地位的基础上，建立和完善现代的科技事业管理模式。

8.2.1　城市科技管理的含义

城市科技管理是对科学技术活动的管辖、控制与治理，是科技活动中所有规划、组织、指挥、协调、控制等管理活动的统称。美国国家研究委员会（NRC）在 1987 年的报告中将科技管理定义为：科技管理是一个包含了科技能力的规划、发展和执行，并且用来规划和完成组织营运以及策略目标的跨科别领域。其综合应用了科学学、管理学、经济学、社会学、心理学、控制论、信息论、系统论以及数学等学科的理论和方法并形成自身独特的理论体系和结构。它是现代管理科学的一个分支，它一方面是管理理论和技能应用于科技活动的实践，另一方面又是对科技活动作用于管理理论的新的概括和总结，管理理论指导了科技活动，科技活动也丰富和发展了管理理论，并推动了科技管理理论的发育和成长。其目的在于鼓励创新，促进经济成长和增进全人类的利益。短期的科技管理包含品质改善程序、高效率的制作程序设计等，长期的科技管理内容则包含了整体性、策略性的科技预测与规划，以创造出长期且整体的竞争利基。

本教材中，将城市科技管理定义为：城市科技管理是一种宏观的科技管理，就是按照科学技术本身发展的规律和社会条件，运用管理科学的理论和方法，对城市科技活动进行的筹划、组织、指挥、协调和控制，从而有效地达到科技发展的目标，并使它与社会经济的发展相协调。

8.2.2 城市科技管理的机构与职责

我国城市的科技机构种类繁多，由于科技的公益属性，这些科研机构多数也都属于事业单位。我国在城市中设立的科技机构大体有：中国科学院、中国社会科学院系统及国家各部委下属的各个研究所、文献中心、研究中心、培训中心等；高等学校及其所属研究所、研究中心、培训中心；各级各研究院（所）、研究中心、培训中心等；各行业、专业、企业的科研单位，民办的各科研单位；各种学会、协会、研究会等群众研究团体以及一些科学普及机构。目前，我国基本形成了政府、企业、科研院所及高校、技术创新支撑服务体系四角相倚的创新体系。作为城市政府管理科技的主要职能部门，城市科学技术委员会（局）负责统筹规划科技工作、制定政策、协调管理等，其具体职责主要有以下几点。

（1）贯彻执行国家有关科技工作的方针、政策和法律、法规；研究拟定科技发展和科技促进经济与社会发展的政策措施；会同有关部门制定有关科技体制改革和科技创新体系总体规划，并组织实施。

（2）研究拟定科技发展战略、中长期规划和年度计划；研究提出合理配置科技经费的意见和建议；负责归口管理科学事业费、"科技三项费用"等有关经费的预、决算。

（3）研究提出高新技术发展计划及产业政策措施，并组织实施；负责申报、认定高新技术企业、高新技术产品和高新技术成果转化项目；指导高新技术产业开发区和科技示范园区工作；参与高新技术风险投资管理。

（4）研究拟定加强技术创新、加强科技成果产业化的政策措施；组织实施科技攻关计划、火炬计划、星火计划、科技成果推广计划、农业良种产业化工程、国家技术创新试点城市工作和可持续发展示范项目；组织协调产学研结合，加强企业与大专院校、科研单位的科技联合与协作。

（5）归口管理科技成果、科技奖励、科技保密、技术市场和科技信息市场；协调组织与科技相关的知识产权保护工作；负责《中华人民共和国合同法》中有关技术合同规定的实施和监督检查。

（6）参与编制重点科学工程等科技基地的建设规划；编制实施重点实验室、中试基地、工程技术研究中心等科技基地的计划；负责新建和调整科研机构的审核、申报工作；负责民营科技企业的认定、审批及管理工作；负责科技型中小企业认定和创新基金的归口管理等。

8.2.3 城市科技管理的内容

现代社会的科学管理格局是一个以政府为核心，包括政府、社会、市场等多种主体的生产和提供有机结合的系统。这一系统是由相关公共政策的制定所形成的制度框架及相应的管理职能所构成的，其内容相当丰富，诸如通过立法维护科学技术活动的正常秩序以及科研机构的设置和布局、科研成果的开发和推广，还有科研成果的筹集和分配等，都属于科技管理工作的内容。按照不同的划分方式，城市科技管理主要包含以下方面的内容。

1. 按照管理对象划分。按照管理对象划分，城市科技管理包括对专业科研机构的管理、高等院校科研工作的管理、工矿企业科技进步的管理以及国际科技交流与合作的管理等。

（1）专业科研机构的管理。专业科研机构是指有明确的研究方向和任务，有一定水平的学术带头人和一定数量、质量的研究人员，有开展研究工作的基本条件，长期有组织地从事研究与开发活动的机构。一般科研机构面向社会并适应社会的需要，参与科技市场竞争，承接有关方面的科研任务。

（2）高等院校科研工作的管理。科研管理是高校进行科学研究活动组织和实施的重要环节，高校科研管理可以分为宏观和微观两个方面。宏观方面的管理主要是指国家及其相关部门包括项目发布单位对高校科研项目实施的管理，重点是科研方向的指导和项目申报的评价。微观方面的管理或称内部管理，主要是指高校的科研管理机构对中标的各级各类项目和科研团队的管理，重点是项目的组织实施和经费资料管理等，以保证项目研究的顺利开展和研究目标的按时实现。

（3）工矿企业科技进步的管理。该管理是指以企业为基地，将科研成果转化为直接的生产力，使产品、工艺得到不断地拓展和创新的过程。工矿企业技术开发要经历选题构思阶段（又称研究决策阶段）、研究试验阶段、设计试制阶段、总结鉴定阶段、投产与应用推广阶段。对科技进步的管理主要包括三个方面：一是对科技开发人员的组织。工矿企业技术开发机构是由科研人员、技术工人和经营管理人员组成的。二是对技术开发项目的管理。一般采用计划协调技术的方法进行管理。即把技术开发项目的实施步骤，用网络流程图的形式进行分析，并进行必要的步骤协调，使项目有条不紊地进行。三是对技术开发资金、物资等生产条件的筹措与协调。技术开发资金的来源主要有专项拨款、固定资产折旧费、技术措施援款和大修理费用、技术开发资金、银行贷款等。技术开发物资主要包括原材料、零部件、专用工具、仪器设备等。

（4）国际科技交流与合作的管理。国际科技交流与合作是学习、吸收、消化国外先进科学技术成就的重要渠道，是联系我国同世界各国科技工作者之间的纽带。当代国际经济关系越来越密切，任何国家都不可能在封闭状态下求得发展。国际科技交流与合作的类型主要有：技术转让、合作研究、共同开发、科技交流等。

2. 按照管理的时间跨度划分。按照管理的时间跨度划分，城市科技管理包括长期、中期和短期的城市科技管理。

（1）长期的城市科技管理。一般为 10～15 年。长期规划基本上是一个设想，是一种指导性的科技规划。

（2）中期的城市科技管理。一般是 5 年。中期规划与国家 5 年经济发展计划并行。其核心是配合近期经济发展需要而制定的国家重点科技项目。

（3）短期的城市科技管理。短期的城市科技管理是根据国家的发展目标与方针，为科学技术的未来发展准备一整套可供选择的方案并作出决定的过程，以期用最经济有效的方法措施，合理利用与分配资源，实现科技发展目标。短期的城市科技管理内容相对较细、安排周详、定量的成分较多、具有较强的实践性与现实性。

3. 按具体工作的性质来划分。按具体工作的性质来划分，城市科技管理包括科技规划管理、科研经费和设备的使用管理、科技队伍的管理、科技信息的管理、科研成果的管理。

（1）科技规划管理。科技规划是关于一个较长时期科技发展的方向、重大目标、重要任务和主要措施的总体设想和蓝图，是科技发展思想和指导方针的战略体现。如1956 年，中国制定了第一个国家中长期科学技术发展规划——《1956—1967 年科学技术发展远景规划》（以下简称《十二年规划》）。《十二年规划》的成功实施，极大地促进了中国科学技术事业的发展，确立了中国现代科技体制，为新中国的经济和社会发展奠定了很好的科学技术基础，并为中国后来的科技发展树立了一个典范。

（2）科研经费和设备的使用管理。做好科研经费和设备的使用管理，能够保证为科学研究工作提供良好的资金支持和技术设备。对于科研经费的管理，我国现行的科研经费的管理多采用预算制和报销制，首先研究承担单位根据课题研究开发任务的特点和实际需要，按照政策相符性、目标相关性和经济合理性的原则，科学、合理、真实地编制课题经费预算。

（3）科技队伍的管理。科技队伍是新的生产力的开拓者。科技人才管理包括发现选拔人才、培养造就人才和考核使用人才三个方面。考核人才是人才管理的核心。人才考核的内容有：德，即政治品质、思想作风、职业道德；能，即从事本职工作的能力，它包括学识水平、工作能力和身体健康；勤，即工作的积极性、纪律性、责任感和出勤率；绩，即完成工作的数量和质量。政府要制定各种政策和优待措施，要积极改善科技人员的工作条件和生活条件，逐步切实地解决科技人员的合理报酬问题。研究设计机构和高等学校可以逐步试行聘任制，科技人员在做好本职工作的情况下可以适当兼职，以促进知识交流和充分发挥潜力。

（4）科技信息的管理。企业、政府、高校和科研机构以及中介服务机构这四大行为主体通过协同效应的相互作用，彼此互为科技信息资源的供给方或需求方，构成了科技信息管理体系的主体。政府通过制定相关政策，主要作为科技信息资源的提供者，保证科技信息管理的高效运行。高校和科研机构通过诸如教育培训、成果转化等多种多样的方式，促进知识、技术等资源的传播和扩散，中介服务机构包括金融企业、咨询公司、行业协会、各类资源共享平台等，主要是通过它们所拥有的大量信息技术资源、管理和专业人才为各行业企业提供科技信息资源。

（5）科研成果的管理。科技成果是指通过科学研究与技术开发所产生的具有实用价值的成果。科技成果管理是科研管理工作的出发点和最终归宿。加强成果管理有利于人才的发掘和成长。做好成果管理工作，直接影响调动科技人员的积极性，影响科研工作的效益，对科研工作的预测、科研计划的决策、课题选择等一系列科研管理活动有反馈作用。对科研成果的管理包括制定和组织实施有关的规章制度，对科研成果进行评价鉴定，组织科研成果的交流，登记、汇总和上报科研成果材料，并协助有关部门建立科研成果档案等。

8.3 城市教育管理

教育作为一种培养人的活动，同社会的发展、人的发展有着密切关系。城市教育管理中的教育是指学校教育。在现代教育系统中，教育管理发挥着越来越重要的作用。城市教育管理是城市公共事业管理的一个组成部分，但由于教育这种活动的特殊性，教育管理具有有别于其他公共管理领域的特点。

8.3.1 城市教育管理的含义和意义

1. 教育与教育管理。教育是一种社会现象，教育活动是有目的有计划地培养人的社会实践活动。教育有广义和狭义之分。广义的教育包括一切能增进人们知识和技能、影响人们思想品德的活动，可以是自觉进行的，也可以是自发的，可以是有计划的，也可以是偶然的。狭义的教育主要是指学校教育，即社会通过学校对受教育者的身心所施加的，一种有目的、有计划、有组织的影响，以便使受教育者发生预期变化的活动。

教育管理的含义和教育的概念是密切相关的，即教育管理就是把教育和管理结合起来，研究如何按照教育的客观规律来管理教育活动，其目的是如何使有限的教育资源得到合理的配置，提高教学质量，促进教育事业的发展。按照教育管理对象的特点，教育管理也有广义和狭义之分。广义的教育管理包括教育行政和学校管理。狭义的教育管理主要是指学校管理。具体来讲，教育行政是国家行政的重要组成部分，是国家通过政府的行政教育部门对教育事业进行领导和管理，从而实现为国家培养人才的目标。学校管理是学校内部的管理，包括学校的管理原则、管理过程、管理制度、管理机构、领导人员以及学校内部与外部关系的管理等内容。

2. 教育管理的意义。教育管理在现代教育系统中的作用主要体现在以下几个方面。

（1）保证教育活动有目的、有计划地进行。正是由于有效的教育决策、教育计划、教育组织的保证，教育活动才能按照既定的教育方针和目标运行，才能培养出社会和国家发展需要的人才。

（2）监督和调节教育活动。为了保证教育活动的顺利进行需要有一定的机制发挥调节和监督作用，在教育活动中教育管理就能够在制度上发挥这种作用，如通过教育管理，教育活动的过程可以得到有效的监督和指导，而其运行过程中遇到的各种矛盾也可以通过管理手段达到疏解。

（3）有效配置教育资源。在当今教育规模不断扩大和教育质量要求不断增高的背景下，不断增长的教育需求和教育经费投入不足之间的不协调成为当前教育活动所面临的首要矛盾。因此，提高教育资源使用效率，调配教育活动中的人、财、物，成为现今教育所面临的首要问题，这一问题的解决有赖于规范管理教育资源。

8.3.2　城市教育管理的机构与职责

《中华人民共和国教育法》第十五条规定："县级以上地方各级人民政府教育行政部门主管本行政区域内的教育工作。县级以上各级人民政府其他有关部门在各自的职责范围内，负责有关的教育工作。"我国城市教育管理体制遵循分级管理、分工负责的原则。教育部是全国教育管理的最高执行机构，主管全国教育工作，统筹规划、协调管理全国的教育事业。各级城市政府教育行政部门主管本行政区域内的教育工作，在各自的职责范围内，负责有关的教育工作。我国教育管理机构的大致结构如图 8 - 1 所示。

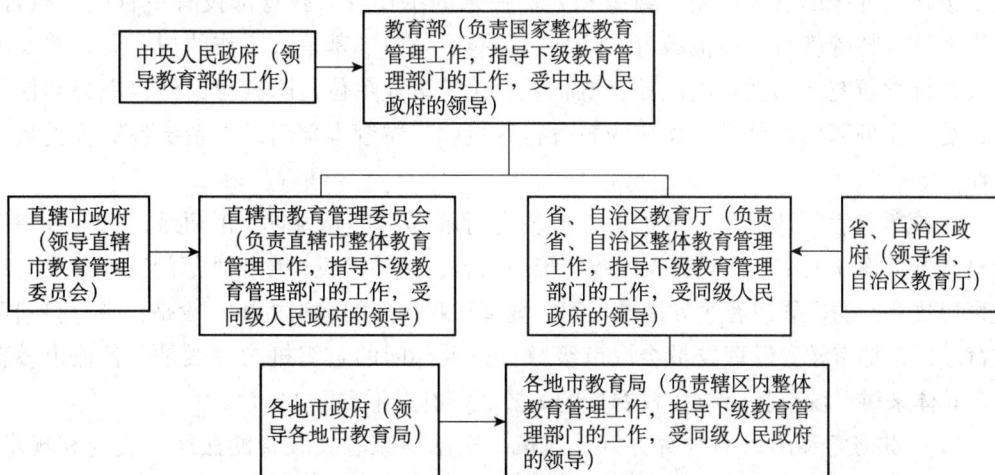

图 8 - 1　我国城市教育管理机构

1. 教育部。我国主管全国教育工作的行政部门称教育部，是 1949 年 11 月 1 日成立的，负责国家整体教育管理工作，指导下级教育管理部门的工作，受中央人民政府的领导。它所担负的主要职责有以下方面。

（1）贯彻执行中国共产党和国家的方针、政策，研究教育理论，总结实践经验，制定教育工作的具体政策、行政法规和学制等重要制度，制定教育事业的长远规划和年度计划，并督促、检查和组织实施。

（2）制定普通教育（包括幼儿教育、小学教育、中学教育、中等师范教育、特殊教育等）的具体方针、政策等重要规章制度；制订教学计划、教学大纲等基本文件，组织编审教材和教学参考书；制定普通学校师资管理的原则、办法和师资培训规划，指导、督促、检查普通教育工作，组织经验交流。

（3）会同有关部门制订职业技术教育的具体政策、发展规划和重要规章制度，指导、督促、检查职业技术教育工作。

（4）会同有关部门制订高等教育的具体政策、发展规划和重要规章制度，规定各类高等学校的培养目标、质量要求和专业目标；制订教学计划、教学大纲的原则，组织制订参考性的教学计划和教学大纲，统一规划、组织高等院校教材的编选、审查和出版工作；制定高等院校干部和教师管理的方针、原则、办法及培训规划和实施计划；指导高等院校的思想政治工作、教学工作、科研工作等；统一指导和组织全国高等院校的招生工作；统一管理全国研究生的培养工作，领导高等院校的学位授予工作。

（5）协同有关部门指导全国职工教育、农民教育，电视、广播大学和各种形式高等学校的工作，以及高等教育自学考试工作；制定机关、团体办学及民办学校的具体政策和管理办法。

（6）制定少数民族教育的具体方针、政策和重要规章制度，组织少数民族文字教材的编译出版工作，指导、督促、检查少数民族教育工作。

（7）负责与各建交国家政府间进行教育合作和交流，管理教育部门的国际学术交流及援外、外援的有关计划、组织和人员往来的工作等。教育部设有主管高等教育、中等教育、初等教育、师范教育、计划、科技、外事、基建等工作的司、局，并设中央教育科学研究所、教材出版社、电化教育馆等事业单位。除教育部外，中央其他各部、委等业务部门也都设有相应的教育行政机构，主管本部门或本系统各级各类教育事业。

2. 地方教育行政部门。我国的地方教育行政部门可分为省、市两级，它负责辖区内整体教育管理工作，受同级人民政府统一领导，指导下级教育管理部门工作并受上级教育行政部门的领导或者业务指导。省级教育行政部门的组织机构一般是：省、自治区教育厅，直辖市教育管理委员会。市级教育行政部门的组织机构一般是：各地市教育局。具体来讲，城市教育局（教委）的主要职责有以下方面。

（1）贯彻党和国家的教育方针、政策，实施国家有关教育的法律、法规和规章，拟定全市教育事业改革和发展的政策规划，并组织实施。

（2）负责城市基础教育（含学前教育）、高等教育、职业教育与成人教育、民办教育、少数民族教育和特殊教育的统筹规划和协调管理工作，指导其教育教学改革。

（3）统筹规划城市教育资源配置、结构布局调整。

（4）统筹规划并管理本市各级各类教育的教学基本要求、教育教学改革。

8.3.3　城市教育管理的内容

城市教育管理的主要内容涉及经费、对象、教育者和制度四大方面。

1. 教育经费管理。教育经费管理是指遵循管理原理和有关法规制度，对教育经费进行筹措、分配和使用的过程。对教育经费的管理，首先，需要认识到教育的战略地位和作用，大力增加教育的投资；其次，健全以政府为主，多元的教育经费筹集渠道，鼓励和指导国有企业、社会团体及个人捐资助学，动员全社会力量支持和办好教育；最后，统筹规划城市教育事业的发展，将教育经费的分配和使用协调起来。

2. 教育对象管理。原则上城市教育服务应该向所有人提供，但由于财政方面的限制，政府无法为所有人提供各种类型的教育项目，只能依据教育服务的重要程度进行排序并作出选择。在教育对象的问题上，城市教育管理部门应该首要关心的核心问题是确保每个适龄学生都能获得均等的受教育机会。

3. 教育者管理（人事管理）。教育者管理是指谁来任教和谁来管理的问题。师资是教育质量的重要保障。城市管理部门应当制定相关法律法规严格认定教师的资格；支持师范类高等学校的建设，对教师进行职前和在职培训，持续增加其科学知识，提升其教学技巧；设计有效的教师绩效考核制度等。

4. 教育制度管理（学制管理）。教育制度管理要求教育管理部门明确各级学校的性质、任务、学生入学条件；正确划分教育阶段；对学生进行正确分流；处理好不同阶段学校之间的衔接与联系。

8.3.4　城市教育管理体制改革

所谓城市教育管理体制，是指国家与地方政府有关职能部门，为适应国家和社会经济发展的需要，在管理城市教育事业中的责任和权限划分以及与之相适应的组织形式、方法和制度的总称。我国的城市教育事业，是以公立教育为主体，国家和政府有关部门负责对城市教育事业进行领导、协调、监督和控制。由于教育本身的地位和特点，教育管理体制的改革一直是我国教育改革中十分重要和关键的内容。

1. 健全政府主导、社会参与的办学体制，促进办学主体多元化。新型教育管理体制重视社会组织在教育管理、治理中的作用，以社会参与性支持和社会资源性支持方式来共同管理教育事务，分享教育管理的权力。一方面，教育事务管理应该以政府为主导，积极鼓励和吸引各种社会组织和个人参与，重视社会组织在教育管理和治理中的作用，例如，在《国务院关于中国教育改革和发展纲要的实施意见》中就明确指出，"为了促进政府的职能和角色转变，使得重大的决策能够得到科学地论证，要加强社会中介组织的建立，发挥社会各界力量参与教育管理与决策的作用"。另一方面，建立社会中介监督和评估机构，充分利用中介组织的专业性优势，通过不同的方式（如合同、协议等）对教育进行全面的监督和评估，确保教育治理的高效性，这也有利于打破我国长期以来教育管理、监督、评估完全由政府和教育行政部门实施的局面。

2. 落实和扩大学校办学自主权，建立现代学校制度。构建政校分开、管办分离的新型政校关系，一方面，要求政府要着眼于简政放权，尤其是下放具体办学权，聚焦宏观教育规划与调控，做好事中和事后监管，放管服结合，同时为学校提供专业的支持和服务。另一方面，学校要在落实办学主体地位的基础上，通过现代学校法人制度、现代学校产权制度和现代学校自组织制度的建设与完善，形成学校自组织、自生长机制，自我约束、自我规范、自主发展的现代学校管理制度。积极探索具体办学模式的创新，全面提高教育质量，立德树人，同时承担教育责任，接受政府监督和社会监督评估，形成政府依法管理、学校依法自主办学的局面。

3. 健全以政府投入为主、多渠道筹集教育经费的体制。在国家发展进入新阶段的背景下，教育经费扩大投入不能只靠财政投入。中国要实现从教育大国向教育强国迈进，充足的经费支持是前提，继续坚持多渠道筹措办学经费仍然十分必要。义务教育仍然坚持以财政投入为主，非义务教育应在加强监管的前提下继续放宽准入门槛，鼓励社会力量举办教育，综合运用政府购买服务、财政补贴、税收优惠、土地优惠、金融改革、鼓励捐赠、高校社会服务等杠杆和举措，拓宽教育经费筹措渠道。进一步完善非义务教育学费调整机制，建立以教育成本分担为基础、与居民承受能力和经济发展水平相适应的学费动态调整机制，对于高等教育层次，允许根据办学层次、办学水平和地区财政投入水平差异，实行差异化学费政策。

4. 完善教育法律法规，完善督导制度和监督问责机制。一方面，围绕当前教育痛点、堵点问题，更加注重运用立法方式突破当前教育发展的体制机制性障碍和发展瓶颈，在精准性立法方面作出一些突破，完善教育法律法规，例如在当前社会反响热烈的城镇居住区配套学校、校外培训机构等方面推进立法；在顶层设计上，更加重视学校的主体地位，探索推进学校立法。另一方面，必须强化对教育行政主体的监督，加大相关教育法律法规执行的力度，对相关的执行情况进行监督，从而有效完善相关教育法律法规的体系。

8.4 城市文化管理

文化事业是公共事业的有机组成部分，是人类精神文明实践的重要活动形式。文化事业管理就是对这一领域具体活动和事务的管辖、调控和处理。在社会转型时期，如何建立和健全与社会主义市场经济体制相适应的现代文化管理体制，繁荣中国特色社会主义文化建设，满足人们不同层次的文化生活需要，提高全社会的精神文明生活水平，是摆在我们面前的一个具有重要理论意义与实践意义的课题。

8.4.1 城市文化管理的含义和内容

1. 城市文化管理的含义。城市文化管理是指各级城市政府及其文化行政部门依据国家和所属城市的方针、法律、法规，对城市文化事业以及具体文化活动进行规划、组织、调控和监督的一种行政行为，包括宏观文化行政和微观文化管理两个层面。

文化行政是指政府对文化的管理，即文化行政管理体制和文化行政运行机制的总和。宏观性、间接性和多样性是文化行政的主要特点。宏观性和间接性要求政府对文化发展只提原则性的要求，如文化发展的目标和规模，规划文化投资的总量，监督、检查和评估文化发展计划落实的情况和效益等，如何实现发展则由文化企事业单位自己决定。多样性体现在由于文化行政模式受到经济环境、政治环境、文化环境中诸多因素的制约，要求政府多管齐下，综合运用法律手段、经济手段、行政手段、思想教育手段等多种手段进行宏观管理。

城市文化管理的微观层面是指文化企事业单位对自身文化经济活动和文化社会活动

的管理。其管理内容主要涉及企事业单位的管理原则、管理制度、管理机构及人员、运行机制和对具体文化活动的组织和协调等。其旨在有限的资源约束条件下，最有效地实现企事业单位的文化目标。

2. 城市文化管理的基本内容。城市文化管理的基本任务，是对城市文化事业机构和设施进行管理，为城市精神文明建设创造文化条件。从政府管理职能的角度可以将文化事业管理的基本内容概括为以下三个方面。

（1）城市文化发展战略的规划和制定。随着政治、经济等社会事业的发展，为了使文化事业能适应这种发展并不断促进社会的进步，制定合理的文化发展战略成为中央到地方各级政府及其文化部门的重要任务。具体来讲，文化发展战略是文化发展的整体计划，是以一定时期内国家和社会的总体目标为依据，所制定的有关文化发展目标、重点、发展阶段、投资方向、力量部署、对策措施的谋划与抉择等的规划。文化发展战略既是宏观文化行政的科学依据，也是微观文化管理的指导性纲要，对动员各种社会力量参与国家文化事业的发展具有重要作用。

（2）城市各项文化基础工作的管理。加强城市各项文化基础工作的管理，不仅包括加强文化基础设施建设，例如图书馆、博物馆、文化馆、文化站等文化设施建设；文物、非物质文化遗产的保护，如完善历史文化名城等基础设施；网络文化建设和管理等相关内容，还涵盖搞好城市文化事业的发展规划，积极推动开展对外文化交流，加强整合城市文化资源，保护发展地区特色文化等各项文化基础工作的管理。

（3）城市文化市场的管理和监控。文化产品和文化服务一旦以商品的形式进入流通领域，就构成了文化市场。文化市场既是推动文化事业全面发展的重要力量，又向政府的文化行政管理工作提出了更高的要求。一方面，政府应当在多变的环境中不断开发和培育新型文化产品和文化市场，扩大文化对经济社会发展的贡献。另一方面，文化行政部门还应认识到，监管文化市场同样是保障城市文化市场可持续运行的关键。文化行政部门要依法治文，将文化市场管理纳入法制化的轨道，并且能针对文化市场中的不良现象，运用多种手段正确引导文化产品的生产者和经营者，促进文化市场在有序中走向繁荣。

3. 城市文化管理对城市发展的意义。在当今社会，加强城市文化管理，加快城市文化建设，对于城市的发展具有举足轻重的作用，这是因为城市文化管理与建设是城市发展的重要内容，可以为城市的发展提供强有力的动力。因此，城市管理者将城市文化管理与建设放在战略的高度。

（1）加强城市文化管理，是城市发展的重要内容之一。就其本质而言，城市文化管理与建设就是创造城市物质财富和精神财富的过程。城市物质财富的创造过程可以视为城市经济的发展和为经济发展创造条件而进行的城市环境建设；城市精神财富的创造过程则可以视为制度建设和城市精神文明建设。因此，从这一意义上来说，加强城市文化管理，加快城市文化建设，是城市发展的重要内容之一，从某种意义上来讲，城市的管理与发展实质上就是城市文化管理与建设的过程。

（2）加强城市文化管理，可以为城市发展提供强大动力。首先，加强城市文化管理，加快城市文化建设，可以为城市培养高素质的城市社会成员，为城市经济的发展提供高素质的劳动力，从而为城市经济的发展提供必要的智力支持。其次，加强城市文化管理，加快城市文化建设，可以有效地推动城市科学技术的进步，可以为城市经济的发展提供必要的工具和手段，从而有利于提高城市生产效率。最后，加强城市文化管理，加快城市文化建设，可以保证城市经济发展的合理性和正确方向，以促进城市经济与社会的协调发展。

8.4.2　城市文化管理机构

城市文化管理机构可分为以下两类。

一类是城市文化主管机构，即市文化局，它是市人民政府主管文化工作的职能部门。市文化局在市人民政府的领导和上级文化行政部门的指导下工作。它的主要职责是：贯彻和执行党和国家关于文化工作的方针、政策、法规；编制本市文化事业的长远规划和年度计划，指导、配合有关部门开展群众文化活动，指导本市艺术表演团体的训练和演出，组织本市的各种文艺汇演的竞赛评奖活动；加强文艺职业道德教育，培训文艺骨干和各类文艺专门人才。

另一类是城市社会文化管理机构。其一，城市中的文学艺术联合会，它是城市中文学家、艺术家志愿组织起来的群众性文学艺术团体。它的主要职责是：宣传贯彻党和国家的文学艺术方针、政策；团结本市的文艺工作者、爱好者，积极开展文学艺术活动；举办或协同有关部门联合举办本市的各种文学艺术竞赛评奖活动。其二，社会民间文化组织。它是由城市的文学、艺术爱好者志愿组织起来的民间文化组织。如城市美术协会、音乐协会、舞蹈协会、曲艺协会、戏剧协会等。

8.4.3　我国城市的文化管理体制改革

改革开放 40 多年来，特别是党的十六大以来，我国集中出台加快文化体制改革的重大举措和产业政策，大力推进文化体制改革和文化单位转企改制，进一步明确和深化了文化体制改革的目标、意义、主要任务和重点工作，扎实推进了中国特色社会主义文化强国的建设进程。

1. 转变职能，进一步加强政府对文化事业发展的宏观调控。政府进一步理顺了文化与政治的关系，改变过去高度集中统一的城市文化管理体制，给文化事业单位以自主权；在遵循文化规律的基础上，运用多种调节手段和管理办法加强对文化事业的宏观管理，使文化行政管理部门从以办文化为主转向以管文化为主，贯彻"群众文化群众办，社会文化社会办"的原则，破除了单一的国办文化模式，调动各方面的积极性，拓宽文化投入渠道，鼓励文化事业和文化服务业的多种所有制；政府相关部门运用市场机制力量，借助价格、税收、信贷等经济调节手段，通过调节文化经济利益来组织和引导文化生产、文化流通和文化消费，加快发展各类文化产品和要素市场。同时，政府根据社会发展的需要丰富了管理范围。如将互联网文化建设纳入管理的重心。加强网络文化建设，做好网络新闻宣传，进一步维护我国的文化安全和进行社会主义精神文明教育。

2. 加快发展文化产业，进一步推动文化产业成为国民经济支柱产业。根据社会主义市场经济的要求，顺应文化发展的客观趋势，政府加强了文化事业管理和文化法制建设，培育和健全有中国特色的社会主义文化市场，努力创造有利于文化发展的社会环境。增强了文化产业整体实力和竞争力，实施重大文化产业项目，带动战略加强文化产业基地和区域性特色文化产业群，建设推进文化产业结构调整，大力发展文化创意、影视制作、出版发行、印刷复制、演艺娱乐、数字内容和动漫等重点文化产业，培育骨干企业，扶持中小企业，鼓励文化企业跨地域、跨行业、跨所有制经营和重组，提高文化产业规模化、集约化、专业化水平，推动文化产业转型升级，推进文化科技创新研发，制定文化产业技术标准，提高技术装备水平，改造提升传统产业，培育发展新兴文化产业，加快中西部地区、中小城市影院建设，鼓励和支持非公有制经济，以多种形式进入文化产业领域，逐步形成以公有制为主体、多种所有制共同发展的产业格局，构建以优秀民族文化为主体，吸收外来有益文化的对外开放格局，积极开拓国际文化市场，创新文化"走出去"模式，增强中国文化的国际竞争力和影响力，提升地区和国家软实力。

8.5 城市医疗卫生管理

8.5.1 城市医疗卫生管理概述

医疗卫生管理是城市公共事业管理的基本内容之一，既有公共管理的一般属性，又有其特殊性，基于卫生事业对生命自体关怀的价值终极性，医疗卫生事业管理在政府公共管理中占有特殊地位。如何办好卫生事业，如何搞好医疗卫生事业管理，如何保障人民的健康状况，是现代政府特别是社会主义国家政府必须回答的问题和必须承担的责任。

1. 城市医疗卫生事业的内涵。健康是医疗卫生工作的出发点与落脚点，在传统上我们更习惯于使用"卫生"来表达"维护和保卫生命或健康"的过程，相应的组织机构、系统活动和社会措施等也采用"卫生"一词；卫生是措施，通过发展卫生事业、建立卫生体系、采取卫生措施和开展有系统的卫生活动，以促进健康目标的实现。

大体上可以说，医疗卫生体系及其活动构成医疗卫生事业，是国家和社会在防治疾病、保护和增进居民健康方面所采取的综合性社会公益行动。其中，卫生体系的活动及卫生体系向社会提供的卫生服务，卫生体系是卫生机构及卫生从业人员按一定秩序和内在联系组成的功能整体，一般可以分为卫生服务提供体系、健康保障体系和卫生执法监督体系三个子系统。卫生服务提供体系负责提供卫生服务，包括医疗、预防、康复、保健、健康教育和其他健康促进工作；健康保障体系是卫生资源社会配置的制度安排；而卫生执法监督体系是政府卫生行政部门的管理工作。城市医疗卫生体系如

图 8 - 2 所示。

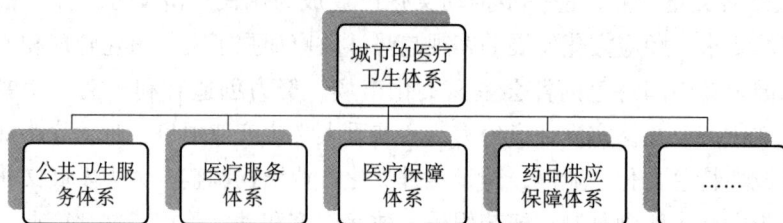

图 8-2　城市医疗卫生体系

2. 城市医疗卫生事业的基本特征。医疗卫生事业具有区别于其他社会生产和服务的特征，即公益性和福利性。准确认识这些基本特征，有助于卫生服务研究，有助于办好卫生事业和搞好卫生事业管理。

（1）所谓公益性，是指在我国社会主义市场经济条件下，卫生事业是不以营利为目的，使社会全体成员共同受益的公益事业。它对我国卫生事业的基本要求是举办卫生事业不收取回报，我国卫生事业可以由政府举办，也可以由社会其他单位或团体举办，政府在政策上予以支持，一般不要求收取投资回报，卫生事业享有政府给予的某些特权，如免税权、土地征用权以及其他特权。

（2）所谓福利性，是政府或社会团体通过再分配形式给劳动者或社会成员的一种物质帮助或照顾。它对我国卫生事业的基本要求是实行医疗保障中的福利政策，主要是指医疗保障基金的筹集按照不同人群的实际需要和可能，由国家、集体、个人三方合理承担；实行医疗卫生服务收费的福利性，主要是对不同的卫生服务内容采取不同的收费政策，对预防保健服务免费或适当收费。

总之，医疗卫生事业是一项公共意义重大的非营利公益事业，是社会保障体系的重要组成部分，国家、集体和个人对其发展都应负有一定的责任。

3. 城市医疗卫生管理的含义。城市医疗卫生管理，是指城市政府依据国家有关的法规和政策，通过计划、组织、实施等环节来协调城市医疗卫生系统的各要素，以保证城市医疗卫生目标的实现，为城市人民创造一个有利于身心健康的良好的生活环境和工作环境的活动。

随着社会的发展，城市医疗卫生管理的内容越来越广泛和复杂。目前，我国城市医疗卫生的内容主要包括以下几个方面：

（1）城市公共卫生管理。城市公共卫生服务主要是为社会提供公共服务、改善环境卫生、向人们传授关于个人卫生的知识、防治疾病、延长人们寿命、改善人们的身体机能等。[1] 城市公共卫生管理主要包括以下几个方面：建立健全疾病预防控制、健康教育、妇幼保健、精神卫生、应急救治、采供血、卫生监督等方面的制度。其中，卫生监督包括对食品安全、职业卫生、放射卫生、学校卫生、公共场所和饮用水的卫生安全监督管理等。

---

[1]　温来成. 现代公共事业管理概论［M］. 北京：清华大学出版社，2007：286-287.

（2）城市医疗服务管理。城市医疗服务管理主要是对非营利性和营利性医疗机构的功能、职责、布局、医院与社区卫生服务机构的分工协作机制等进行宏观管理和优化；对城市医疗机构及其医务人员的全行业监督管理，包括对医疗机构及其从业人员资格、医疗服务质量、医疗服务技术准入和医疗卫生法律、法规、规章及规范、标准执行情况进行监督管理；建立医疗机构医疗服务评价和监督体系。

（3）城市医疗保障管理。城市医疗保障管理是对城市医疗保险和生育保险的管理，包括相关政策规划和执行，补充医疗保险、大额医疗救助金的管理，市级公费医疗的政策拟订、管理和监督检查；医疗、生育保险政策落实情况的监督检查等。

（4）城市药品供应保障管理。城市药品供应保障管理包括执行国家基本药物制度，拟订临床用药安全规范，加强城市医疗机构基本用药制度管理，贯彻实施国家中医政策和中西医结合并重的方针，制定全市中医发展规划，推进中医药的继承、创新与发展等。

8.5.2 城市医疗卫生管理机构与职责

为加强对医疗机构的管理，促进医疗卫生事业的发展，保障公民健康，国务院于1994 年 2 月 26 日发布《医疗机构管理条例》，该条例自 1994 年 9 月 1 日起施行，并于2016 年 2 月 6 日修改施行。我国城市医疗卫生管理机构，是由各自类型、不同层级的组织机构组成的一个网络机构体系，主要包括医疗卫生行政机构、具有管理职能的医疗卫生业务机构、医疗保险管理机构和主要协助管理机构四大部分。

1. 医疗卫生行政部门。医疗卫生行政机构包括市（区）政府、卫生局、食品药品监督管理局，以及隶属于国家市场监督管理总局或省出入境检验检疫局的城市出入境检验检疫局。

城市各级政府是城市医疗卫生管理工作的最高组织领导和指挥实施机构，其职责是把城市医疗卫生管理工作纳入国民经济和社会发展规划，建立健全城市医疗卫生管理体制和管理网络，加强城市卫生"软件"和"硬件"的建设。

卫生局是城市人民政府管理全市医疗卫生事业的职能部门，是通常所说的城市"卫生行政部门"，其主要职责一般包括：拟订城市卫生改革与发展目标、规划和政策措施；承担医疗机构药事管理工作；负责突发公共卫生事件的应急处理和处置工作；负责食品及相关产品的安全管理；负责卫生行政监督执法工作；指导开展全民健康教育；负责对全市医疗机构及其医务人员进行全行业监督管理；负责疾病预防控制工作；等等。

食品药品监督管理局也是城市政府的组成部门，其在医疗卫生管理方面的主要职责有：负责餐饮服务许可、餐饮服务环节食品安全监督管理工作；负责保健食品、化妆品卫生监督管理工作；负责药品、医疗器械的行政监督与质量管理和药品技术监督；等等。

城市的出入境检验检疫局虽然不是城市政府的组成机构，而是隶属于国家或省级相关机构，它在城市医疗卫生管理方面也承担着重要的职责：负责城市行政区域内的出入境检验检疫、鉴定、认证和监督管理等行政执法工作；实施出入境卫生检疫、传染病监测和卫生监督；实施出入境动植物及其产品和其他检疫物的检验检疫与监督管理；实施进出口商品（含食品）的法定检验和监督管理；等等。

2. 具有管理职能的医疗卫生业务机构。城市医疗卫生业务机构主要有各类医疗机构、疾病预防与控制机构、妇幼卫生机构、医学教育和科研机构等。

其中，城市疾病预防与控制机构为城市卫生防疫工作提供技术保障，它是进行疾病预防控制研究、提供技术服务的公益事业单位，具有疾病预防与控制、检测检验与评分、健康教育与促进、技术管理与服务等职能。具体管理职能有：组织开展城市疾病暴发调查处理和报告工作；负责城市预防性生物制品管理，组织、实施预防接种工作；调查突发公共卫生事业的危险因素，采取控制措施；管理城市疫情及相关公共卫生信息；等等。

3. 医疗保险管理机构。城市的社会保障部门是城市医疗保险的管理机构。它负责拟订基本医疗保险和生育保险的药品目录、诊疗项目、医疗服务设施的支付标准；负责拟订定点医疗机构、零售药店的资格标准、管理办法及费用结算办法；负责定点医疗机构、零售药店的资格确认；负责拟订补充医疗保险、大额医疗救助金的政策和管理办法；负责市级公费医疗的政策拟订、管理和监督检查；负责全市医疗、生育保险政策落实情况的监督检查等工作。

4. 主要协助管理机构。城市医疗卫生管理的协助管理机构主要是爱国卫生运动委员会。它是市（区）人民政府的议事协调机构，负责统一领导、统筹协调城市爱国卫生、防治疾病和创建卫生城市工作。其办公室设在卫生局。

它的主要职责是：动员全社会参加爱国卫生运动，负责"国家卫生城市"建设工作，组织协调开展科学除害和公共场所禁烟工作，组织协调开展全民健康教育，协调有关部门做好重大疫情的控制处理和救灾防灾工作等。

8.5.3 城市医疗卫生管理的具体内容

城市医疗卫生管理主要受社会制度、经济基础、管理水平、文化背景、人口状况、科技发展水平等诸多因素的影响。具体来讲，依据公共政策构成的现代卫生事业管理的基本框架，城市医疗卫生事业管理应具有如下的基本内容。

1. 实施区域卫生规划。区域卫生规划是卫生产品生产必须解决的问题。区域卫生规划以满足区域内全体居民的基本卫生服务需求为目标，是政府对医疗卫生事业进行宏观调控的重要手段。随着社会的进步和经济的发展，区域卫生规划应在一定程度上突破行政区划，并注意基层、引向农村及偏远地区的卫生资源配置，予以重点发展。

2. 医疗卫生产品的生产和提供。由于医疗是接近于私人产品的准公共产品，既有满足公众基本医疗消费的一面，又有满足人性化医疗消费的一面，因而在建立起一定的医疗保障制度的前提下，应该构成医疗服务市场主体的多元化。即在医疗保障制度存在的情况下，医疗产品即可公共生产，也可非公共生产。

3. 建立适合国情的医疗保障制度。建立医疗保障制度的基本目标，是保证公民能得到基本的医疗服务，哪些是"基本"医疗消费，采用哪种方式来保证公众的基本医疗消费，是由一个国家或地区的社会经济发展水平所决定的，同时也与一个民族的文化传统密切相关。

4. 医疗卫生市场的管理。对于医疗卫生市场的规范管理与监督，是保障医疗卫生管理有序进行的关键。具体包括医疗卫生产品的标准建立和认证、器械的技术规范和操作规程的建立和执行、医药市场监管、经营资质的认定、药品价格确定，以及市场监管等。

5. 市民健康教育管理。城市卫生管理部门要通过专门的健康教育机构和大众传媒对广大市民进行健康教育，监督中小学健康教育课的开设、各级医院的门诊部及住院病区健康教育专栏的设置，以及社区和工作场所健康教育的开展等。

✴ 阅读材料

国家文化公园管理模式的国际经验借鉴——亚洲

"十三五"时期，我国在文化建设中首次提出了建设国家文化公园，国家文化公园将成为中华文化的重要标识。在国际上，国家公园体系日益完善：以日本、韩国为代表的亚洲综合管理型国家公园体系，在管理体制、财政体制、文化遗产保护机制方面作出了有益的探索。在这些完整的国家公园体系中，文化型的国家公园是其重要组成部分，且和其他类型的国家公园在统一管理下有相同的管理体制、财政体制，为我国国家文化公园的建设及管理提供了宝贵经验。

1. 管理体制——主体明确，责权明晰。日本以日光国立公园为代表的宗教和文化型国立公园、以富士箱根伊豆国立公园为代表的象征日本民族精神的文化型国立公园，对我国国家文化公园的建设具有启发意义。在日本完善的国立公园体系的统一管理下，管理机构的发展历程主线清晰：1927 年日本民间率先成立国立公园协会，两年后内务省国立公园委员会成立，推动自下而上的管理；1948 年日本厚生省单独设立了国立公园部，1964 年成立国立公园局，是兼管到专职的转换；1971 年国立公园管理权由厚生省等部门转移至环境省，实现了分散管理到综合管理的过渡。

韩国与我国地理相邻、人文相通，其以庆州国立公园为代表的依托历史遗迹的文化型国立公园的管理经验对我国国家文化公园的管理具有借鉴意义。为实现整个国家公园体系的高效管理，1986 年韩国政府制定了由国家直接管理各类型国立公园的管理体制，规定韩国国立公园管理公团是国立公园管理的主体，国立公园管理主体自此实现了统一。国立公园管理公团在法律规定的范围内对每个国立公园行使管理权，在管理决策方面基本不受地方政府和其他部门及经营企业的干预，在短时间内就实现了高效管理。

我国也应沿着这种发展趋势进行国家文化公园体制建设，尽快完善相关立法，使其得到统一、规范的管理。

2. 财政体制——政府主导,有效分配。日本及韩国包括文化型国立公园在内的整个国立公园体系实行统一的财政体制。

有力的政府资金投入推动了日本国立公园经济功能的淡化。日本禁止公园管理部门制定经济创收计划,为保证国立公园的正常运营,其资金保障主要来源于国家拨款和地方政府筹款。

充足的资金保障了韩国国立公园的建设和发展。韩国国立公园从 2007 年开始不收门票,政府每年安排 3 000 亿韩元(约合人民币 18 亿元)用于 21 个国立公园(汉拿山国立公园除外)的保护和管理工作,并且每年按照 0.1% 的比例增加。此外,为了解决国立公园私有土地的管理问题,从 2006 年开始将赎买国立公园内私有土地纳入政府预算。

为避免出现我国国家文化公园资金投入与需求不平衡的情况,应着重理顺国家文化公园财政体制,以统一、全面、高效的管理体制为基础,建立以"政府补贴为主导、其他社会投资为补充"的多层次国家文化公园财政体制。制定资金管理办法,确定各项资金的使用范围及方式,有效提高国家文化公园建设管理资金的使用效率,确保资金的合理分配。

3. 保护体制——遗产活化,全民参与。日本是亚洲最早建立国立公园的国家,其对文化遗产的保护可追溯到 19 世纪明治初年。

首先,提出了无形文化遗产理念,在 1950 年颁布的《文化财保护法》中创造性地将文化遗产采用二分法,即分为有形文化财和无形文化财;其次,重视非物质文化遗产的活化,在活化中保护,强调文化遗产保护工程中"人"的因素,制定了规范的登录制度、特殊的传承人保护机制,保护无形文化遗产的社区生活载体,如轰轰烈烈的造乡运动和造街运动,重视当地人的生活、重视当地环境保护的整体性;最后,注重培养全社会对文化遗产保护的共识。

借鉴日本对文化遗产保护的先进经验,在我国国家文化公园的管理中,应重视文化遗产的活化,保护重要的文化传承人;设立园区社区建设专项扶持资金,或建设符合当地特色的旅游项目,着力解决好居民生计问题。同时,也要持续不断地开展教育工作,帮助社区提高对国家文化公园的认知,充分发挥社区参与园区保护与管理的自主性,逐渐培养起全社会对文化遗产保护的共识,催生全民共识化的文化自觉时代的到来。

资料来源:邹统钎,常梦倩,赖梦丽.国家文化公园管理模式的国际经验借鉴 [N].中国旅游报,2019 - 11 - 5.

思考题

结合材料,分析日韩国家公共文化管理的特点,以及其对我国的启示有哪些。

本 章 小 结

　　城市公共事业是指面向全社会，以满足社会公共需要为基本目标，直接或间接为国民经济和社会生活提供服务或创造条件，并且不以营利为主要目的的社会活动。主要包括科技、教育、文化、医疗卫生等事业，每种公共事业都有其特定的目标，以及实现目标所特有的方式、方法和手段，有其各自特殊的运行规律。但是，每种公共事业都具有不同程度的公共性、非营利性、专业性、基础性等特点，其产品生产和服务供给的具体职责主要委托事业单位承担。政府不仅需要为教科文卫等事业单位建立一系列具有普遍适用性的人事、财务、设备、资产等管理制度，同时承担对事业单位的宏观行政管理。

关 键 名 词

公共事业管理　城市科技管理　城市教育管理　城市文化管理　城市医疗卫生管理

复习思考题

1. 简述城市公共事业管理的发展。
2. 什么是城市科技管理？其重要内容有哪些？
3. 什么是城市教育管理？负责城市教育管理的机构有哪些？
4. 什么是城市文化管理？其重要内容有哪些？
5. 什么是城市医疗卫生管理？
6. 简述城市医疗卫生管理机构及其职责。

第9章 城市环境管理

良好的城市生态环境是城市赖以生存和发展的基本条件，为城市的发展提供良好的空间，同时也为市民提供一个健康和安全的生活环境。通过本章学习，学生应了解城市环境的基本特征与主要功能，我国城市生态环境建设的举措，城市市容市貌管理涵盖的主要内容及城管执法队伍的管理重点和方向。

- 城市环境的概念与构成要素
- 城市环境的基本特征与功能
- 城市生态环境综合治理
- 城管执法队伍建设

公园城市

2018年初，习近平总书记在考察成都天府新区时提出，"天府新区要突出公园城市特点，把生态价值考虑进去，努力打造新的增长极，建设内陆开放经济高地。"习近平总书记描绘的成都公园城市蓝图，强调了生态价值的社会实现。把公园的生态价值上升到城市发展的生态动力，成为我国生态文明新时代和高质量发展新阶段的重要战略构想。

以"公园"立意城市发展的价值取向更似一种愿景，常态化的诗意栖居、共享式的创新集聚、融合性的人文景域、活力型的城市形态，价值到动力的转化，不仅打破了"城市公园"的发展域限，超越"生态城市"的系统观念，更重要的是在人与自然能动、融合、共生中实现公园化城市的社会理想。因此，以生态文明为引领，探索推动生态价值的创造性转化，成为公园城市生态营城新模式实现的关键。

生态价值与人文关怀同向互动的公园城市建设，无疑是后现代性主导下的理性回归。从依附利用的原始文明向农业文明的转换，到改造并征服的农业文明向工业文明转折，再到反思与恢复的工业文明向生态文明的转变，人类社会系统与自然生态系统关系演进中的生态价值观嬗变正是人类从底线要求到美好生活期待的追求升级。逐渐认可并借以价格形式体现的生态价值，开始从根本上突破经济发展与保护环境之间的对立，成为发展的新"增长极"。

资料来源：唐柳，周璇. 推进公园城市生态价值转化 [N]. 成都日报，2019 - 7 - 10.

9.1 城市环境管理概述

环境问题是当今世界各国面临的重大问题，保护环境、实现"可持续发展"成为当今世界的时代潮流。城市环境的优劣，在很大程度上影响着一个城市的建设和发展进程，影响着城市的形象和综合竞争力，事关城市的发展速度和兴衰成败。环境在城市经济社会发展中的地位越来越重要，环境管理也成为城市管理中的一项重要内容。

9.1.1 城市环境的概念与构成要素

城市环境是指城市中与市民的活动存在着互动关系的各种自然的或者人工的外部条件和因素的总和，包括自然环境和人工环境。狭义的城市环境主要是指自然环境，即生态环境，是指对城市居民的生产、生活能够产生直接和间接影响的一切自然物的总体，它是人类赖以生存和发展不可或缺的条件。广义的城市环境除了自然环境外还包括人工环境。人工环境是指人类为了改善自身的生存状态、提高物质文化生活水平，对自然因素进行改造所形成的环境，主要包括社会环境、经济环境以及景观环境等。城市自然环境是构成城市环境的基础，它为城市这一物质实体提供了一定的空间区域，是城市赖以存在的地域条件；城市人工环境是实现现实城市各种功能所必需的物质基础设施。没有城市人工环境，城市与其他人类聚居区形式的差别将无法显现，城市本身的运行也将受到抑制。

根据城市环境的定义，城市环境的构成要素可以归纳为城市物理环境、城市社会环境、城市经济环境、城市景观环境。

1. 城市物理环境。城市的物理环境包括自然环境（阳光、大气、气候、生物、水文、植物、动物和其他资源、能源等）和人工环境（房屋、道路、管线、基础设施、废弃物、噪声等）。自然环境是构成城市环境的基础，它提供了一定的空间区域，是城市环境赖以生存的地域条件，而人工环境是实现城市各项功能所必需的物质基础设施。

2. 城市社会环境。城市社会环境体现了城市这一区域为满足人类在城市中各类活动所提供的条件，由经济、政治、文化、历史、人口、民族、行为等基本要素构成；包括人口分布与结构、社会服务、文化娱乐、社会组织等。

3. 城市经济环境。城市经济环境是城市生产功能的集中表现，反映了城市经济发展的条件和潜势，包括物理资源、经济基础、科技水平、市场、商业、交通、金融及投资环境等。

4. 城市景观环境。城市景观环境是指城市形象、城市气质和韵味的外在表现和反映，包括自然景观、人文景观、建筑特色、文化古迹等。

9.1.2 城市环境的基本特征与功能

1. 城市环境的基本特征。

（1）城市环境具有非排他性。环境作为一种公共物品，具有非排他性。城市环境的非排他性是指环境物品一旦生产出来，就不能排除社会中任何人免费享受其所带来的收益。以空气污染为例，不但污染的制造者具有公共性，污染的受害者也具有公共性，污染的密度和强度不因部分人的消费而减轻对他人的作用。这一特征决定了城市环境这种公共物品无法通过等价交换的机制在供应者和消费者之间建立联系，如果采用市场资源配置的方式进行环境供应，势必导致市场失灵现象发生，这就是在城市经济运行中产生城市环境污染问题的根本原因。

（2）城市环境具有开放性。城市环境是一个具有高度开放性的环境系统。每一个城市都在不断地与周边地区和其他城市进行着大量的物质、能量和信息交换，输入原材料、能源，输出产品和废弃物。因此，城市环境的状况，不仅是自身原有基础的演化，而且深受周边地区和其他城市的影响，城市的自然环境与周边地区的自然环境本来就是一个无法分割的统一的自然生态系统。城市环境的开放性，既是其显著的特征之一，也是保证城市社会经济活动持续进行的必不可少的条件。

（3）城市环境具有脆弱性。由于城市环境是高度人工化的环境，受到人类活动的强烈影响，自然调节能力弱，主要靠人工活动进行调节，而人类活动具备太多的不确定因素，因此城市越是现代化、功能越复杂，系统内外和系统内部各要素之间的相关性和依赖性就越强，一旦有一个环节出现问题，将会使整个环境系统失去平衡。如当城市供电系统发生故障，将会对工厂、交通、商业、居民生活等产生重大影响。可以说，在现代社会，城市中的任何主要环节出了问题且不能及时解决，都可能导致城市运转失常，甚至瘫痪。城市环境对外部资源的依存性以及城市环境本身的易变性决定城市环境系统具有相当的脆弱性。城市环境越是远离自然状态，其自律性就越差，越显脆弱性。

（4）城市环境污染具有复合性。城市的特点是人口密集，工业高度集中。它每时每刻都进行大量的物质流动和转化加工，包括各类原料、产成品、日用品和废弃物，同时消耗大量的能源，如煤、油、电等。城市内部的分工越来越细，各系统功能日益复杂，一旦有某一环节失效或比例失调，都会造成污染物的流失。特别是在工业、交通职能日益增加的情况下，城市环境的污染性质已由过去单一的生活性污染变成工业、交通多源性污染，污染物繁杂，而且各种污染物的联合作用，加重了城市环境问题的复杂性。

（5）城市环境有人工化特征。城市环境是经过人类充分改造的人工环境系统，人在城市环境中起着决定性的作用，使其原有的自然生态系统组成和结构发生了巨大的变化。城市人口集中、经济活动频繁，对自然环境的改造力强、影响力大。这种影响又会受到自然规律的制约，导致一系列城市环境问题，例如城市热岛效应、城市大气污染、地下水污染等。

2. 城市环境的功能。

（1）有利于提高城市居民的生活质量和生活水平。城市环境的功能是由城市环境的基本特征所决定的。自然生态环境是城市发展的基础。良好的市容环境，从它为城市提供优美的人居环境和良好的投资环境来说，其本身就是一种资源。城市环境为城市人群提供便利的工作、学习、居住、游乐、出行场所和设施，为发达的第二、第三产业提供活动和发展空间。从城市人居环境的角度来看，舒适的市容环境和城市设施可以满足高质量生活的追求，增强城市的凝聚力，使人们安居于本城。而污染严重、交通拥挤、脏乱差的市容环境则会令人厌倦，危机人民的生存条件和健康。

（2）通过加强环保工作，可以避免资源浪费，促进城市经济的可持续发展。新时期背景下，虽然人类已经推动科技有了跨越性的发展，然而在经济发展方面始终将资源作为重要前提，最常见的就是金属、木材和煤矿等，但由于以上资源的有限性，若无法对其展开科学化的管理与控制，那么城市的发展也必然会缺少了可持续发展的保障。

（3）环境保护有利于为城市建设的可持续发展增强后劲。城市建设和城市发展都要利用或占用土地资源、水资源等，可持续发展要求人们改变粗放型的城市建设模式，提高资源利用效率，就必须搞好城市环境综合整治，确保城市环境和城市建设的同步发展。

9.1.3　我国城市环境管理的模式与制度

1. 城市环境管理的含义。严格地说，"环境管理"是一个处于不断变化、发展中的概念。20 世纪 70 年代以前，人们还把环境管理仅仅看作是以技术措施来处理由生产发展带来的污染问题。1972 年斯德哥尔摩第一次"人类环境会议"后，越来越多的国家开始认识到环境管理不仅是一个技术问题，而且是一个复杂的、综合性的社会问题和经济问题。城市是人与环境结合起来的空间地域系统，其中，人是主导的方面，所以城市环境管理的实质是对人类活动施加影响，使人类对环境资源进行合理利用，以达到既使人类的一切基本需要得到满足，又不超过生态系统的容纳极限，并使城市生活质量不断提高。

结合我国的实际情况，我们认为，所谓城市环境管理，是指城市政府顺应经济规律和生态规律的要求，运用经济、行政、法规和教育及大众传媒等手段，通过全面系统的规划，对城市中的各类组织和个人的社会生活进行监控调节，使城市的经济、社会活动与生态环境协调发展，最终实现可持续发展。

2. 我国城市管理模式。《中国 21 世纪议程》指出，我国可持续发展城市的目标是：建设成布局合理、配套设施齐全，有利于工作，方便生活，住区环境清洁、优美、安静，居住条件舒适的城市。城市环境保护一直是我国环境保护工作的重点，政府采取了一系列政策、措施来治理污染，改善城市环境质量。经过多年的实践探索，我国在防治城市环境污染、改善城市环境质量方面，形成了一套具有中国特色的城市环境管理模式。主要内容有以下几点。

（1）环境保护目标责任制。该制度是城市环境保护设施综合决策的基础。环境保护目标责任制是以法律形式确立的环境保护制度，《中华人民共和国环境保护法》明确规定："地方各级人民政府，应当对本辖区的环境质量负责，采取措施改善环境质量"。这样规定的具体实施方式就是环境保护目标责任制。它是以签订责任书的形式，具体规定各级行政官员在任期内的环境目标和任务，并作为对其进行考核的内容之一。

（2）城市环境综合整治。城市环境综合整治是我国城市环境管理的一项重要政策。它是指在城市政府的统一领导下，通过法制、经济、行政和技术等手段达到保护和改善城市环境的目的。城市环境综合整治提高了城市环境保护在城市综合行政管理中的地位。我国地方环境保护机构隶属于地方政府，除业务活动上受生态环境部指导外，更多地受地方政府领导。而城市环境综合整治政策特别强调政府在城市环境保护中的领导和协调作用，规定了市长对城市环境治理负有责任，提高了城市环境保护在城市综合行政管理中的地位。

（3）城市环境综合整治定量考核。为了促进城市环境综合整治政策的贯彻落实，提高城市环境综合整治的水平，国家环保总局于 1989 年开始在全国重点城市实施城市环境综合整治定量考核制度，从而实现了城市环境管理工作由定性管理向定量管理的转变。

城市环境综合整治定量考核是以量化的环境治理、污染防治和城市建设的指标体系综合评价一定时期内城市政府在城市环境综合整治方面的工作进展情况，激发城市政府开展城市环境综合整治的积极性，促进城市环境管理制度的改善。城市环境综合整治定量考核的对象是城市政府和市长，考核范围是城市区域，内容涉及城市环境治理、城市污染防治、城市基础设施技术和城市环境管理四个方面。

（4）创建环境保护模范城市。1996 年在城市环境综合整治及定量考核政策的基础上，国家环保总局在全国开展了创建环境保护模范城市的活动，它实际上也是一项城市环境保护政策。国家环保总局研究制定了环境保护模范城市评价指标，它涉及城市社会经济、城市基础设施建设、城市环境治理及城市环境管理等内容。其目的是引导城市政府在城市经济高速发展的同时，走可持续发展道路，不断改善城市环境，建设生态型城市。

3. 我国城市环境管理制度。城市环境管理制度是关于城市环境管理的一系列规范和约束规则的总称。城市环境管理制度的目的在于通过特定的标准、法律法规及相应的制裁措施，限制经济活动主体可选择范围的边界，使内部成本外部化的代价高昂，从而限制其部分选择活动的进行；同时通过一整套的经济扶持政策，扩大经济活动主体可选择范围的边界，使提供正外部效益成为营利性的活动，从而实现经济主体微观经济效益和社会宏观经济效益的统一。我国城市环境管理的基本制度是由国家环境保护法及其他有关的专门法律、行政法规等予以规定的，其主要内容包括下面几点。

（1）排污管理制度。排污管理制度是对企业单位无论何种原因需要排放污染物数量和结构的强制性规定，具体内容包括：排污申报登记和排污许可证制度；超标排污收费制度；现场检查排污制度；污染物排放标准制度。

（2）环境影响评价（"环评"）制度。环境影响评价（"环评"）制度是指在进行建设活动之前，对建设项目的选址、设计和建成投产使用后可能对周围环境产生的不良影响进行调查、预测和评定，提出防治措施，并按照法定程度进行报批的法律制度。它是实现经济建设、城乡建设和环境建设同步发展的主要法律手段。建设项目不仅要进行经济评价，还要进行环境影响评价。通过环评，可以为建设项目合理选择提供依据，防止由于布局不合理给环境带来难以消除的损害；可以调查清楚周围环境的现状，预测建设项目环境影响的范围、程序和趋势，提出有针对性的环境保护措施；还可以为建设项目的环境管理提供科学依据。

（3）"三同时"制度。"三同时"制度是指一切新建、改建或扩建的项目、技术改造项目、自然开发项目，以及可能对环境造成损害的其他工程项目，其中的防治污染设施，必须与主体工程同时设计、同时施工、同时投产使用。这是我国实行预防为主、防止新污染源产生的一项重要制度。

（4）限期治理污染源制度。限期治理污染源制度是对现已存在危害环境的污染源，由法定机关作出决定强令其在规定期限内完成治理任务并达到规定要求的制度。限期治理的决定权由县级以上人民政府作出，其中，噪声污染防治法对于小型企事业单位的限制治理决定权作出了变通规定，可以由县级以上人民政府授权其环境保护行政主管部门决定。限期治理的范围可分为：区域性治理，是针对污染严重的某一区域、某个水域的限制治理；行业性限期治理，是针对某个行业某项污染物的行业性限期治理；企业限期治理，是针对某个企业的排污超标情况进行限期治理。

（5）污染赔偿制度。《中华人民共和国环境保护法》第四十一条规定，造成环境污染的，有责任排除危害，并对直接受到损害的单位或者个人赔偿损失。赔偿责任和赔偿金额的纠纷，可以根据当事人的请求，由环境保护行政主管部门或者其他依照法律规定行使环境监督管理权的部门处理，当事人对处理决定不服的，可以向人民法院起诉。当事人也可以直接向人民法院起诉。

（6）城市空气质量报告制度。从 1997 年 6 月 5 日，首先在包括北京、上海、重庆、大连、厦门在内的 13 个重点城市开始发布城市空气污染周报。2000 年新修改的《中华人民共和国大气污染防治法》中，明确规定了重点城市要发布空气质量周报的要求，并鼓励有条件的城市逐步开展空气质量日报和预防工作。2000 年 6 月 5 日开始，我国环境监测总站在中央电视台和各大报纸发布全国 40 个重点城市的空气质量日报。一些有条件的城市，如大连、厦门等城市，已经于 1999 年开始进行空气质量预报，每天通过各种媒体向公众发布未来 24 小时内空气质量预报。空气质量报告制度的开展，对提高公众环境保护意识、加强环境监督、改善城市环境起到了积极的作用。

除了上述环境保护制度之外，还有污染集中控制制度、环境监测制度、环境质量标准制度等。

9.2　城市环境问题及治理

9.2.1　城市环境问题

城市是特定意义的生态，是人类与环境在这一特定空间地域的有机集合和对立统一。人类通过活动影响和改造自然的程度、范围和能力，受到社会生产力发展水平、自然规律和城市自身发展规律的制约。遵循着这些规律，人类与环境才能协调发展、相互促进，保持生态平衡；否则，两者就会发生矛盾和冲突，导致环境问题。这里所说的城市环境问题，是指由于人类在城市生产生活造成了对环境的污染和对生态的破坏，使城市环境的结构和功能发生变化，这些变化反过来又影响到了城市的生存与发展。

现代城市的发展与工业化进程密切相连，而工业化进程则使得环境问题凸显出来，可以说，环境问题与现代城市的发展相伴而生。工业化国家城市环境问题大体上与其相应的手工业、近代工业革命和现代化大生产同步。产业革命和现代化大生产促进了工商业、科学技术的发展，同时也带动了城镇化的进程。在此过程中，工业和人口大量涌向城市，城市生态系统发生不良变化，出现了所谓的"城市环境综合征"，城市中的大气、水体、土壤等均遭到污染，这不仅给城市建设带来巨大压力，而且会造成严重的社会问题。

9.2.2　城市环境污染及其防治

城市环境污染是城市环境问题的主要表现形式，一般特指由于城市中人类的活动所产生的大量有害物质对城市生态环境的破坏，严重影响了环境的机能，超出了环境系统的自我净化能力，从而使城市的生态系统遭到扰乱和破坏。一切无法再生或无法取代的资源的滥用以及由于固体废物、噪声、地面沉降和景观破坏等所造成的对城市环境和人类的损害，都被称为城市环境污染。

1. 现代城市环境污染的特点。

（1）污染范围的广泛性。这包含了两个方面的含义：一是环境污染带有国际性或全球性，全世界几乎每个国家、每个城市都面临环境污染的问题。二是环境污染具有跨地域性。有些环境污染如酸雨，本身就带有跨地域的特征；而另一些受污染的自然环境因素，如大气、海洋等，虽然常常是发生在一个地区，但会流动到其他地区。

（2）污染内容的复杂性。由于城市中人类活动的范围涉及了城市的方方面面，城市生态环境中的各个要素，包括大气、水域、土壤、植被等都不同程度地受到污染。同时，许多现代技术和生产工具在使用过程中带来的污染往往是多方面的，而不是单一的。

（3）污染影响的深远性。人类所依赖的自然环境或"生态圈"是一个庞大的系统，这个系统本身有其特有的平衡，而已有迹象表明，受到近现代人类活动加剧的影响，人的活动及其带来的污染正在破坏生态系统的平衡。由于污染物质形状的变化是一个较长期的过程，因而自然环境的绝大多数因素在被污染后，都会对城市生态环境造成长期影响。

（4）污染危害的严重性。现代城市环境污染的一个现象是某些污染物看不见、闻不到，不容易被人发现，但危害却十分严重。同时，现代城市往往是人口密度高，城市生产、生活所引起的污染强度很大，这也是造成现代城市污染危害严重的一个重要原因。

2. 城市环境污染的治理。城市环境污染的治理需要从整体出发对城市环境污染问题进行综合分析，在环境质量评价、制定环境质量标准、拟订城市环境规划的基础上，采取防、治结合，人工处理和自然净化结合等措施，以技术、经济、法制等手段，制定防治污染的最佳方案，以控制和改善环境质量。

（1）城市水污染治理。水污染是指天然的洁净水由于人类活动而被污染的现象，城市中水污染的主要来源是生活污染和工业废水。城市中水体的污染将会直接危害到人体的健康，制约工业的发展，并会加速生态环境的退化。城市水污染的综合防治是综合运用各种手段来防治水体的污染，它是人工处理和自然净化、无害化处理和综合利用、工业循环用水和区域循环用水、中水回用、无废水生产工艺等措施的综合运用。

（2）城市大气污染治理。习惯上的认为大气污染是空气中的污染物达到一定浓度，并持续足够的时间，从而对公众健康、动植物、大气特性或环境的优良性等产生了可以测量的不利影响。现在，大气污染的含义已有了很大的延伸，人类活动导致大气中某些组成成分发生变化、产生危害，大量能量释放进入大气引起不良影响等都属于大气污染的范畴。最为典型的大气污染主要有煤烟型污染、酸沉降和光化学烟雾污染。大气污染不仅对人体健康危害严重，而且对植物、室外材料及气候环境都会产生十分不利的影响。大气污染综合防治的主要措施有：通过提高能源效率和节能、推广洁净煤技术、集中供热以及开发清洁能源和可再生能源等方法，降低污染物排放量；控制机动车尾气污染；发展植物净化等。

（3）城市固体废物污染防治与综合治理。城市固体废物是在城市的生产、生活过程中产生的，主要可分为生活垃圾、工业固体废物和有害废物（泛指除放射性废物以外，具有毒性、易燃性、腐蚀性、爆炸性，因而可能对人类生活环境产生危害的废物）三种。城市固体废物往往集终态与污染源头为一体，具有潜在性、长期性和灾难性的特点，占用了大量的土地资源，对城市的大气环境、水污染、土壤环境和卫生景观都造成了严重的影响。一般而言，对固体废物污染的治理，依其类别的不同而有所不同。

第一，对工业固体废物的综合利用。由于大多数工业废物经过一定的工艺处理后，可成为工业原料或能源，较废水、废气易于实现再生资源化，因而在整个工业体系中，通过合理的工业生产链发展企业间的横向联系，就可促进固体废物重新进入生产循环系统。

第二，对有害固体废物的科学处理。对有害废物的处理主要通过焚化法、化学处理法和生物处理法来进行；若要存放，则须在预先进行地质和水文调查的基础上采取掩埋的方法。

第三，对城市垃圾的治理。城市垃圾治理的目标是"无害化、减量化和资源化"，一般通过制定城市垃圾的收集和输送计划、制定城市垃圾处理计划和城市垃圾综合利用三个步骤来进行。其中城市垃圾的综合利用主要包括垃圾的分选、回收转化以及热能回收等过程。

（4）城市噪声污染防治。随着城市工业、交通的飞速发展，噪声已成为一种重要的环境公害，其主要来源为交通运输、工业生产、建筑施工和日常生活。对城市噪声污染的综合治理可从以下两个方面着手：

第一，对噪声源的控制。主要措施有：改进设备结构、提高部件加工精度和装配质量、采用合理的操作方法来降低生源的噪声发射功率；采用吸声、隔声、减振、隔振等措施以及安装消声器来控制声源的噪声辐射。

第二，对传声途径的控制。主要措施有：增大声源距接受者的距离；控制噪声的传播方向；建立隔声屏障或利用天然屏障；在城市建设中采用合理的防噪声规划以及应用吸声材料或吸声结构，使声能转化为热能。

9.3 城市生态环境建设

9.3.1 推行清洁生产

1. 清洁生产的定义。清洁生产在不同的发展阶段或者不同的国家有不同的叫法，例如"废物减量化""无废工艺""污染预防"等。

联合国环境规划署工业与环境规划中心（UNEPIE/PAC）表征从原料、生产工艺到产品使用全过程的广义的污染防治途径，认为清洁生产是一种新的创造性的思想，该思想将整体预防的环境战略持续应用于生产过程、产品和服务中，以增加生态效率和减少人类及环境的风险。对生产过程，要求节约原材料与能源，淘汰有毒原材料，减降所有废弃物的数量与毒性；对产品，要求减少从原材料提炼到产品最终处置的全生命周期的不利影响；对服务，要求将环境因素纳入设计与所提供的服务中。

在美国，清洁生产又称"污染预防"或"废物最小量化"。废物最小量化是美国清洁生产的初期表述，后用"污染预防"一词代替。美国对污染预防的定义为：污染预防是在可能的最大限度内减少生产厂地所产生的废物量，它包括通过源削减（源削减：在进行再生利用、处理和处置以前，减少流入或释放到环境中的任何有害物质、污染物或污染成分的数量；减少与这些有害物质、污染物或组分相关的对公共健康与环境的危害）、提高能源效率、在生产中重复使用投入的原料以及降低水消耗量来合理利用资源。人们常用的两种源削减方法是改变产品和改进工艺（包括设备与技术更新、工艺与流程更新、产品的重组与设计更新、原材料的替代以及促进生产的科学管理、维护、培训或仓储控制）。污染预防不包括废物的厂外再生利用、废物处理、废物的浓缩或稀释以及减少其体积或有害性、毒性成分从一种环境介质转移到另一种环境介质中的活动。

《中国 21 世纪议程》中对清洁生产的定义为"清洁生产是指既可满足人们的需要又可合理使用自然资源和能源并保护环境的实用生产方法和措施，其实质是一种物料和能耗最少的人类生产活动的规划和管理，将废物减量化、资源化和无害化，或消灭于生产过程之中。同时对人体和环境无害的绿色产品的生产亦将随着可持续发展进程的深入而日益成为今后产品生产的主导方向。"

以上诸多定义虽然表述方式不同，但内涵是一致的。从清洁生产的定义可以看出，实施清洁生产体现四个方面的原则。

（1）减量化原则，即资源消耗最少、污染物产生和排放最小；

（2）资源化原则，即"三废"最大限度地转化为产品；

（3）再利用原则，即将生产和流通中产生的废弃物，作为再生资源充分回收利用；

（4）无害化原则，尽最大可能减少有害原料的使用以及有害物质的产生和排放。

值得注意的是，清洁生产只是一个相对的概念，所谓清洁生产的工艺、产品以及能源都是与现有的工艺、产品、能源相比较而言，因此，清洁生产是一个持续生产、创新的过程，而不是一个用某特定标准衡量的目标。

2. 清洁生产的内容。清洁生产的内容，可归纳为"三清一控制"，即清洁的原料与能源、清洁的生产过程、清洁的产品，以及贯穿于清洁生产的全过程控制。

（1）清洁的原料与能源——清洁的原料与能源是指在产品生产中能被充分利用而极少产生废物和污染的原材料和能源。为此：①少用或不用有毒、有害及稀缺原料，选用品位高的较纯洁的原材料；②常规能源的清洁利用，如何用清洁煤技术，逐步提高液体燃料、天然气的使用比例；③新能源的开发，如太阳能、生物能、风能、潮汐能、地热能的开发利用；④各种节能技术和措施等，如在能耗大的化工行业采用热电联产技术，提高能源利用率。

（2）清洁的生产过程——生产过程就是物料加工和转换的过程，清洁的生产过程，要求选用一定的技术工艺，将废物减量化、资源化、无害化，直至将废物消灭在生产过程之中。废物减量化，就是要改善生产技术、工艺和设备，以提高原料利用率，使原材料尽可能转化为产品，从而使废物达到最小量；废物资源化，就是将生产环节中的废物综合利用，转化为进一步生产的资源，变废为宝；废物无害化，就是减少或消除将要离开生产过程的废物的毒性，使之不危害环境和人类。

（3）清洁的产品。清洁的产品是指有利于资源的有效利用，在生产、使用和处置的全过程中不产生有害影响的产品。清洁产品又叫绿色产品、可持续产品等。

为使产品有利于资源的有效利用，产品的设计工艺应使产品功能性强，既满足人们需要又省料耐用。为此应遵循三个原则：精简零件、容易拆卸；稍经整修即可重复作用；经过改进能够实现创新。

为使产品避免危害人和环境，在设计产品时应遵循下列三项原则：产品生产周期的环境影响最小，争取实现零排放；产品对生产人员和消费者无害；最终废弃物易于分解成无害物。

（4）全过程控制。贯穿于清洁生产中的全过程控制，包括两方面的内容，即生产原料或物料转化的全过程控制和生产组织的全过程控制。

生产原料或物料转化的全过程控制（产品生命周期的全过程控制）是指从原料的加工、提炼到生产出产品、产品的使用直至报废处置的各个环节所采取的必要的污染预防控制措施。

生产组织的全过程控制（工业生产的全过程控制），是指从产品的开发规划、设计、建设到运营管理，所采取的防止污染发生的必要措施。

3. 清洁生产的意义。

首先，清洁生产体现的是以预防为主的环境战略。传统的末端治理与生产过程相脱节，先污染，再去治理，这是发达国家曾经走过的道路；清洁生产要求从产品设计开始，到选择原料、工艺路线和设备，以及废物利用、运行管理的各个环节，通过不断地加强管理和技术进步，提高资源利用率，减少乃至消除污染物的产生，体现了预防为主的思想。

其次，清洁生产体现的是集约型增长方式。清洁生产要求改变以牺牲环境为代价的、传统的粗放型经济发展模式，走内涵发展道路。要实现这一目标，企业必须大力调整产品结构，革新生产工艺，优化生产过程，提高技术装备水平，加强科学管理，提高人员素质，实现节能、降耗、减污、增效，合理、高效配置资源，最大限度地提高资源利用率。

最后，清洁生产体现了环境效益与经济效益的统一。传统的末端治理，投入多、运行成本高、治理难度大，只有环境效益，没有经济效益；清洁生产强调从源头抓起，着眼于全过程控制。不仅尽可能地提高资源能源利用率和原材料转化率，减少对资源的消耗和浪费，从而保障资源的永续利用，而且通过清洁生产，把污染消除在生产过程中，可以尽可能地减少污染物的产生量和排放量，大大减少对人类的危害对环境的污染，改善环境质量。实现了环境效益与经济效益的统一，体现了可持续发展的要求。

9.3.2　建立城市循环经济

大规模工业化和城镇化进程的加速，带来城市人类文明的同时，也造成了城市生态的极度破坏。城市是资源消耗和废弃物产生的密集区，据联合国环境署统计，全球一半以上的人口居住在城市，城市人口消费全球75%的自然资源，并产生全球75%的垃圾。

因此，城市应该成为发展循环经济的先行地区和重点地区。而积极地探索城市循环经济发展模式，对于全面推进城市循环经济建设，具有重要的意义。

1. 循环经济的定义。所谓循环经济，也称资源循环经济，就是在人类生产活动过程中，控制废弃物的产生、排放，建立起反复利用自然资源的循环机制，把清洁生产和废弃物的综合利用融为一体。其本质上是一种生态经济，它要求运用生态学规律指导人类社会的经济活动，按照自然生态系统物质循环和能量流动规律重构经济系统，使经济系统和谐地融入自然生态系统的物质循环过程中，实现经济活动的生态化转向。循环经济是以物质、能量梯次和闭路循环使用为特征的。相对而言，传统经济是以"资源产品——废弃物——污染物排放"单向流动为基本特征的线性发展模式，表现为资源的高消耗、高污染、低利用；循环经济是以"资源——产品——再生资源——产品"双向流动为特征的闭合发展模式，表现为资源的低消耗、低污染、高利用和高循环率，是符合可持续发展原则的经济发展模式。

2. 建立城市循环经济的基本原则。循环经济是可持续发展的高级阶段，其基本原则体现为"减量化（reduce）、再使用（reuse）、再循环（recycle）"，即 3R 原则。

（1）减量化原则（reduce）是输入端原则，即减少进入生产和消费流程的物质量，因此减量化又称减物质化，要求用较少的原料和能源投入达到既定的生产目的或消费目的，在经济活动的源头就注意节约资源和减少污染。在生产中，减量化原则常常表现为要求产品体积小型化和产品重量轻型化。此外，要求产品包装简单朴实而不是豪华浪费，从而达到减少废弃物排放的目的。

（2）再使用原则（reuse）属于过程性原则，要求尽可能多地以多种方式使用物品，例如产品和包装容器能够以初始的形式被多次使用，而不是用过一次就扔掉。通过再利用，人们可以防止物品过早成为垃圾，还可以抵制当今世界一次性用品的泛滥带给环境的灾难性破坏。生产者应该将制品及其包装当作一种日常生活器具来设计，使其可以再次使用。再使用原则还要求生产厂商尽量延长产品的使用周期，而不是过于频繁地更新换代。

（3）再循环原则（recycle）是输出端原则，要求生产出来的产品在完成其使用功能后能重新变成可以利用的资源而不是无用的垃圾。目前有两种不同的再循环方式：一是原级再循环，即将消费者遗弃的废弃物资源化后形成与原来相同的新产品（如报纸变成报纸、铝罐变成铝罐等），原级再循环在形成产品中可以减少 20% ~ 90% 的原生材料使用量[1]；二是次级再循环，即将废弃物变成不同类型的新产品（木筷变纸张、铁盒变钢材等），次级再循环减少的原生物质使用量不会低于 25%。[1]很显然，通过再使用和再循环原则的实施，反过来强化了减量化原则的实施。

3. 我国城市循环经济体系建设的措施。

首先，要有符合循环经济的设计，把经济效益、社会效益和环境效益统一起来，充分注意到使物质循环利用，做到物尽其用。在产品设计中，尽量采用标准设计，使一些

---

① 诸大建. 从可持续发展到循环型经济 [J]. 世界环境，2000（3）：6–12.

装备便捷地更新换代，而不必整机报废。在产品使用生命周期结束以后，也利于拆卸和综合利用；同时，在产品设计中要尽量使之不产生或减少产生对人体健康和环境的危害影响；不使用或尽可能少使用有毒有害的原料。

其次，依靠科技进步，积极采用无害或低害新工艺、新技术，大力降低原材料和能源的消耗，实现少投入、高产出、低污染，尽可能把对环境污染物的排放消除在生产过程之中。德国在 GDP 增长两倍多的情况下，主要污染物减少了近 75%，取得了经济效益和环境效益"双赢"的结果。[①]

再其次，资源的综合利用，使废弃物资源化、减量化和无害化，把有害环境的废弃物减少到最低限度，这是循环经济的一条重要原则和重要标志。工业生态园是推行循环经济的一种好方式，这种方式模仿自然生态系统，使资源和能源在这个工业系统中循环使用，上家的废料成为下家的原料和动力，尽可能把各种资源都充分利用起来，做到资源共享、各得其利、共同发展。近年来我国城市地区纷纷出现的"工业开发区或高新技术开发区"中，已有工业生态园的一些考虑：离开市中心区，实行集中式供热、污水处理和垃圾处置，园区的绿地占有很大的比例等。但是，对资源的循环利用则很少顾及。如果在这个基础上再前进一步，距这种工业生态园就不远了。

最后，科学和严格的管理。循环经济是一种新型的、先进的经济形态。但是不能设想仅靠先进的技术就能推行这种经济形态，它是一门集经济、技术和社会于一体的系统工程，科学的和严格的管理是做好循环经济的重要条件。因此，需要建立一套完备的办事规则和操作规程，并且有监督其实施的管理机制和能力。从清洁生产角度来看，国内外的调查证实，工业污染物排放的 30%～40% 是管理不善造成的。就是说，只要加强管理，不需要花费很多的钱，便可获得削减物料和污染物的明显效果。

从对循环经济的上述分析来看，它对我国城市发展也是完全适用的。实际上，循环经济思想和战略一个很重要的渊源就是生态城市。因此，可以本着上述循环经济的思想和战略，来制定和指导我国城市发展的战略和政策。

9.3.3　城市环境的综合治理

城市环境综合治理是在党和政府的领导下，强化政府环保部门的职权，依靠政府其他部门的分工配合，运用各种手段，组织和监督各单位和市民，从各方面共同努力、综合防治环境污染的管理过程。它是一项复杂的系统工程，它关系到城市经济和社会发展的各个方面。从城市环境管理的角度出发，应当努力做好以下几方面的工作。

第一，把环境保护纳入城市建设总体规划。推进城市现代化进程，应同步规划和实施城市发展建设规划和城市环境综合整治规划。通过城市公共基础设施的建设，提高城市环境保护设施水平；通过园林绿化建设、整治城市水系及旧城改造等途径，改善城市

① 孙鸿烈，横山长之. 清洁生产与持续发展 [J]. 中国科学院院刊，1995（4）：311–315.

环境，提高环境的自净能力，促进城市生态系统的良性循环。

第二，改革城市环境管理体制，强化环境管理。目前我国城市环境管理存在政出多门、重复决策等问题，造成重复管理和环境管理真空同时并存现象，为此，需要通过体制改革采取措施进行统一规划、协调和管理。作为城市环境管理的职能机构，负有制定技术政策、行政法规的职责，要通过行政的、法律的和经济的手段，促进城市环境的综合整治。

第三，广开渠道，解决城市环境综合治理的资金来源问题。城市环境治理的投入成本随着城市经济发展在逐渐加大，除了城市预算外，应从经营城市的策略出发，制定城市公共政策，广泛利用城市社会资金，以加快城市环境保护设施的建设。对城市环境综合整治与建设项目，要实行优惠扶持政策，例如，减免税收、给予补助金和奖励等。城市的建设维护税、排污收费等要做到专款专用。同时要合理进行社会集资，本着"取之于城市，用之于城市"的原则，发动受益单位支持城市环境的综合治理工作。

第四，加强政府对城市环境综合治理的领导。城市环境保护部门要会同城市计划、经济、城建等部门，协助城市主要负责人做好城市环境综合治理计划，按照各自主管的业务，做好组织协调工作。要加强环境保护的宣传教育工作，提高城市居民对环境保护工作的认识，动员广大群众积极参与城市环境的管理与监督。

9.3.4　运用科学技术手段保护城市环境

工业革命在创造了无与伦比的物质财富的同时，也使我们付出了沉痛的环境代价，先后爆发了八大环境公害，向人类社会敲响了保护环境的警钟。历史的经验告诉我们，谁抢占了技术创新的制高点，谁就在环境保护的历史性转变中掌握了主动权。严峻的现实告诉我们，那种依靠高投入、高消耗、高污染的老路绝不能再走下去了。从环境保护来看，重大环境科技的突破，总会带来环境保护某一领域的跨越发展。环境治理需要技术进步，环境管理需要科技支撑，解决结构型、复合型和压缩型环境问题更离不开科技创新。目前，我国面临着生产生活污染叠加，点、线、面源污染共存，新旧污染物交织，水气土污染相互影响的复杂态势，这是发达国家工业化过程中从未遇到的环境难题，我们必须通过原始创新、集成创新，在引进先进技术基础上的消化吸收再创新，不断提高科学技术对环境保护的支撑能力，努力解决这些环境难题。

20 世纪以来国家高度重视运用科技手段来保护城市环境。温家宝同志在第六次全国环保大会上明确指出："加强环境保护，必须依靠科技创新。国家中长期科学和技术发展规划，已经把环境保护相关技术列入优先领域。要把自主创新和引进消化吸收结合起来，集中力量组织攻关，力争在环保关键技术、共性技术方面取得突破，切实提高我国环境保护的科技含量。"《国务院关于落实科学发展观加强环境保护的决定》中强调"依靠科技，创新机制。大力发展环境科学技术，以技术创新促进环境问题的解决；建立政府、企业、社会多元化投入机制和部分污染治理设施市场化运营机制，完善环保制度，健全统一、协调、高效的环境监管体制。"《国家中长期科学和技术发展规划纲要》确定了 16 个重大专项，其中 4 个与环境保护有关，充分显示了环境科技在我国科技创新中的重要地位。

运用科技手段保护城市环境，就是要根据区域的、国家的、全球的生态系统的科学规律，运用现代的高科技手段如现代空间技术与对地观测系统等，对城市生态发展变化过程进行检测，对生态破坏给出预报，以便采取相应对策；就是要紧紧抓住世界新技术革命带来的难得机遇，以绿色技术改造传统产业；就是要通过切实加强环境科技创新和技术进步；就是要通过实施国家环境科技工程，全面提高科学技术对环境保护的支撑能力；就是要通过发挥环境科技的平台作用，构建最广泛的环保"统一战线"，促进环保事业更快更好地发展。

9.4 城市市容市貌管理

市容市貌是一个城市的仪表，是衡量一个地区经济文化发达水平的重要标志，既体现着市民的道德水准和精神面貌，也体现着城市政府对社会管理的能力和权威。

9.4.1 城市市容市貌管理的内容

1. 城市市容市貌的含义。城市市容市貌由城市空间内的自然景观和人文景观共同组成。城市的绿地、广场、道路交通、建筑物风格、建筑物形态、街区的空间布局等构成了特定城市的市容市貌。它是城市居民自身仪表的外延，是他们生活环境的重要组成部分，也是人民追求幸福生活的质量和档次的标志。一个城市的市容市貌不仅可以供本城市的居民享用，而且可以吸引该城市之外的居民游览观光，形成了一种很有价值的旅游资源。

2. 城市市容市貌管理的作用。城市市容市貌管理，是城市政府的市容行政主管部门依靠市容监督队伍和社会参与，依法对城市的建筑外貌、景观灯光、户外广告设置和生产运输等的整洁、规范进行的管理活动。市容市貌管理在城市建设中居于重要地位。

（1）城市市容市貌管理是为市民提供良好生活的需要。人类在城市中进行的各种活动、城市中其他经济主体片面追求经济利益的活动以及城市户外建筑因时间过长所形成的损耗，都不可避免地对城市的外观造成一定的负面影响。这种对城市外观的破坏如果不能予以制止或及时加以恢复，必然会影响市民的生活环境。在没有外在压力和利害关系的情况下，各个经济主体往往不会主动去维护城市市容市貌，这就要求城市相关部门采取措施进行市容市貌管理。

（2）城市市容市貌管理是塑造城市形象的重要途径。城市市容市貌是城市文明程度的重要标志，影响着城市形象。随着城市社会经济的迅速发展，人们对生活质量的要求越来越高，市容市貌在一定程度上反映了城市的物质文明和精神文明。城市容貌的好坏与城市的声誉和投资环境的关系也日益密切。

（3）城市市容市貌管理是城市规划、建设的组成部分。城市政府在编制城市规划、进行城市建设的过程中，应充分考虑到市容市貌对居民生活环境和城市后续发展的影响，把城市容貌建设作为一项重要的工作，纳入城市规划和建设的一项重要工作，纳入城市规划和建设计划，进行统筹安排。

9.4.2　城市市容市貌管理机构及管理内容

中华人民共和国国务院于 1992 年颁布实施了《城市市容和环境卫生管理条例》，其中规定："国务院城市建设行政主管部门主管全国城市市容和环境卫生工作。省、自治区人民政府城市建设行政主管部门负责本行政区域的城市市容和环境卫生管理工作。城市人民政府市容环境卫生行政主管部门负责本行政区域的城市市容和环境卫生管理工作。"在实践中，我国各城市市容管理机构的设置不尽相同。有的城市为市政市容委员会，有的为市容管理局，有的为城市管理局。

市容市貌管理的主要内容有：

（1）城市建设规划中的市容规划管理。城市市容市貌在很大程度上取决于城市各种建筑物的形态，故市容市貌管理要从城市建设规划中的市容环境规划入手加强管理。一般来说，城市建设应当实现生态、美观、民族特色和现代风格的统一，即实行保护与开发相结合，因地制宜建设城市。

（2）现有建筑物和构筑物的外在形态管理。城市现有的建筑物和构筑物外形容貌整齐亮丽，会形成城市的立体空间美。为此，必须对城市全部建筑物和构筑物的外在形态进行管理。市容市貌管理部门要制定城市街道整修、户外广告、夜景灯光的建设规划和年度计划，并组织实施，负责对户外广告设置、整修后街道建筑外檐再装修进行审核、审批与管理。

（3）道路街巷容貌管理。道路街巷与人们对街路的利用密切相关，因此道路街巷容貌管理应关注对路街的不合理利用。具体管理内容包括：检修在道路街巷地面和地上的供水、排水、供气等各类公共设施；对设置在道路街巷的临时集贸市场和摊点的监督管理以及城市中各类绿地、造型植物、护栏的维护等。

（4）停车场和车辆市貌管理。停车场和车辆的容貌构成城市的流动景观，应保持其洁净有序的运行，使之成为城市的风景线。市容市貌管理部门应关注机动车和非机动车的外观是否完好整洁，标志是否齐全、醒目，以及是否在停车场或准许停放车辆的地点规范停放，除此之外，也要对违反管理条例的行为给予处罚。

（5）施工场地市貌管理。城市中建筑施工场地的施工往往要持续很长时间，为了不影响市容，必须加强管理。具体管理内容包括：对施工场地外围容貌的管理，如在施工现场周围按规定设置围挡标志，以使施工场地与其外围的城市环境分割开来；对施工场地内部的管理，如建设工程施工现场的材料、机具、设备应摆放整齐，工棚、休息室等临时设施应按规定搭设；在建设工程竣工后，建设、施工单位应及时清理和平整土地，临时设施必须及时拆除，施工中损坏的道路等公共设施也应及时修复。

9.4.3 我国城市市容市貌管理措施

正因为市容管理具有动态性、复杂性、群体性的基本特点，才使人们必须从宏观的角度来分析，高起点地提出解决市容管理反复性大、涉及面广的有效措施。

1. 将市容管理置于城市管理的战略高度。地方政府必须将其置于政府整体工作的总体部署中，上至地方政府的行政首长、下至市容管理的具体管理部门都必须纠正固有的对城市市容管理的旧观念，将城市市容管理提升到城市建设的战略高度。

2. 完善城市市容管理工作机制。完善的市容管理机制必须以研究地方城市建设发展的整体布局为基础，结合城市规划、建设目标，将市容管理作为一项系统工程，制定出适合各自城市特点的科学规划，保证城市公共基础设施的完整性、协调性。完善市容管理机制，要结合各地的实际情况制定切实可行的与市容、环境卫生、公共环境卫生设施、管理监督等相关的规章、条例和规定，将市容管理项目细化，并将管理的标准作为"硬指标"，统一纳入各地普遍采用的目标责任管理体系中，推助市容管理标准化、法制化。

3. 加大城市市容管理的力度。一是加大对城市市容管理的经费投入，包括街面整修、人员经费支出、装备更新等，尽可能保证"补丁"式、"拉链"式的街面整修不再是主要方式，城市市容管理工作者队伍不再"少"与"老"，街面洁化工作不再主要依托手工进行。二是管理过程中必须克服畏难和同情心理，在必要的情况下，通过重罚强行规范有损于市容的不文明行为。对下岗职工和外来人员通过摆摊设点来维持生计的现实，应采取疏堵结合的办法，在不影响交通的地段规划一定的经营区，以解决其生计问题，对无证经营和乱扔垃圾等个人行为则必须加大处罚力度。

4. 架构城市市容综合性管理机构。根据各地的实际情况，市、区两级城市管理综合执法局作为综合执法的主体，建立统一的执法队伍，并依托街道办事处构筑成由各城市社区参与的"网格"，开展城市市容管理，同时市、区两级政府可适当下放行使城市规划、市容环卫、城市绿化、环境保护、市政公用方面等法律、法规规定的全部或部分行政处罚权。综合执法实行"统一领导，分级管理，分区负责"，变多头管理为统一管理，变多家执法为综合执法，减轻群众负担，提高执法效果。

5. 倡导城市市容管理的全员化。城市的管理需要全员来共同参与，这并不是依靠少数人或是少数部门就可以完成的，在城市市容市貌环境管理工作中，需要树立全员参与的意识，通过褒扬责贬倡导文明的行为，通过形成社会舆论压力氛围约束广大市民能够更好地维护市容市貌，并积极地参与到市容市貌管理工作中来，养成良好的行为习惯，从而实现城市市容市貌管理的长效化。

★★ 阅读材料

让生活垃圾分类成为新时尚

在创新、协调、绿色、开放、共享的发展理念引领下，"无废城市"建设是提升生态文明、建设美丽中国的重要举措。其中，生活垃圾分类是生态文明建设的重要内容，是"无废城市"建设的有力举措。看似小事情，实则大文明，事关群众生活环境改善，事关绿色可持续发展大局，是从源头减少固体废物并促进固体废物资源化利用、无害化处置的前提。全面推进生活垃圾分类，是一项具有复杂性、艰巨性、长期性的工作，既是攻坚战，也是持久战，需要以时不我待的紧迫感和久久为功的坚韧劲，聚焦重点、盯牢难点、直击痛点，确保各项措施落到实处、取得实效。

坚持高标准。生活垃圾分类管理的环节多、链条长，从投放到收运再到处置，任何一个环节出现问题，都会影响整体效果，甚至前功尽弃。建设"无废城市"需在推进生活垃圾分类工作的伊始，明确推进垃圾分类的目标，分类的要求和标准也必须坚持高水平，甚至始终向国际一流水平看齐。可在吸收借鉴以往经验的基础上，推行"自觉源头分类＋定时定点分类投放＋全程分类收运处置"，充分鉴别固体废物并有效回收处置。

下定大决心。"无废城市"建设虽是聚焦固体废物这种"小"事情，实则并不简单。但从生活垃圾分类来说，这一"新时尚"的形成，可不比穿新衣、开新车那么轻松，而是需要付出艰苦的努力。越是困难的事情，越见精神、越见担当。只要下定决心、考虑周到、多想办法、发动群众，很多困难都能克服。应充分发挥居民区党组织引领下的多位一体作用，紧紧抓住基层组织这个"火车头"，推动形成居民区党组织、居委会、业委会、物业、志愿者、社区民警、城管等一体推进的工作格局。

落实细举措。固体废物的分类收集涉及千家万户，与每一个人的行为习惯都有关系，是一件最简单但又最复杂的事。过程中，应以细而又细的工作举措，务真功、求实效。第一，可挨家挨户宣传发动。垃圾分类看似围着垃圾转，实质是居民思想认同、形成行动自觉的过程，深入细致地做好宣传发动、最大限度争取群众的理解和主动支持至关重要。第二，充分发挥社区党员的先锋模范作用，努力形成"党员带动骨干、骨干带动楼组、楼组带动家庭"的连锁示范效应，让人心聚起来、垃圾分出来。第三，在全覆盖基础上，做到聚焦重点。要因地制宜定时定点。每个小区情况不同，绝不能搞"一刀切"，应主动通过多种形式充分了解和征求居民的意愿和各方意见，尽量用人性化、个性化的方法，来获得更多居民的认同、支持和配合。第四，有效攻克撤桶难题。根据不同小区的实际情况，组织各方开展广泛的沟通协商，商议出既能普遍认可又能切实可行的办法，最终是要实现全面"撤桶"和自觉源头分类投放。第五，耐心细致固守巡查。在固定的时间、固定的地点开放箱房，并由志愿者、管理员等专人进行指导和监督，能更快地帮助居民转变垃圾处理的方式，帮助大家养成源头分类、正确投放的良好习惯。第六，研究出台激励措施，发挥志愿者等社区骨干力量的积极作用，进一步激发居民对垃圾分类的参与热情。

凝聚强合力。固体废物的分类涉及各类生活空间、各种生产活动等，需要各个群体的通力协作，必须全力以赴、集各方智慧，同抓共管、聚各方力量，形成全社会共同推进的强大合力。强化"一盘棋"的意识，加强条块间的协同联动，及时发现、研究、解决工作推进中的突出和普遍性问题。建立健全清运评价机制，并配套完善相应的管理措施，主动接受群众和社会监督。开展全覆盖执法检查，依法查处、严格执法，保证垃圾分类实效。充分发挥电视、报纸、新媒体等各类媒介作用，加强对群众身边垃圾分类新时尚、好做法的宣传，主动将生活垃圾分类工作与"无废城市""美丽家园""美丽街区"建设等工作有机结合起来，切实推动固体废物收集、利用与处置工作，满足广大人民群众对美好生活环境的追求。

资料来源："无废城市"怎么建［N］. 学习时报，2019 - 4 - 22.

思考题

结合材料，分析生活垃圾分类的难点在哪里，应如何解决。

本 章 小 结

城市环境为城市居民提供便利的工作、学习、居住、游乐、出行场所和设施，为发达的第二、第三产业提供活动和发展空间，决定着城市开发、建设与经营的规模、速度、类型和特点，决定着城市经济、社会实现和谐运转与持续发展。

通过推行清洁生产、建立循环经济、进行综合治理、运用科学技术等先进手段进行城市生态环境建设，有助于解决我国社会转型时期的社会矛盾、维护社会稳定、促进经济发展。

城市市容市貌管理是城市居民自身仪表的外延，是他们生活环境的重要组成部分，也是当代人民追求幸福生活的质量和档次的标志。健全城市市容市貌管理，是城市综合管理中的重要组成部分，也是衡量城市管理水平高低的重要尺度之一。

关 键 名 词

城市环境   清洁生产   循环经济   综合治理   市容市貌管理

复习思考题

1. 城市环境具有哪些基本特征？简述城市环境的主要功能。
2. 什么是清洁生产？清洁生产包含哪些内容？
3. 什么是循环经济？
4. 简述运用科技手段保护城市环境的重要性。
5. 简述城市市容市貌管理机构及其管理内容。

第 10 章　城市公共安全管理

【学习目标】

  21 世纪公共安全管理是各国城市政府管理的重要议题。城市公共安全给社会、经济、政治秩序提供保证；反过来，安全秩序又使城市各方面得以持续稳定发展。通过本章学习，学生应了解城市公共安全的内涵、类型与成因；掌握城市信息安全管理的内涵和重要意义、城市社会治安管理的组织机构以及我国城市突发事件管理体系建设。

【重点内容】

- 城市公共安全事件的内涵与分类
- 城市社会治安管理的组织机构
- 城市信息安全系统建设
- 城市突发事件管理原则
- 城市突发事件管理体系建设

【典型案例】

"专项体检"提升城市安全管理水平

  北京市政府召开新闻发布会，对《北京市安全生产专项整治三年行动计划》进行介绍。据悉，该计划包括了危险化学品安全整治、非煤矿山安全整治、消防安全整治、交通运输安全整治、城市建设安全整治等 9 个专项整治实施方案。其中，北京新建小区消防车通道将划线标识，同时老旧小区也逐步推进。

  据悉，《北京市安全生产专项整治三年行动计划》自 2020 年 4 月至 2022 年 12 月，分为工作准备、动员部署、排查整治、集中攻坚和巩固提升五个阶段。目前已经梳理明确了涵盖北京市 3 个专题、9 个专项 286 项具体任务的目标任务清单，同时依托信息系统初步建立了 6 536 项的第一批"问题隐患清单"，作为专项整治的重要量化指标，明确责任单位和整改要求。

  北京此举被喻为是"城市专项体检"，对于查找短板、排除隐患、提升城市安全管理水平来说，意义深远。尤其是消防安全整治，被当作安全生产专项整治三年行动计划的重要方面，将集中力量对有"生命通道"之称的消防通道进行整治，堪称一大亮点。

例如对于公共建筑和新建住宅小区的消防车通道和消火栓进行划线标识，实行标识化管理，对于其他小区尤其是老旧小区在考虑实际的情况下，因地制宜逐步进行标识管理。同时，对于堵塞占用消防车道，损坏、挤压、圈占消火栓等行为，消防救援总队将会同相关部门依法进行督促整改。

资料来源：孙梦洋．"专项体检"提升城市安全管理水平［N］．中华工商时报，2020 – 7 – 16.

10.1   城市公共安全管理概述

城市安全是一个永恒的话题，城市公共安全管理更是成为各国城市政府管理的重要议题。随着城市的不断发展和进步，城市公共安全的重要性日益凸显。构建科学合理的公共安全管理体系是城市政府的重要职责，也是城市公共安全的根本保障。

10.1.1   城市公共安全管理与城市公共安全事件

1. 城市公共安全内涵。城市公共安全是城市在政治、经济、社会、文化、生态环境、人身健康以及资源供给等方面保持的一种动态稳定与协调的状态，是对自然灾害和社会与经济异常或突发事件干扰的一种抵御的能力，这种状态的保持和能力的获取在很大程度上取决于城市对安全管理的责任意识和价值判断。对于城市公共安全的含义，可以从客观、主观、控制力和经济关系几个角度去理解。

第一，从客观来看，城市公共安全是一种状态，即主体与客体之间、自然与社会之间及人类社会生活的各个方面之间所存在的相互依赖、相互制约的动态平衡和协调发展的相对稳定的状态。城市公民可以通过对环境的感受和分析理解这一状态。

第二，从主观来看，城市公共安全表现为对自身与环境进行综合评价基础上的一种认识和感受，不同主体对自己和他人安全的认识会有不同。一般来说，主体对安全的心理敏感度越高，将自身利益范围定义得比较宽，其安全的感觉就越低；反之就越容易感到安全。

第三，从社会控制力来看，城市公共安全是一种能力，即安全主体驾驭、控制破坏力的能力。安全永远是一个相对的概念，当保证主体秩序与稳定的控制力超越对主体秩序和公共安全构成威胁的破坏力时，主体是稳定的，就是安全的；而当控制力小于破坏力、不能有效地控制或消除破坏力对主体秩序的冲击时，主体就不稳定，就是不安全的。

第四，从社会的经济关系来看，城市公共安全是一种利益。在安全的环境中，主体利益得到保护，是一种巨大的外部效益；否则，城市环境不安全，主体利益遭到损害，财产受到损失，人身受到伤害，不仅有直接伤害，还会有极大的间接损害。

2. 城市公共安全管理的内容。城市公共安全管理是指以政府为主导的管理主体，为了保护城市市民、社会、设施的安全，而对城市中的灾害问题、人口问题、社会治安问题等进行预防、处理、解决以及制度建设等。

城市安全管理的目的是通过预防、处理、解决城市当下存在和发展中可能出现的各种安全问题，加强城市应对各种安全问题的能力，改善城市公共安全状态，保障城市的健康快速发展。具体地讲，城市公共安全管理包括以下内容。

（1）城市防灾管理。灾害是影响城市安全最直接的因素。根据来源和性质，城市灾害可分为自然灾害、技术灾害、环境灾害和人为灾害四类。城市地区经济发达、人口稠密，在遭遇灾害时，其损失也往往更为惨重，对公共安全的影响也最大。城市防灾管理不仅涉及防灾，还包括减灾、抗灾和灾后重建等内容。

（2）城市社会治安管理。社会冲突和违法犯罪是城市社会的基本现象。为维护社会稳定和有序的状态，城市管理需要配备警察资源，打击各种违法犯罪行为，保护市民、法人和各类组织的合法权益，保障城市健康、稳定、可持续发展。

（3）城市信息安全管理。随着物联网、云计算、大数据等众多新形态的信息技术和信息产业的迅猛发展，信息安全问题对经济发展、社会稳定和国家安全的影响日益凸现。信息网络安全防护上不能得到有效保证，可能造成城市管理职能出现混乱、隐私信息泄露、应急决策失误、各类事故频发乃至局部社会动荡的局面。因此加强城市信息安全管理是当代城市公共安全管理中极为重要的一环。

（4）城市突发事件管理。城市突发事件管理主要针对突发性公共危机事件，提升政府的预测与预警、应急处置、恢复和重建能力。很多危机事件具有不可预测性，往往在没有征兆的情况下突然发生，如果不加控制，将会导致巨大损失。提升应急管理能力，既要强化指挥协调中枢系统建设，也要完善应急准备和预案体系。

3. 城市公共安全管理机构的设置及职能。

（1）监督机构。我国负责行业监督的政府机构是由国务院有关部门与各级地方政府有关部门组成。应急管理部负责全国工矿商贸行业的监督。在工矿商贸行业以外，如消防、交通、铁路、民航、水利、电力、建筑、邮政、电信特种设备、核安全环境等行业和领域，有专门的安全生产主管部门负责监督管理工作。同时，应急管理部的职责还包括综合监督管理全国安全生产监督管理工作的角度，指导、监督和协调上述部门的安全生产管理工作。地方各级有关职能部门，负责本区域内的安全生产工作实施的综合管理。

（2）应急机构。各级地方政府是本行政区划社会安全事件应急管理工作的行政领导机构，负责本行政区划社会安全事件的应对工作。其相关的职能部门，如公安部、交通部、卫生医药部、民航局等政府部门负责相应的社会安全事件的应急管理工作。

除了政府职能部门外，新闻宣传部门应该加强与公安部门以及有关部门的配合，做好新闻报道工作；工会、妇联等社会团体可以对群体进行思想道德、法制教育，协助政府，平息事件。

近年来，随着各类社会安全事件的增多与复杂化，中国各地陆续成立了公安指挥中心，它们是政府处置社会安全事件的办事机构，也是公安机关的业务部门，负责各类社会安全事件应急机关的协调指挥工作。

10.1.2　公共安全事件的分类与分级

1. 公共安全事件的分类。2006 年国务院发布的《国家突发公共事件总体应急预案》（以下简称《突发事件总体预案》）中根据突发公共事件的发生过程、性质和机理，将突发公共安全事件主要分为以下四类。

（1）自然灾害。自然灾害是由自然原因或人为原因（包括人为过失破坏和人为故意破坏）造成的自然环境恶化而引发的突发性自然灾害，尤其是可能带来重大损失的突发性自然灾害。我国《突发事件总体预案》中列举的自然灾害主要包括水旱灾害、气象灾害、地震灾害、地质灾害、海洋灾害、生物灾害和森林草原火灾等。

据联合国相关部门的统计可知，自 20 世纪 90 年代至今，自然灾害的发生率以及受自然灾害影响的人数和财物损失量就一直处在急剧上升的态势。从经济社会发展与自然灾害易受性的关系来看，经济欠发达的发展中国家更容易发生自然灾害，其损失更大、影响也更广。中国国际减灾委员会在相关报告中指出，我国是世界上受害频发、受害面广、灾害损失严重的国家。随着国民经济的发展、生产规模的扩大和社会财富的增加，灾害造成的损失也在逐年上升。21 世纪以来，我国平均每年因自然灾害造成的直接经济损失超过 3 000 亿元。因自然灾害每年大约有 3 亿人次受灾。①

（2）事故灾难。事故灾难是指因人为原因所造成的，违背人的主观意愿，能够造成人员伤亡、物质毁损的紧急意外事件，包括那些由于人类活动或者人类发展所导致的计划之外的事件或事故，如民航、铁路、水路等重大交通运输事故，工矿企业、建筑工程、公共场所及机关、企事业单位发生的各类重大安全事故，造成重大影响和损失的供水、供电、供油、供气等城市生命线事故，以及通信、信息网络、特种设备等安全事故及辐射事故，重大环境污染和生态破坏事故等。我国《突发事件总体预案》中列举的事故灾害主要包括工矿商贸等企业的各类安全事故、交通运输事故、公共设施和设备事故、环境污染和生态破坏事件等。

根据我国的情况，目前经常发生的事故灾害主要有以下几种。

一是火灾事故。这种事故是伴随人类社会历史最长，也是人类认识最早的一类事故。据统计，我国每年发生火灾 20 万起以上，造成的经济损失达十多亿元，人数伤亡数千人。

二是爆炸事故。这种事故主要是指民用爆炸物品和易燃易爆化学品引发的爆炸事

---

① 我国每年因自然灾害造成的直接经济损失超过 3 000 亿元［N］. 每日经济新闻，2019 - 9 - 18。

故，而民用爆炸物品和易燃易爆化学品在生产、运输、使用、储存、销售等任何环节都可能发生爆炸。

三是环境污染。这种事故主要是由于自然或人为原因导致环境中某种物质的含量或浓度达到有害程度并对人类健康、生态平衡、自然环境产生危害或严重危害的现象，包括空气污染、水污染、固体废弃物污染、噪声污染、光污染等。

四是交通事故。这个事故主要是在客货交通运输过程中，因自然或人为原因而造成人员伤亡或财物损失的事件。

五是建筑安全事故。这种事故的发生除了恐怖袭击、火灾等外部原因外，违反最基本的建设程序，如前期准备工作不足、建设单位资质不符、设计错误、施工不规范、未经验收即投入使用等。

六是放射性物质泄漏。这种事故主要对空气、地面、地下、水体等造成大面积污染，一般来讲，放射性物质一旦泄露，无论是对周围民众，还是对整个社会都是灾难性的。

七是矿山事故。这种事故是指矿山企业在生产过程中，由于各种不安全因素导致的、突然发生的人员伤亡、财物损失、影响正常生产的事件。如冒顶、片帮、边坡滑落、地表塌陷、瓦斯爆炸、煤尘爆炸等。

（3）公共卫生事件。公共卫生事件是指突然发生的，对社会公众健康造成或可能造成严重危害的事件。我国《突发事件总体预案》中列举的公共卫生灾害主要包括传染病疫情、群体性不明原因疾病、食品安全和职业危害、动物疫情以及其他严重影响公众健康和生命安全的事件。

在各类公共卫生事件中，重大传染病疫情和集体食物中毒事件是影响最大、最容易引起人们关注的。其中，重大传染病疫情是危害人类健康的大敌。另外，集体食物中毒事件的起因比较复杂、突发性强。这类事件主要有使用假冒伪劣食品、食品加工方法不科学或不卫生、误食有毒物品、投毒等。虽然此类事件致人死亡率不高，但它影响广泛、涉及人员众多。此类事件一旦发生，不仅需要动用大量国家资源，而且还会引起各类媒体和社会公众的广泛关注，如果处理不当，极易引发社会混乱。如 2008 年发生的导致 10 万名婴幼儿患病，近 5 万人住院治疗的"三聚氰胺牛奶"食品安全事件。[①]

（4）社会安全事件。社会安全事件是根据人的主观意愿而发生的、危及社会安全的突发事件，如突然发生的能够或可能引发社会失稳的暴乱、骚乱、游行等群体性事件、恐怖活动，以及因资源、能源或生活生产资料短缺所引发的社会失序事件等。我国《突发事件总体预案》中列举的社会安全事件主要包括恐怖袭击事件、经济安全事件和涉外突发事件等。在各类社会安全事件中，备受关注的是"恐怖袭击事件"和"群体性事件"。

---

① 付相波. 政府应对公共危机的"危机"——以"问题奶粉"事件为例 [J]. 北京航空航天大学学报（社会科学版），2010（1）：26-29.

恐怖袭击事件。恐怖袭击事件是使用暴力或威胁残害无辜，制造恐慌、混乱，以达到某种政治或报复社会的目的。20 世纪 90 年代以来，特别是震惊全球的"9·11"恐怖袭击事件后，恐怖活动在全球范围内日益猖獗、不断蔓延，其手段极其野蛮、残忍，世界各国都相继遭受不同程度的恐怖袭击。

群体性事件是指在短时间内突然爆发的，有相当数量人员参与的群体，采用围攻、打砸、静坐、游行、阻挠等方式，对抗政府、破坏公共财物、危害民众生命财产安全、扰乱社会公共秩序的事件。

在这四种类型中，有的属于不可抗力的自然因素，如地震、山洪、海啸、森林大火等自然灾害；有的则属于人为因素，如恐怖袭击、群体性骚动、涉外突发事件等社会安全事件；还有的是自然因素和人为因素共同导致，如交通安全、生产安全、大面积污染等事故灾难以及食品安全、动物疫情等卫生灾难。然而，不管是何种因素所致，突发性公共事件的突出特点即为其所具有的公共性。

2. 公共安全事件的分级。我国的《突发事件应对法》和《突发事件总体预案》按照性质、严重程度、可控性和影响范围等因素，将各类公共安全事件分为：Ⅰ级（特别重大）、Ⅱ级（重大）、Ⅲ级（较大）和Ⅳ级（一般）四个级别。对公共安全事件进行分级，不仅可以使突发事件的类型体系更为科学，而且还可以使我们对不同类型公共安全事件的特殊性、影响范围、危害程度等有一个更为具体、更为深刻的认识，从而使我们的对策研究更具针对性和现实性。我国官方对公共安全事件分级的影响因素主要有以下几种：一是"公共安全事件的性质"，即参照我国官方对公共安全事件的分类，在划分公共安全事件不同级别时，首先区分是自然灾害、事故灾害、公共卫生事件，还是社会安全事件。这是准确启动不同类型应急预案的基础；二是"公共安全事件造成后果的严重程度"，即公共安全事件造成的人员伤亡多少、经济损失大小等因素，这是启动不同级别应急预案的损失性依据；三是"公共安全的影响范围"，即公共安全事件发生在什么地域、影响或危害的覆盖面积等因素，这是启动不同级别应急预案的范围性依据；四是"公共安全事件的社会危害（影响）程度"，即公共安全事件对经济社会的稳定发展和民众日常生活秩序等方面造成的危害（影响），这是启动不同级别应急预案的社会影响性依据（见表 10 - 1）。

表 10 - 1　　　　　　　　　中国突发公共事件四级响应机制

颜色	威胁程度	确认与响应
红	特别重大（Ⅰ级）	规模极大，后果极其严重，影响超出本省范围，需要动用全省的力量甚至请求中央政府增援和协助方可控制，其应急处置工作由发生地省级政府统一领导和协调，必要时（超出地方处理能力范围或者影响全国的）由国务院统一领导和协调应急处置工作
橙	重大（Ⅱ级）	规模大，后果特别严重，发生在一市以内或是波及两个市以上，需要动用省级有关部门力量方可控制
黄	较重（Ⅲ级）	后果严重，影响范围大，发生在一个县以内或是波及两个县以上，超出县级政府应对能力，需要动用市有关部门力量方可控制
蓝	一般（Ⅳ级）	影响局限在基层范围，可被县级政府控制

10.1.3　城市公共安全事件的特点

1. 公共性。公共安全事件不是针对某个特定的个体，而是对不特定群体的公共利益和地区的公共秩序造成威胁或破坏，具有社会扩散性和衍生性。也就是说，其在发生的过程中关系到了社会公众的利益、安全和情绪。公共安全事件的公共性具体表现为三个方面：一是影响范围具有公共性。一般来讲，城市公共安全事件是在社会公共范围内发生的事件。二是对人的影响具有公共性。公共安全事件会对人产生不同程度的影响，但它影响的不是一个人或几个人，而是数百、数千人，甚至数万、数十万人。三是其危害具有公共性。由于其不仅会危害广大民众的正常生活秩序和生命财产安全，而且还会危害社会公共管理秩序和整个社会的稳定发展。

2. 突发性与潜藏性。公共安全事件的酝酿和发生具有偶然性和不确定性，在事发之后对于事件发生的时间、地点、原因以及危害程度和影响范围通常都难以有清晰的认识。公共安全事件的突发性，使人们无法主动、及时、准确、全面地掌握事件发生、发展和演化的过程以及可能产生的风险和危害等具体情况，这就使应急处置的相关措施难以及时启动和跟进，从而导致政府部门的决策、响应、指挥、协调、控制、执法、舆情引导、社会动员等工作无法及时实施，社会组织和广大公众的应对行动难以进行，即使调动各方力量也难以及时整合。这不仅会使政府应急处置体系中的各个系统（部门）之间、社会相关组织之间以及政府与民众之间难以联动和配合，而且还会在一定程度上使政府相关部门、社会相关组织以及民众在公共安全事件应对处置中处于被动状态。但从本质上来讲，公共安全事件是由于风险的长期累积而突破了社会系统的承受极限导致的突然爆发。

3. 破坏性。破坏性主要包括两个方面：一是指客观方面的人员伤亡、财物损失和基础设施破坏等物质损害，而且由于社会公共安全事件发生后往往会产生一连串的连锁反应，因此，不及时、有效地处置公共安全事件，就很可能引发次生危机或衍生危害，从而使公共安全事件对社会的危害范围不断扩大，危害程度迅速上升，并最终导致局部，甚至整个社会控制系统的崩塌；二是指由于社会公共安全事件一般涉及的范围都很广、影响的时间也很长，因此，主观方面会给涉身其中的民众身心带来创伤，而且还会扰乱整个社会的社会秩序，并造成价值破坏以及政治公信力和合法性下降等非物质性伤害。

10.2　城市防灾管理

10.2.1　城市灾害

城市灾害是指由自然、人为因素或两者共同引发的对城市居民生活或城市社会发展造成暂时或长期不良影响的灾害。由于城市人口众多，建筑密集，财富集中，是社会的经济、文化、政治中心，因而城市灾害具有种类多、损失重、影响大、连发性强、灾害损失增长严重等特点。从城市灾害的成因来看，城市灾害的内容包括自然灾害、由技术引发的灾害、环境灾害以及人为因素诱发的灾害。

1. 自然灾害。自然灾害是指由于自然界不可抗拒的力量给人类的生产和生活所带来的破坏，即自然因素或自然条件变化引起的自然环境、地理以及地质变化所带来的灾难。国家认可的城市自然灾害主要包括：地震、水灾、火灾、风灾、海啸、地质灾害等。

2. 由技术引发的灾害。高科技是一把"双刃剑"，在为人类带来诸多便利的同时也潜伏诸多危险。如1986年苏联切尔诺贝利核电站的泄漏事故就是一起震惊世界的重大工业事故，在土地、水源被严重污染的同时，其放射性威胁周围约800万人的生命和健康。除此之外，工业自动化、医疗诊断设备、烟雾报警器、辐射杀菌等技术被工厂、医院、科研院校的实验室等广泛使用，为人类的发展和健康作出了重要贡献，然而上述设备中放射同位素源的使用、保管、运输、维护、报废和退役不当，都有可能成为城市中一种独特的潜伏灾害。因此，在技术发展的同时，高度重视安全使用是市政管理的重要工作。

3. 环境灾害。环境灾害主要是指城市人工系统形成的空气污染、水污染、垃圾污染、噪声等。造成这些污染的原因是多方面的：（1）技术水平低，资源利用率不高造成污染物排放量过高；（2）城市产业结构和布局不合理，高污染产业没有得到调整；（3）城市垃圾、废水、废气的处理能力以及道路和地下管道的养护和维修能力有限；（4）城市综合治理能力不强等。

4. 人为灾害。人为灾害是指由于各类人为因素引起的一系列城市环境和社会生活的异常变化。如各类犯罪、社会骚乱和动乱、交通事故、人为爆炸等，这类灾害（除战争外）在城市发生的概率较高，如果不能得到及时有效的救治，其破坏力是相当惊人的。"9·11"事件就是典型的人为灾害。

10.2.2　城市灾害管理

城市防灾管理工作是一项社会系统工程，各个方面要统筹兼顾，应遵循以下基本原则。

1. 预防管理与防御管理相结合的原则。将灾害因素消灭在萌芽状态，排除城市灾害发生的条件，是最有效的防灾管理。为此，一方面要掌握城市防灾管理工作的客观规律，充分认识各种灾害产生的条件及其对城市的威胁和预防的途径方法；另一方面在充分认识的基础上制定和落实一系列组织制度、物质准备等方面的措施手段，切实消除各种灾害的产生条件。

2. 职能管理与群众管理相结合的原则。在市政统一领导下，应设置公安、交通、消防、防旱、防洪、防震、防空、环境保护等专门职能机构，形成完整的防灾安全管理网络，使城市防灾安全管理经常化、专业化和系统化。遵循职能管理与群众管理相结合的原则，即要在使职能机构成为大规模群众性抗灾活动骨干力量和组织基础的前提下，动员广大群众参加城市安全管理，特别是某些工作量大、涉及范围广、持续时间长的安全管理项目，必须由人民群众共同参与。

3. 法制管理和思想教育相结合的原则。通过严格的法规，来规范防止和抵御各类灾害，是提高我国城市安全管理水平的重要措施。与此同时，也不应放松思想教育方面的工作，通过耐心细致而又科学合理的思想政治工作，协调城市居民之间的相互关系，从而极大地减少人为灾害发生的频率和烈度，是我国城市安全管理中行之有效的基本方法和优良传统。

4. 设施装备现代化和防灾安全管理技术现代化相结合的原则。城市管理效率的提高有赖于现代化的管理设施和技术装备的物质基础。具体来讲，现代化的管理设施包括防火的消防设施、防洪的排水设施、防空的人防设施、防止各类灾害犯罪活动的安全防范设施等；现代化的技术装备包括电子计算机系统、电视监控等。

10.2.3　城市防灾管理系统

1. 城市科技防灾管理系统。城市防灾管理是确保城市安全的长期任务，而高效的防灾管理系统则是完成这一任务的关键环节。结合我国城市防灾的重点和要求，现阶段需要不断投入科技力量，进一步加强城市灾害预警系统、地震综合减灾系统和城市地下空间防灾减灾管理系统的建设。

（1）城市灾害预警系统。为了增强城市抵御各种天灾人祸的能力，确保城市正常运行及人民健康水平，我国目前几乎所有城市都设有各种天灾人祸的快速反应及应急系统。如 119 城市火灾报警系统、122 城市交通报警系统、110 城市匪警报案系统、120 城市急救网络管理系统等，这使城市减灾能力大大提高，也为城市经济发展、社会繁荣稳定作出贡献。

（2）地震综合减灾系统。由于震灾引发火灾、水灾、爆炸、毒气泄漏等次生灾害的概率较大，因而地震灾害是综合性灾害，将防御震灾、火灾、气象灾害等有机结合起来，是防震减灾工作的主要方向。为了减少灾害损失，特别是人员伤亡，除了要开展宣传活动，提高社区居民自救能力外，还要做好以下工作：加快我国城市地下活断层的探测工作，地下活动是发生地震的主要原因，准确探测地下活断层是确保有效防震减灾的根本；完善地震监测台的建设，城市应建设一批设备先进、监测能力强、设施配套的综合地震监测台站，使城市重点地区的地震监测能力及地震监测系统优化得到加强；加强对重大设施强震观测工作和采用减震措施，对水库、电厂、燃气、道路桥梁等重大生命线工程应加强强震观测工作，同时加强减震技术研究；加大执法力度，保证城市防震减灾综合能力逐步提高；加强城市地震综合减灾技术研究。

（3）城市地下空间防灾减灾管理系统。在地下空间环境的自动化控制技术、内部环境的设计技术与改善技术措施（如太阳光的引入、地面景观的引入等），以及防灾救灾措施与成套技术设计等技术领域方面，目前我国在这一技术领域与国外差距太大，一些重大地下工程的主要设备大都采用进口设备。其具体项目包括：地下空间环境设计技术标准与自动化控制成套技术设备的开发；太阳光引入技术及设备开发；地下空间中人的心态特征与诱导设计；地下空间中火灾自动探知、警报、灭火系统的设计与产品开发；地下空间的消防救护技术与设备开发；地下空间应急系统的平战结合状态研究。

2. 城市综合减灾信息管理系统。城市综合减灾信息管理系统作为现代化城市管理系统，包括如下相互联系的几个方面。

（1）地理信息系统。它是利用现代计算机图形和数据库技术来输入、存储、编辑、查询、分析、显示和输出地区图形和属性数据的计算机系统，主要应用于地理研究、区域规划与决策服务。具体功能主要有：采集、管理、分析和输出多种空间信息；以空间模型方法为手段，进行区域空间分析、多要素综合分析和动态预测，产生高层次的决策信息；由计算机系统支持进行空间宏观数据管理，由计算机程序模拟常规的或专门的地理分析方法，作用于空间数据，产生有用信息，完成预定任务。

（2）城市消防信息管理及指挥决策系统。城市消防工作是城市公共管理工作中至关重要的一部分，将科技技术应用于消防管理中，如 GIS、GPS、遥感技术等，并且与通信系统很好地结合起来，建成现代化的防火体系，有助于提高城市消防管理水平。

（3）消防减灾决策数据。城市消防信息系统中涉及的数据种类繁多，建库工作量非常大，实际操作时必须统筹考虑，逐步实施。建立数据库的内容大致包括：重要防火单位信息；消火栓信息；阀门信息；供水管线信息；消防队信息；火灾档案信息；主要医疗救护单位信息；电话号码信息；城市路网信息等。

（4）组建城市综合减灾管理中心。城市减灾涉及多部门多灾种，是十分复杂的社会系统工程，城市水利、地震、气象、消防、卫生、劳动安全、民政及其他有关部门虽然都承担了灾害监测、预测、灾情报告及减灾的业务工作，但都不能代替总体的城市综合减灾管理，更无从展现科技减灾的思路，尽快发展现代科技化管理的城市综合减灾中心，迫在眉睫。

10.3　城市社会治安管理

10.3.1　城市社会治安管理的意义

城市社会治安管理是指为了有效地建立和维护城市治安秩序，保障城市经济建设事业和城市社会成员工作、生活正常进行，城市政府及其公安机关依法进行对城市社会公共秩序的维护，以及对各种违法犯罪活动的打击和处理。主要包括户口管理、治安管理、刑事侦查、消防管理、交通管理及对违法犯罪人员实行惩罚和教育改造等方面的内容，其中预防和打击违法犯罪活动是其中心任务，其目的是保障城市居民生命财产安全和各项建设及管理顺利进行。它是国家行政管理的重要组成部分，是城市各项建设和管理顺利进行、公民生命财产安全的重要保证。因此，加强城市安全治理管理有十分重要的现实意义。

1. 城市社会治安不仅是重大社会问题，也是重大政治问题。加强社会治安关系到党和政府在群众心目中的形象，关系到改革发展稳定大局，关系到国家长治久安。加强社会治安，有效预防和打击违法犯罪，维护社会治安和市场经济秩序，对保护人民生命财产安全，促进经济社会进步有重大作用。

2. 加强城市社会治安，是建设和谐社会的重要保证。通过防范和打击各种违法犯罪活动，维护良好的社会治安秩序和市场经济秩序，能有力地推动先进生产力的发展；通过加强法制教育和道德教育，扫除各种社会丑恶现象，能有效地促进先进文化的传播；通过正确处理人民内部矛盾，全力保护人民生命财产安全，能切实保护群众安居乐业的根本利益。

3. 加强城市社会治安管理，是维护社会秩序的必要举措。治安管理通过组织管理活动维护社会治安秩序，从而保障社会和经济发展有一个良好的治安环境。具体而言，一是维护公共场所和大型活动的秩序；二是维护道路交通的秩序；三是维护居民社区的秩序；四是维护机关、学校、医院、厂矿、工地等周边的秩序；五是维护城乡接合部的秩序；六是维护水域、边境等特殊区域的秩序。

4. 加强城市社会治安管理，是处置危机的必要预防措施。在社会生产、经济、文化以及公共生活等各种秩序中，治安秩序与之均有密切关系，与它们交织、融合在一起，相互作用，形成一个有机系统。而且社会治安秩序对于其他社会秩序具有渗透性和蔓延性，因此，一旦发生治安危机情形，必须迅速反应，妥善处置，以便将不良影响和危害降低到最小的程度，限制在最小的范围。

10.3.2　城市社会治安管理的组织机构

城市社会治安管理组织机构是指国家政权体系中依法行使城市社会治安管理职权的专门机关。这些机构包括城市区划内的各级各类公安机关、检察机关、审判机关、国家安全机关和司法行政机关。其中人们通常所说的"公、检、法"，尤其是公安机关是城市社会治安管理的主要机构，承担着城市社会治安管理的绝大部分工作。此外，还有一些民间组织履行着治安管理的职能。

1. 市公安局。市公安局是城市人民政府管理治安工作的领导和管理部门，统一领导全市行政区划内的公安机关工作。市公安局一般下设政保、经保、文保、治安、刑侦、交通、消防、户口、预审等业务处室，既是全市公安工作的指挥领导机关，又是直接战斗的实体。其主要职责是：（1）开展政治侦察工作，发现和制止各种危害国家安全的犯罪活动，领导全市各单位，直接指导和监督大型单位的保卫工作；（2）运用侦察手段和刑事科学技术，搜集汇总全市敌情资料和犯罪线索，研究犯罪活动规律，指导或直接受理侦破特大、重大案件；（3）领导全市户政管理，为城市发展提供可靠的人口数据，提供有关个人或地名等情况的查询服务；（4）统一部署、协调、指挥全市治安巡逻，部署警力和指挥专项斗争，复审治安管理处罚案件；（5）维护交通秩序，保证交通安全，减少交通事故和治安灾害事故，做好安全防火工作。

2. 区公安分局。区公安分局是直辖市和设区城市的区人民政府的治安管理部门。它是在市公安局领导下打击刑事犯罪、维护社会治安的实战单位，同时接受所在区区委和区人民政府领导。它一般设刑侦、治安、户籍、经文保（内保）、预审等业务科室，在业务范围上除交通指挥外，与市公安局基本对应。在其辖区范围内，负责刑事案件的侦查预审工作，管理辖区治安问题，查处治安案件，领导派出所和辖区中型企事业单位的保卫工作等。

3. 公安派出所。公安派出所是公安部门治安管理的基层单位，是以户口管理为基础，以治安管理为中心的多功能战斗实体。通常情况下，每个街道设一个公安派出所，某些公共场所设有专门的治安派出所。它的基本任务是：（1）负责辖区治安管理，维护公共场所和特殊行业的治安秩序，预防和制止违法犯罪活动；（2）管理户口、居民身份证，掌握辖区社会治安情况；（3）指导社区治安保卫工作，会同有关部门对"两劳"人员实行帮教，对青少年实行法制宣传教育；（4）保护案发现场，就地侦破一般刑事案件；（5）依法查处治安案件，可以做警告和处以一定经济罚款的裁决；（6）对判处管制、监外执行的罪犯，进行监督、考察和教育改造等。

4. 城市国家机构内的保卫部门。城市国家机构内的保卫部门既是所在单位的组成部分，又是公安部门派出的代表机关。它受本单位和国家公安机关领导，执行国家公安机关的一定权力。其主要职责有：宣传教育群众做到"四防"；加强内部治安管理，侦破单位内部发生的一般刑事案件；开展调查研究，发现各种犯罪行为；严密各项防范措施，保卫要害部位的安全；负责追查破坏事故和破坏嫌疑事故；做好保密工作；领导本单位消防队、护厂队和其他安全保卫组织；监督考察本单位监外执行罪犯和被监视居住、取保候审的被告，完成公安机关交办的其他任务。

5. 治安保卫委员会。治安保卫委员会一般是维护城市社会治安的群众性自防自治组织，以城市各单位和居民委员会为单位设立，受基层党委领导并接受公安派出所的业务指导。其主要任务除了与上述部门相同的内容外，还有参加制定执行街规民约，落实治安岗位责任制；保卫重点地段、公共场所和要害部位的安全；掌握社区有轻微违法犯罪行为的人的动向；及时向公安机关报告刑事犯罪活动，及时反映可能危害治安的民间纠纷；保护案发现场；向公安部门反映群众意见和要求，并提出建议。

6. 保安服务公司。保安服务公司是我国进入市场经济体制后，在城市公安机关业务领导和支持监督下，经济上自负盈亏的营利性保卫安全的服务性组织。其任务是培训保安人员，通过与客户签订合同，提供保安服务，获取经济利益。1984 年 12 月，深圳市蛇口工业区创办了全国第一家保安服务公司。保安服务公司可以聘请既熟悉公安业务又能坚持工作的离、退休公安干部作为业务骨干，以提高保安服务的质量。

10.3.3　城市社会治安综合治理

城市社会治安综合治理是指在市党委和城市政府的统一领导下，实行专门职能机构与群众相结合的原则，城市各单位协调一致、齐抓共管，运用政治、经济、行政、法律、文化、教育等各种手段，打击和预防犯罪，维护社会秩序，保障社会稳定，为社会主义现代化建设和改革开放创造良好社会环境的管理工作。它是坚持人民民主专政的重要措施，是解决我国治安问题的根本途径，也是各级党委和政府"保一方平安"的职责。我国政府 1991 年颁布了《关于加强社会治安综合治理的决定》，多年来，社会治安综合治理工作在全国广泛深入开展，对维护社会稳定、保障改革开放和社会主义现代化建设顺利进行起到了重要作用。

1. 城市社会综合治理的原则。

（1）"属地管理"原则。其含义是城市各单位要自觉服从所在地党委、政府的统一领导，加强单位内部的治安管理和防范工作，防止违法犯罪案件的发生；同时，要积极参与所在地区的社会治安综合治理工作，调动地方和系统的积极性，保证各项工作措施的落实。公安机关要推行警务到社区的活动，努力实现"一区一警"，力争把更多警力投入到社区治安防范和群防群治工作之中。

（2）"谁受益谁出资""取之于民、用之于民"的原则。该原则即社会治安综合治理工作所需经费，由各级人民政府列入财政预算。社会群防群治组织所需经费，经当地人民政府按规定审批后，可以由企业事业单位和居民按照自愿、受益、资金定向使用的原则，适当筹集，并由受益单位和个人适当投入一定的人力、物力、财力，建立适应社会主义市场经济要求的群防群治的经费保障机制。同时建立多种形式的军警民联防队伍，充分发挥党员、团员、治保积极分子和离退休干部职工在维护社会治安方面的作用。城市社区物业管理公司要发挥协助维护居民住宅区治安秩序的积极作用。保安服务公司要加强规范管理，推进保安服务专业化。

（3）"谁主管谁负责"的原则。党政军各部门和各人民团体要各负其责，充分发挥职能作用，积极参与社会治安综合治理，主动承担减少违法犯罪、维护社会治安和社会稳定的责任；认真抓好本系统的综合治理工作，加强对本部门人员的思想教育和各项安全防范工作，防止发生重大犯罪和治安问题，切实做到"管好自己的人，看好自己的门，办好自己的事"，将"谁主管谁负责"原则落到实处。

2. 城市社会治安综合治理的目标。城市社会治安综合治理的主要目标，是实现城市社会稳定，控制和降低重大恶性案件和多发性案件，限制和减少社会丑恶现象，改变治安混乱地区和单位的面貌，使治安秩序良好，群众有安全感。考察这些治安综合治理目标的实现程度，可以运用如下指标来分析。

（1）发案率是每年发生的案件数（包括刑事犯罪案件、经济犯罪案件和治安案件等）与特定区域的人口总数之比。它是从总体上考察城市社会治安状况的综合性指标之一。

（2）破案率是一定地区、一定时间内发生的案件数与侦破查获案件的比例关系，一般用百分比表示。它直接反映专门机关与社会防治、侦破违法犯罪案件的能力。破案率的高低、破案时间的快慢，直接关系到防治犯罪、控制犯罪、稳定治安的效果。

（3）突发性事件的发生数。突发性事件是指群众性哄抢、闹事、游行、示威、静坐、绝食等事件，它的发生次数、规模程度以及持续时间，标志着该城市社会的稳定程度和城市政府的权威高低。

（4）重新犯罪率是指特定时间和范围内刑满释放人员重新犯罪的人数与总数的比率。重新犯罪现象是犯罪行为恶性循环的一种表现。作为一种反馈现象，它不仅反映了劳改工作系统的状况，而且还反映了侦查、审判、起诉及社会治安综合治理各个环节的工作状况。它是衡量城市社会治安综合治理系统工程的一项综合性指标。

（5）安全感是指城市市民对社会安全状况的直接感觉。它是一个具有可靠性、真实性的测试社会治安综合治理的指标。可以把安全感划分为不同的安全度，大致有高度安全感、适度安全感、起码安全感、无安全感四种状况。

3. 城市治安综合治理的方针和任务。"打防结合，预防为主"是我国目前城市综合治理的基本方针。首先，打击犯罪是社会治安综合治理的首要环节，要把"严打"落实到各个执法环节，把集中打击、专项整治和经常性打击紧密结合起来。重点打击有组织犯罪和带黑社会性质的团伙犯罪，流氓恶势力犯罪，爆炸、杀人绑架等严重暴力犯罪，盗窃、抢劫等严重影响群众安全感的多发性犯罪，和破坏社会主义市场经济秩序的金融、走私犯罪等严重经济犯罪。要加强协作配合，形成打击合力，始终保持对各种犯罪活动的高压态势。要正确执行法律和政策，坚持"稳、准、狠"原则，提高"严打"整治斗争的实效。其次，预防犯罪是维护城市社会治安秩序的积极措施，要把严打、严管、严防、严治有机结合起来，纠正"重打轻防"的错误倾向，切实把思想观念、工作重点、警力配置、经费投入、考核奖惩机制等真正落到"预防为主"上来；加强群防群治工作，建立和完善全社会的防控体系，全力减少违法犯罪行为。

当前我国城市社会治安综合治理的任务突出表现为以下几方面工作。

（1）深入开展矛盾纠纷的排查处理工作。为了将社会矛盾消灭在萌芽状态，避免矛盾纠纷激化或酿成群体性事件，应建立健全矛盾纠纷排查处理工作机制和制度，及时发现和掌握矛盾纠纷，及时采取有效措施妥善处置。同时及时了解群众关注的治安难点、热点问题，把住城市社会治安综合治理的源头关。

（2）认真落实各项安全防范措施。加大对重点地区、要害部位、特种行业和特殊群体的管理力度，严格落实责任制，严防危险物品丢失、被盗和流散社会。强化安全生产工作，落实安全生产责任制，检查督促各单位认真执行安全生产的法律法规和规章制度，有效防止重大事故的发生。

（3）深入持久地开展基层安全创建活动。要把基层安全创建活动作为城市社区建设的重要内容，从群众关心的问题入手，重点抓好严重影响群众安全感的多发性案件的预防工作。探索和深化各种形式的基层安全创建活动，如开展创建安全文明铁道线、平安大道、安全文明校园、无毒社区和安全社区等共建活动，巩固和扩大安全创建成果。

（4）加强对流动人口的管理。把管理、教育、服务紧密结合起来，引导人口有序流动，预防和控制违法犯罪。城市劳动部门要采取措施提高劳动力的组织化程度，社会各界要本着"谁用工谁负责""谁出租谁负责"的原则，加强对出租房屋和流动人口落脚点的管理。做好无合法证件、无固定住所和无正当生活来源的流浪乞讨人员的收容遣送工作。

（5）加强对刑满释放、解除劳教人员的安置、帮教工作。监狱、劳动教养场所要提高教育改造质量，同时加快信息管理系统建设，做好服刑在教人员刑满释放、解除劳动教养时的衔接工作，做到不漏管、不失控，特别要加强刑满释放人员重新违法犯罪的防范工作，并动员社会各界广开就业渠道，做好帮教，减少重新违法犯罪。

（6）加强法制和道德教育，落实预防青少年违法犯罪的工作措施。预防和减少青少年违法犯罪，要将依法治国和以德治国结合起来。首先加强普法工作，增强青少年法制观念。城市学校要开设法制课程，同时加强学校周边地区治安环境的综合治理，加强青少年活动场所的建设与管理，查禁淫秽色情活动和各种非法出版物，消除黄赌毒等社会丑恶现象对青少年的不良影响。其次要加强对青少年的思想政治和法制道德教育。加强学校的德育课程，把家庭教育、学校教育与社会教育紧密结合起来，形成关心青少年健康成长、预防和减少违法犯罪的良好社会氛围。

10.4　城市突发事件管理

10.4.1　城市突发事件的含义及其特征

"突发事件"一词比较有代表性的定义是欧洲人权法院对"公共紧急状态"的解释，即"一种特别的、迫在眉睫的危机或危险局势，影响全体公民，并对整个社会的正常生活构成威胁"。城市突发事件一般是指突然发生，造成或者可能造成重大人员伤亡、财产损失、生态环境破坏和严重社会危害，危及公众生命财产安全、社会秩序和公共安全，需要政府立即采取非常态管理与应对措施加以处理的公共事件。

根据突发事件的发生过程、性质和机理，城市突发事件主要可分为以下四类：自然灾害；事故灾难；公共卫生事件；社会安全事件。各类突发公共事件按照其性质、严重程度、可控性和影响范围等因素一般可分为四级：Ⅰ级是特别重大，Ⅱ级是重大，Ⅲ级是较大，Ⅳ级是一般。总体来看，城市突发事件基本特征一般有：

（1）不确定性。事件发生时间、形态和后果往往无规则，难以准确预测。

（2）紧急性或突发性。事件发生突如其来或者只有短暂预兆，预防难度大。

（3）威胁性。事件发生后对公众生命、财产、社会秩序和公共安全具有直接的严重危害或潜在损害威胁，有的还对社会传统价值观念产生深远影响。

（4）社会性。事件发生后造成的损害往往具有一定规模，形成对局部或社会全局的影响。

（5）非常态性。事件发生属于非正常状态，处理突发事件的实质是非程序化的决策问题。

10.4.2　城市突发事件管理原则

城市突发事件管理是指政府为了应对突发事件而进行的一系列有计划、有组织的管理过程，对所有事件发生因素的预测、分析、化解、防范等而采取的行动，包括对组织面临的政治、经济、法律、技术、自然、人为、管理、文化、环境等所有不确定相关因素的管理。主要任务就是有效地预防和处置各种突发事件，最大限度地减少突发事件的负面影响，坚持如下应对原则。

1. 以人为本，减少危害。即从切实保障公众健康和生命财产安全出发，最大限度地减少突发公共事件及其造成的人员伤亡和危害，全面履行城市政府处理突发事件的责任。

2. 居安思危，预防为主。时刻保持对突发事件的高度警惕，常抓不懈，防患于未然。增强忧患意识，坚持预防与应急相结合，常态与非常态相结合，做好各项应对工作。

3. 统一领导，分级负责。在城市政府统一领导下，建立健全分类管理、分级负责，条块结合、属地管理为主的应急管理体制；实行行政领导和专业应急指挥机构的责任制。

4. 依法规范，加强管理。依据有关法律和行政法规，加强应急管理，维护公众的合法权益，使应对突发公共事件的工作规范化、制度化、法制化。

5. 快速反应，协同应对。加强应急处置的队伍建设，建立联动协调制度，充分动员乡镇、社区、企事业单位、社会团体和志愿者队伍，充分发挥其作用，形成统一指挥、反应灵敏、功能齐全、协调有序、运转高效的应急管理机制。

6. 依靠科技，提高素质。加强公共安全科学研究和技术开发，采用先进的监测、预测、预警、预防和应急处置技术及设施，充分发挥专家队伍和专业人员的作用，提高应对突发公共事件的科技水平和指挥能力；同时加强培训教育工作，提高公众自救、互救和应对各类突发公共事件的综合素质。

10.4.3　城市突发事件的一般处理程序

由于城市突发事件的出现通常情况下都比较突然，因此需要政府采取与常态管理不同的紧急措施和程序。一般来看，处理城市突发事件的程序与手段主要包括以下几个方面。

1. 确认突发事件的来源。

在城市遭遇突发事件的时候，先要确认危机的来源。这要借助于突发事件或危机的风险管理，即根据对突发事件规律的大量研究，当风险出现时会及时地确认可能的来源。对风险的管理可依据下列步骤进行：（1）对城市的发展情况进行调查，列举出可能出现的风险；（2）对这些风险进行确认，排除不存在的风险；（3）将各种风险列举在管理目录中；（4）对列出的风险进行横向的分类及纵向的分级管理。

2. 对突发事件的类型及级别进行判断。

在确认突发事件的来源后，紧接着就是对突发事件的类型及级别作出基本判断并采取相应的处理措施。在这一阶段主要要解决的问题是：（1）对可以预见且时间和资源允许处理的风险，尽量减少其发生的可能；（2）对可预见的但可能发生概率较低的风险，可以通过投保将风险转移给保险公司；（3）对现在没有表现出来，但其爆发总存在一定征兆的风险，采取建立预警系统对其监控；（4）对那些完全不能预测到的风险，则必须建立一个有效、完善的危机处理机构，以对随时出现的风险进行处理和灾后恢复。

3. 突发事件的应对。

（1）信息报告。突发事件管理要求反应时间要快，反应时间越短，表明处理突发事件的能力越强。若信息不明，不能及时了解和确定哪些物资或人员处于危机之中，就会错失应对突发事件的最佳时机。因此，迅速收集突发事件信息是应对最为关键的一步。故计划与情报部门应及时积极地做好突发事件的调查和信息收集工作，确保在短时间内，将准确信息传递给应对机构的指挥者。（2）突发事件处置。得到危机事件的信息后，城市人民政府根据职责和规定权限迅速启动相关应急预案，及时、有效地处置、控制事态恶化和蔓延。先确定危机处理的领导小组，组织现有可利用人员，并保证各部门能正常运转；同时由于突发事件中不确定性因素很多，要注意留有一定的弹性空间，适时纠正和完善预案。（3）突发事件应急的结束。突发事件应急处置工作结束后，要检查是否还存在危险因素，并妥善处理和消除突发事件的后续影响。

4. 危机后的恢复。

（1）善后处置。要积极稳妥、深入细致地做好善后处置工作。对突发事件中的伤亡人员、应急处置工作人员，以及紧急调集、征用有关单位及个人的物资，要按照规定给予抚恤、补助或补偿，并提供心理及司法援助。有关部门要做好相关防护工作。保险监管机构要督促有关保险机构及时做好有关单位和个人损失的理赔工作。（2）调查与评估。针对危机暴露的城市管理中存在的弊病、缺点和问题，要深入研究危机爆发的原因、性质、影响、责任、经验教训，并对城市重建等问题进行评估。（3）恢复重建。根据城市突发事件的灾害程度，制定重建计划并组织实施。

5. 信息的发布。城市突发事件的信息发布应当及时、准确、客观、全面。要在事件发生的第一时间向社会发布简要的信息，随后发布初步核实情况、政府应对措施和公众防范措施等，并根据事件处置情况做好后续发布工作。信息发布的形式主要包括授权发布、播发新闻稿、组织报道、接受记者采访、举行新闻发布会等。

10.4.4　我国城市突发事件管理体系建设

近年来，部分地区出现的突发公共事件对我国经济社会带来很大的危害，而且对公民自身的生命财产安全产生了很大的威胁，警示政府对突发事件要有一个健全的反应机制，把突发事件带来的危害最大限度地降低。从党的十六届四中全会中提出了"一案三制"的总体要求到十九大要求做好新时代公共安全与应急管理工作，建设应急管理体系和细化管理方式一直是我国关注的重点之一，其中"一案三制"成为我国应对突发事件的基础框架，对构建整体应急管理体系都有重大意义。

1. 应急预案。应急预案作为应急管理体系建设过程中的核心部分，基于"一案三制"的初衷，在指导、纲领以及规划方面具有重要意义。通过对众多主体的责任划分，应从整体方案、地方性方案、专项方案以及部门和企事业单位等大型企业所承担的应急预案方面进行制定。当前，我国对于突发事件所要涉及的相关法律法规的初始体系已经形成。其中应对的法律35件、行政法规37件、部门规章55件，有关文件111件。国务院发布了《国家突发公共事件总体应急预案》，接着国家有关部门也制定了包括《国家地震应急预案》在内的25件专项预案、80件部门预案，不同省份都制定了本省的总体预案。①

2. 应急体制。在我国的行政管理体制中应急管理体制是相比于其他体制较为重要的内容，其核心作用在于将各个管理机构应对突发事件时做出的方案实际运用，也就是说在整体方案、专项方案、地方以及各部门应急管理的范围、职责、分工和权利等方面相协同的管理形式和组织形式。

当前，国内在相关方面的基本措施已经完成规划。国内省市以及部分县级机构已经在应急管理方面进行职权划分和职责明确，在水灾旱灾、地震灾害、公共安全、公安通信、反劫机等专业方面的应急管理机构目前在职能和各机构之间的协同工作也稳步进行。

3. 应急机制。近几年随着国家对应急管理的重视和改革，目前已经在事件前期、事件中期、事件后期等环节初步完善其制度和措施，为事件的前期预防、中途处理以及善后处置等流程提供重要保障和制度化管理流程。

应急管理事前处理工作。当前国务院就事件突发的前期预防方面制定了相关法律法规和准则规定，通过突发公共事件的预防，可以将处于"苗头"阶段的潜在隐患消除，将事件发生所造成的损失降到最低。另外国务院在预防方面会不定期地要求各地方政府在预防突发公共事件领域制定好相关措施，为事件前期预警的作用顺利激发而铺垫渠道，将政府作为主导的作用体现出来，在事件的潜伏期就将其消除和处理。

应急管理事中处理工作。目前在处理公共事件的流程上，国内一直以自上而下的方式实施，上到国务院，下到地方执行部门，各个环节紧密连接。在事件发生的第一时间国务院会对突发事件召开布置会议，会中可以将应急方案快速确定，方案确定后第一时间下发所属地区的政府机构和办事单位。地方政府通过应急预案的下发，可以迅速组织人力和物力到达事故现场，在事件处理的时间成本上提供很多便利。现场通过相关管理人员的职责划分，对事件受灾群众进行精神安抚和疏导，及时转移潜在受威胁人群，从而最大限度保证群众的人身和财产安全，将所有损失降到最低。

① 钟开斌. 回顾与前瞻：中国应急管理体系建设 [J]. 政治学研究，2009（1）：78-88.

应急管理事后处理工作。我国在应对突发公共事件的善后处理部分和流程包括灾害后的重建、灾害的原因分析以及责任调查、群众就应急方面的意识宣传等主要工作，其主要处理原则是"恢复—宣传"。前期事故灾区得以控制后，我国相关部门会根据实际情况进行拨款重建。以政府和地方为主导，将所有重建工作合理、有秩序地进行和安排。灾后群众的精神安抚也需重点关注，以免出现不可控制的动乱或者意外，快速将社会风气向正确的方向进行引导和鼓励，将相关的宣传教育同步，增加人们面对自然灾害的信心和动力。

4. 应急法制。《中华人民共和国突发公共事件应对法》于 2007 年 11 月 1 日正式实施，同时也是中华人民共和国成立后对于应急事件的首部法律和规章，反映着我国在相关方面的法律已经基本健全和确定，以此来提高应急管理执行时的法律效力和合理性，标志着我国在应对突发事件的管理模式上有法可依，以法为基础，实现了中国应急管理法制化。同时，诸多相关条例也陆续出台，包括《消防法》《突发公共卫生事件应急条例》《国家安全法》《防震减灾法》等。总之，当前我国在各种法律的制定上都是在宪法的范围内，对配套法律的一种完善和健全，代表着我国在应急管理法制化的道路上已经迈开步伐，大力发展。

❖ 阅读材料

苏联切尔诺贝利核电站事故

1986 年 4 月 26 日 1 时 23 分 44 秒，就是眼前这座切尔诺贝利核电站综合体另一端的 4 号机组核反应堆发生爆炸。反应堆内的 8 吨多放射性物质外泄，相当于日本广岛原子弹爆炸辐射量的 200 多倍，给核电站附近的员工和居民，给国家经济和生态环境带来了无法估量的损失，酿成人类和平利用核能历史上最惨痛的悲剧。

切尔诺贝利核电站当时有职工 5 000 多人居住在距切尔诺贝利 50 千米外的新城——斯拉乌季奇市。电站始建于 1970 年，共有 4 座装机容量为 1 000 兆瓦的石墨型核反应堆，是苏联时期世界上最大的核电站。1 号、2 号、3 号、4 号机组分别于 1977 年、1978 年、1983 年、1984 年并网发电。没想到，最新的 4 号机组在 1986 年会出事故，爆炸引发的大火浓烟整整持续了 10 天。当时十万火急，飞机从高空向燃烧中的核反应堆抛投水泥和钢筋，以便构筑一个厚达几米的保护罩，形成封盖反应堆的"石棺"。

乌克兰煤炭资源丰富，但清洁能源严重缺乏，在切尔诺贝利兴建这座大型核电站正是出于弥补清洁能源不足的考虑。1986 年 4 号机组发生事故后，乌克兰供电紧张，其他三个机组不得不冒着极大的安全风险继续运行。2 号机组于 1991 年又发生火灾事故，此后一直处于非工作状态；1 号机组运行到 1996 年关闭；3 号机组按计划应于 2000 年底前关闭，可经过几次检修后仍在运行。专家们对"石棺"内残留的核燃料状况知之甚少，估计还有 100 吨左右。在雨水的长期渗透侵蚀下，"石棺"已出现裂缝，其顶板有坍塌的危险。而且，核燃料也会产生某种自燃反应。因此，彻底改造"石棺"成了最紧迫的难题。1997 年，西方七国集团首脑会议要求乌克兰政府完全关闭切尔诺贝利核电站，并承诺筹集 10 亿美元的资金，帮助建造一个重达 1.8 万吨的巨大钢棚，用以屏蔽整个"石棺"，保护核电站周围免受放射性物质的危害。但改造"石棺"所需的大量资金远未到位，核电站能否如期关闭也成了问题。

"石棺"长 160 米，宽 110 米，高 75 米，里面掩埋的就是 4 号机组核反应堆。当年，为扑灭反应堆爆炸而引起的熊熊烈火，政府动用了军队和直升机。抢险人员当时毫不知情，身上没有任何防护设备。经过 200 多个昼夜的奋战，投入 5 000 多吨钢材，浇筑了 36 万吨混凝土，才构筑起这座奇特的"石棺"。

资料来源：节选自周晓沛. 参观切尔诺贝利核电站纪实 [J]. 党史博览，2014（4）：18 - 20.

思考题

结合材料，谈谈技术灾害给人类带来的影响，以及应该如何加强城市灾害预防。

本 章 小 结

城市公共安全管理包括城市防灾管理、城市社会治安管理、城市突发事件管理几个方面。

城市防灾管理。从城市灾害的成因来看，城市灾害的内容包括自然灾害、由技术引发的灾害、环境灾害以及人为因素诱发的灾害。

城市社会治安管理。城市社会治安问题不仅是重大社会问题，也是重大政治问题，同时加强社会治安管理是建设和谐社会的重要保证。目前，公安机关是城市社会治安管理的主要机构。

城市突发事件主要包括自然灾害、事故灾难、公共卫生事件、社会安全事件。针对不同类型的城市突发事件，对事件的特殊性、影响范围、危害程度等有一个更为具体、更为深刻的认识，从而应用更具针对性和现实性的对策。

关 键 名 词

城市公共安全管理　城市防灾管理　城市社会治安管理　城市突发事件管理

复 习 思 考 题

1. 什么是城市公共安全与城市公共安全管理？

2. 什么是城市突发事件？城市突发事件主要有哪几种类型？

3. 什么是城市公共安全？它的主要成因有哪些？城市防灾应遵循哪些原则？

4. 城市防灾管理需要遵循哪些原则？

5. 城市社会治安管理的意义是什么？城市社会治安管理的组织机构有哪些？怎样进行城市社会治安的综合治理？

第 11 章　城市发展管理

【学习目标】

在快速发展的城镇化进程中，国际城市发展面临的格局异常复杂，城市之间的竞争日趋激烈。如何科学把握城市发展的趋势，无疑成为我国城市发展进程中需要注意的重要问题。通过本章学习，学生应了解城市文化、智慧城市、城市经营、城市竞争与合作这些城市发展新趋势，掌握城市文化的构成及其建设内容，了解智慧城市的内涵、特征及我国智慧城市建设的现状，认识城市经营与城市竞争力的重要意义。

【重点内容】

- 城市文化的内涵与特征
- 城市文化结构
- 智慧城市的含义与特征
- 智慧城市建设现状
- 城市经营与企业经营
- 城市竞争力及影响因素

【典型案例】

上海新一代信息基础设施建设全面加速

上海已实现核心城区 5G 室外覆盖；宽带发展联盟发布的《中国宽带速率状况报告》显示，上海固定宽带平均可用下载速率已达到 41.95Mbit/s，连续六年领跑全国。

智慧治理模式全面推广，带动城市管理走向一网统管。全市网格化综合管理主动发现问题能力不断提升，公众参与积极性不断增强，案件处置质量明显进步，管理效能持续显现；全市综合地下管线数据库拥有各类综合管线数据近 12 万公里，涉及道路长度 7 478 公里，基本覆盖上海市中心城区及外环外建成区。纵深立体的智能城运体系逐步形成，城市管理日趋向科学化、精细化、智能化方向发展。

智慧政府建设稳步推进，打响"一网通办"服务品牌。"一网通办"总门户个人实名用户注册量已突破 1 008 万人，平台累计办件量已超 2 489 万件。在公共数据开放方面，目前已面向社会累计开放 2 100 项公共数据集，2019 年内预计开放总量达 3 500 项。2019 年 10 月，国内首部针对公共数据开放的地方政府规章——《上海市公共数据开放暂行办法》发布施行。信息化服务民生关切，助力上海建设有温度的宜居城市。全市已有超过 258 条公交线路，3 644 个站点实现公交实时到站信息预报服务，上海交通 App 已覆盖全市超过 90% 的公交线路，建成各类信息屏累计近万。全市 38 家市级医院中已有 37 家实现检验检查结果互联互通互认。生活服务智能应用逐步铺开，市民获得感和满意度稳步提升。

资料来源：上海智慧城市发展水平指数为 105.86 ［N］. 中国电子报，2019 – 12 – 6.

11.1　城市文化

城市是人类劳动大分工的产物。城市作为人类为满足自身的生存和发展需要而创造的人工环境，其发展不仅是一个长期的物质环境的建设过程，同时也是一个长期的文化积淀过程。"城市总是有自己的文化，它们创造了别具一格的文化产品、人文景观、建筑及独特的生活方式。甚至我们可以带着文化主义的腔调说，城市中的那些空间构形、建筑物的布局设计，本身恰恰是具体文化符号的表现。"① 在城市发展的长河中，城市发展的历史其实就是一部文化发展的历史。城市兼收并蓄、包罗万象、不断更新的特性，促进了人类社会秩序的完善、文化的聚变和财富的积累。城市的魅力在于它发达的社会文化。一个没有文化的城市不可能是一个持续发展的城市。

11.1.1　城市文化的概述

著名的芬兰建筑师与规划学家伊里尔·沙里宁（Eliel Saarinen）曾经说过："让我看看你的城市建筑，我就能说出这个城市居民在文化上追求什么""城市是一本打开的书，从中可以看到它的目标和抱负。"② 城市文化是人类文化的一种特殊形态，是人类发展到一定阶段的一种结果。

1. 城市文化的内涵。文化与城市的经济、社会和环境有着紧密的联系。文化作为一项重要的城市政策已经越来越受到人们的关注。欧洲委员会通过的《欧盟可持续城市发展：行动框架（1998）》强调将文化遗产的保护、地方文化的强化和文化的提升作为一项重要的财富，并作为一个国家以及地方的重大发展目标。然而，由于文化的内涵及外延的丰富性，众多的城市文化研究文献都未对城市文化提出明确的定义。

从广义的认识来看，凡涉及城市和文化的各种各样的思想意识，物质和精神产物，

---

① ［英］迈克·费瑟斯通. 消费文化与后现代主义 ［M］. 南京：译林出版社，2000：139.
② 方可. 当代北京旧城更新：调查研究探索 ［M］. 北京：中国建筑工业出版社，2000：126.

传播科学技术、教育和文化知识，开展文化娱乐、旅游、展览、收藏的各项活动，以及人们生活中所追求的理念、传统、信仰、制度、风俗、经验等，都属于城市文化的范畴。

从学科的观点来看，城市文化的定义应是指以城市为载体和表现形式的，展示人与人类理想追求及其各种实践活动的文化类型，主要是由城市发展的思想追求、城市要素的空间布局形制和形态、自然和社会历史文化遗产的保护与利用、城市人居环境建设和发展、城市生态文明成就和景观风貌、城市形象和个性特色以及城市文化事业的基本设施建设等所构成的文化形式和内容，组成城市的文化体系。

2. 城市文化的特征。从一定意义上来讲，城市是一种文化形态。我们可以说，城市根植于人类一定时期的价值信念、伦理道德、习惯以及意识形态等文化土壤之上，同时，城市又是特定文化的表现形式。正因为如此，城市在人类文化和文明发展史上具有重要地位。城市文化伴随着城市的诞生和发展不断进化，在城市演化的历史进程中，它形成了自己的特性。

（1）地域性。城市是经历了漫长的岁月逐步发展而成的，由于地理位置、生产生活方式等的差异，历史地形成了不同的地域，不同的地域文化又有着不同的特色。从渊源上来讲，城市的兴起是基于一定的地理位置和交通状况，并由此影响到城市的功能和人们的生活状态，进而孕育出相应的城市观念和文化。作为地域的中心，城市承载着其所在区域历史文化传统的积淀，这是城市文化产生认同感、归属感的基础，也是城市个性形成的根本原因。城市文化来源于城市生活，来源于市民群众，是城市群体和市民的创造物，由于是不同城市的不同人群在不同时期所创造生长的，所以，其具有鲜明的地域性特点，又具有丰富多彩的个性。俗话说"一方水土养一方人"，城市文化的地域性差异是城市应保存的有价值的文化内涵，是城市市民对本民族与本地区和本城市的历史、传统、宗教信仰及其载体的一种成熟的认同了的看法及行为表现。地域性特征使城市文化具有相对的稳定性和传承性。

（2）多样性。人类文化本来就是由多样性的文化组成，人类文化多样性的存在又是人类社会的福祉，也是人类文化生生不息的生机所在。城市从来就是各民族、各种文化相互混合、相互作用的大熔炉，新的种族、新的文化、新的风俗与新的社会形态就从这些相互作用中产生出来的。到文字记载的技术发明问世时，城市文化早已经历了很长的发展历史，无法统计的发展历史长度使城市文化在不断地碰撞、融合中呈现出多样性的特征，多元异质性的城市文化环境为每个市民提供了多种选择的可能，可以说，世界上的城市是千差万别的，根本的差别就在于城市文化的不同。

（3）聚集性。城市不仅是人口密集的场所，而且也是产业、资金、技术和建筑物密集的场所。高密度的人口、建筑、财富和信息是城市的普遍特征，这同样会导致文化上的集聚。在城市积聚的文化有来自不同时代的文化（古代文化与当代文化）和来自不同方向的文化（民族文化和外来文化）。这些文化不仅在城市沉积，而且在城市融合、渗透和创新。城市文化的集聚性特征也表现在城市是各种文化资源的"集聚地"。城市社会所拥有的文化设施是农村社会所无法比拟的。在现代社会，城市不仅集中了各种文化设施和艺术精品，其中包括博物馆、展览馆、影院、歌剧院、文化艺术馆、城市空间设计、建筑风格极其精致的外部装饰要素，而且也集中了大学、中学等教育机构以及研究所；不仅是各路文化人才的聚集地，而且也是各种思想流派、艺术流派相互交锋、相互融合的场所。总之，城市以其独有的向心力使人类的财富、信息、权力乃至全部生活方式都以城市为中心进行汇集。这个集中过程使城市文化更具社会化，它的涵盖面越来越大、凝聚力越来越强，这必然带来文化在城市的聚集和繁荣，进而逐步形成多民族文化特色。

（4）辐射性。城市对区域外的反馈和作为中心区域的辐射作用，使得城市文化的影响溢出城市的范围，成为文化辐射和扩散的中心，城市文化的发展水平已经成为衡量区域文化发展水平和文明程度的主要尺度。城市文化是城市吸引力与辐射力扩大的基础，是支撑城市生存、竞争和发展的巨大动力和无形资产。城市文化的交流和传播使得城市理念、价值观以及城市经济辐射力、文化影响力、政治作用力向周边地区渗透和扩散，从而提高城市的知名度，增强城市的辐射力和影响力。

3. 城市文化的结构。城市文化是城市物质文明和精神文明成果的总和，是由众多子系统复杂地结合在一起的多面体，呈现出多层次的特征。一般来说，城市文化结构可以分为以下三个层次。

（1）城市的物质文化。城市的物质文化是为满足人类生活和生存需要而创造的物质产品及其所表现出来的文化，反映了人与自然的关系，是文化的表层。它由城市中可感知的、有形的各类基础设施构成，包括建筑、道路、通信设施、水源和排水设施、垃圾处理设施、市场上流通的各色商品以及行道树、草地、花卉等人工自然环境所构成的城市物质文化的外壳。这些物质现象之所以也被纳入城市文化的范围，不仅是由于它们典型地体现了"人化自然"的特征，而且也是一个城市文化风貌最生动、直观、形象的呈现。不仅城市中那些有形的物质实体鲜明地显示了城市的精神风貌，而且一个城市的布局、城市的空间结构也形象地反映了一个城市的文化特征。

（2）城市的制度文化。城市的制度文化是人类在一定历史条件下形成的社会关系及与之相适应的社会规范体系，反映了人与人、人与社会的关系，是文化的中层。城市制度是城市文化制度化、规范化以后的一种结果，是城市文化的一种实体化的表现形式，因此，城市文化的变迁必然会通过城市的各种制度变迁表现出来。城市的制度文化以城市的物质文化为基础，但主要满足城市居民更深层次的需求，即由于人的交往需求而产生的合理地处理个人之间、个人与群体之间关系的需求。在城市的制度文化中，最重要的有家庭制度、经济制度和政治制度。

（3）城市的精神文化。城市的精神文化是人类在改造自然和社会过程中的思维活动和精神活动，是文化的内核。城市的精神文化是相对于城市物质文化、制度文化的城市精神文明的综合，它包括一个城市的知识、信仰、艺术、道德、法律、习俗以及作为一个城市成员所习得的其他一些能力和习惯。城市的精神文化又可以分为两个部分，一部分是通过一定的物质载体（如印刷媒体、电子媒体以及其他有形媒体）得以记录、表现、保存、传递的文化，另一部分则以思想观念、心理状态等形式存在于市民的意识和行为中。城市的物质文化、制度文化和精神文化三个层次互动共生，构成了一个有机联系的城市文化系统。城市的物质文化是城市的"外衣"，城市的发展离不开如房屋、道路、公共设施等物质文化要求；城市的制度文化是城市的"骨架"，它为城市的物质文化和精神文化提供制度保证；城市的精神文化则是城市的"灵魂"，它是城市社会现实在居民头脑中的反映，又反过来影响和改造现实，影响城市物质文化、制度文化的进步速度。

4. 城市文化的类型。城市文化丰富的内涵和外延决定了其表现形式的复杂多样。以下从不同角度对其加以把握。

（1）从发生的时间来看，城市文化可分为历史文化和现代文化两大类。前者是指历史上各类文化的沉淀和积累，后者是对前者的继承和发展，是前者在新时代的一种表现。

（2）从存在的形态来看，城市文化可分为精神文化和物质文化两大类。前者是指各种文学、艺术、思想、道德、行为准则等非物质文化实体；后者是指各种建筑、人造景观、公共设施、雕塑小品等物质文化实体。两者通常相互结合、融为一体。

（3）从作用的区域来看，城市文化可分为社区文化、校园文化、街道文化、企业文化、商场文化、公园广场文化等，它们通常只反映了特定城市区域人类的精神风貌。

（4）从作用行业的性质来看，城市文化可分为生态文化（广义的农业文化）、工业文化、建筑文化、旅游文化、餐饮文化（食文化）、购物文化、广告文化、商业文化、金融文化、消费文化、管理文化等。

11.1.2　城市文化的意义

1. 城市文化是城市经济发展的基础和支撑。在一个社会系统内，文化与经济是共生互动的。作为历史积淀深厚的城市，其创造的产业价值是巨大的，对经济发展的推动力是很明显的，这种动力又会对城市及其文化的发展起促进作用。城市经济活动无不体现着城市文化的内涵。除文化产业本身之外，没有任何文化不是同经济连在一起的，城市文化渗透在城市经济的各个领域，从政府经济政策，到企业的经营理念、管理方式，再到消费服务的各个方面，无不渗透着文化的影响。文化与经济的相互促进、融合已成为当今世界的新特点、新趋势。城市文化不仅是种精神活动，它本身也能创造巨大的经济效益和财富，促进经济的发展。城市文化融入经济活动之中，可以提升经济的价值和品位，以形成行业特色，可增强吸引力，推动消费，增加经济总值，这是被许多实践所证明的。从某种意义上来讲，城市文化是城市经济发展的内在基础。城市文化是城市经济吸引力与辐射力扩大的基础，是支撑城市生存、竞争和发展的巨大动力和无形资产。而且，就城市的经济发展而言，文化因素能为其提供深层次、宽领域、强势头的动力，更能从经营管理理念层面上保证城市发展的制度连续性、规划合理性和建设系统性。无论哪个城市，哪一时期的城市发展都需要文化的支撑。城市文化对城市经济的支撑作用主要表现在：一是城市文化导向赋予经济发展以价值意义；二是城市文化赋予城市经济发展以极高的组织效能；三是城市文化赋予城市经济发展以更强的竞争力。经济是城市的形，文化是城市的神，经济与文化相辅相成，形神兼备，城市将散发无穷魅力。

2. 城市文化为城市发展塑造形象和提高品位。城市是国家的核心，是科技、教育、市民素质、观念意识等构成的文化的象征。城市是有气质的，构成一座城市全部魅力的核心在于这座城市的精神品格，即城市文化。城市文化虽然是无形的，却比有形的物质设施影响更深远、更广泛。城市文化不仅可以创造城市经济价值，还可以塑造城市形象和提升城市品位。城市形象是一种文化感知，是城市内在历史底蕴和外在特征的综合表现，是城市整体的公众印象，是城市总体的特征和风格。城市形象是城市重要的无形资产，对城市的发展有相当的影响力。对民族而言，文化是一个民族的精神之根；对城市而言，文化是一个城市的气质、风骨和灵魂。文化能够塑造城市形象，提升城市品位，是城市面貌与内在精神的有机统一，历史文化与现实文化的统一。一个城市形象的"软件"部分，即那些生气勃勃的、最能够感染人影响人的部分，主要就表现在城市的文化方面。城市形象所凝聚的是独特的社会文化环境，是具有个性特色的文化内涵。世界上著名的城市都有其演进的文化、传承的精神和延续的历史。几乎每座世界历史文化名城都实实在在地浸透着这座城市乃至国家的历史，展示着这座城市乃至祖先的辉煌，体现着这座城市乃至民族的精神，折射着这座城市乃至地域的文化情趣和象征着这座城市乃至公众的生活品位。如维也纳是世界音乐之乡，罗马是古典文化集萃的城市等，这些城市的文化定位为城市形象的塑造赋予了美好的品质。

3. 城市的持续发展离不开健康的城市文化。可持续发展理念的核心是人们对传统的主导人们实践行为理念的片面性及其不良后果的深刻反思和对传统发展观念的扬弃，是人类在新的健康的文化观念和文化价值指导下所采取的一种发展方式①。换句话说，文化建设和文化现代化是可持续发展的灵魂，离开了正确文化观念的指导，就无所谓可持续发展。正如佩鲁所说："企图把共同的经济目标同他们的文化环境分开，最终会以失败而告终"②。一个持续发展的城市不仅要实现经济的持续增长，更重要的是要有健康的充满活力的文化气息。目前，不少城市都已把建设健康的城市文化作为城市发展战略重要的组成部分之一。

4. 城市文化是城市核心竞争力的源泉。在经济全球化的背景下，国际间的竞争更多地表现为城市竞争力。城市的核心竞争力是指一个城市所独具的、使城市能在一个行业（产业）或城市的其他领域取得领先地位所依赖的关键性能力，它是能将城市的独特资源转化为竞争优势的一组政策、知识、技术或技能的有机综合体，而非城市所拥有的资源和禀赋本身。城市核心竞争力的形成不是一朝一夕的短期行为，而是具有历史的积淀性，特别是文化的积淀性，主要包括城市长期以来秉承的发展特色和城市的人文精神，要不断地积累、超越和升华。城市文化是城市"关键性的能力"的源泉。人类的城市演变史表明，没有文化的城市是没有灵魂的，也没有美好的未来。优秀的城市文化

---

① 世界经济文化年鉴编辑委员会. 世界经济文化年鉴（1997）[M]. 北京：人民出版社，1998：81-95.

② 朱闶，郭建国. 城市规划中的文化因素刍议 [J]. 热带地理. 1998（12）：311-314.

是城市领先于竞争对手的一种独一无二的关键性力量。因此，一个城市是否有核心竞争力，最根本的是看它的文化力，即文化资源、文化氛围和文化发展的水平和潜力。商业时代城市的发展，使得城市文化的竞争已经成为城市竞争的重要组成部分。城市最终的竞争是文化竞争，只有文化内涵丰富、发展潜力强大的城市才是魅力无穷、活力无限的城市。城市文化力是城市竞争力的核心。城市文化力是一种软实力，比任何产业都能创造出一座有质量、品格与品位的出色城市。

11.1.3　城市文化的建设策略

1. 城市文化建设的内容。尽管各个城市的文化基础不同，其发展道路和具体过程也各有其特殊性，但是总体来说，城市文化建设主要包括以下几个方面。

（1）培育具有现代素质的市民。培育具有现代素质的市民是城市文化建设的核心。市民是城市的主体，是城市社会文明的创造者和体现者，也是城市文化的载体。城市市民的素质如何，直接决定着一个城市的形象。没有现代素质的市民，现代化城市就无法建设，只有不断培养广大市民的文化素质，不断增强他们的城市意识、开放意识、法制意识和现代生活环境意识，才能促进一个城市形成良好的社会风气和精神风貌。

（2）创建具有个性的城市形象文化。城市形象文化主要是指城市的外观形象，它包括城市现代化的基础设施和时尚的外观形象。例如，城市的空间布局，建筑的造型、风格、色彩以及道路、广场、公园、雕塑、路灯、栏杆，甚至路牌、广告等，都不能凌乱无章、残缺不全、千人一面。形象文化就像一个人的脸，是城市文化的物质载体。创建城市形象文化，要讲究城市的整体和谐审美情趣，使城市具有文化个性和艺术感。

（3）充分挖掘城市的历史文化资源。历史文化资源是一个城市文化品位的重要表现，是一个城市文化个性的生动体现，也是一个城市成为文化名城的一种最独特的文化优势。

（4）建设发达的文化产业。文化产业主要包括文化娱乐产业、影视及音像制品业、新闻出版业、文化旅游业以及一些与文化相关的美食、美容、时装、休闲、美术品产业等。文化产业作为"朝阳产业"，既可以有力地促进经济发展，也可以极大地提高一个城市的文化品位。

（5）开展丰富多彩的群众文化活动。群众文化既是指城市市民之间一些自娱自乐的文化形式，也是指一些节庆文化活动。群众文化是城市文化的重要组成部分，也是建设文化名城必不可少的一个重要内容，特别是节庆文化活动，对提高城市的文化品位，养成群众的文化意识，具有不可估量的重要作用。

2. 城市文化建设策略。

（1）制定相应文化政策。城市人类是城市的主体，其素质决定了城市整体文化素质和形象。制定相应的城市文化政策，提高城市人类的文化素质，应注重以下几个方面：一是重视教育，广泛开展职工培训以及再就业培训，增强居民的工作能力和素质，使其真正为城市发展作出贡献。二是重视文化基础设施建设。建设文化广场、主题公园、娱乐中心、图书中心等设施，为城市人类的文化活动提供场所。三是组织开展群众性的文化活动，繁荣企业文化、校园文化、社区文化等，提高文化的普及性。四是加强正确的伦理道德观念的宣传和教育，崇尚"爱人爱己，携手共进"的社会信条。

（2）塑造城市精神。美国著名城市学家斯宾格勒（Spengler）指出，"将一个城市和一个乡村区别开来的不是它的范围和尺度，而是它与生俱来的城市精神"。城市精神是一个城市的灵魂，城市精神既以观点形态、心理状态等形式存在于城市居民的头脑中，又展现为城市居民的价值取向、精神境界、理想信念、伦理道德、思维方式和文化传统。城市精神指明着城市的成长方向，决定着城市的发展路径。每个城市都拥有自己反映时代特色和地缘特色的城市精神，打造城市文化，核心是要塑造城市精神。现代城市精神的开发是城市市民提高精神境界的过程，反映着人们积极向上、开拓进取的精神状态。近年来，许多城市积极开展城市精神大讨论，以达到增进共识、凝心聚力、塑造城市之魂的作用，用新的城市精神塑造高素质的市民，充分展现城市魅力、城市底气及城市的文明程度。

（3）积极发展城市文化产业。文化产业是一种新兴的产业。一般地，文化产业是指第三产业中为提高科学技术文化水平和居民素质服务的产业，其主要包括知识产业、信息产业、广播电视业、新闻出版业、体育业等。发展文化产业是把文化价值转变成经济价值的有效途径，也是改造传统产业，使经济持续发展的重要手段。发展我国城市文化产业需要从以下几个方面去努力：一是政府出面协调各文化产业之间的利益，促使各产业形成一个健全的经济实体，参与市场竞争，从而给予其动力。二是制定文化产业管理和运行机制，指导其发展方向，使其更好地适合人民大众的口味。三是鼓励文化产业的国内外交流，加入国际竞争。四是投入必要的运行资金，这是推动文化产业发展的前提条件。

（4）保护与营运历史文化资源。城市文化资源是城市文化的宝贵财富，也是城市文化的优势所在。对于城市文化资源，首先，要做好开发工作，发现和发掘城市文化资源，明确城市的历史轨迹和历史地位。其次，对现有的已经发现和发掘的城市文化资源，要做好保护工作。再其次，要合理利用城市文化资源，充分发掘城市文化资源的文化内涵和历史价值，并借此提高城市文化的现实价值。最后，要把城市文化资源当作城市特色文化的重要组成部分来建设，对部分文化资源可以走城市文化产业化的道路，通过旅游业等相关行业来发掘城市文化资源的经济价值。

（5）加强特色文化建设。促进城市文化建设，改变城市这种"缺乏特色"的弊病，增强城市的吸引力，已成为我国城市建设的当务之急。为此，我们必须：立足区域实情，做好城市建设的规划工作，综合全面地建设城市。大力倡导保护和维护城市历史遗迹，继承传统优秀文化；尤其是具有地方特色的民族文化和历史文化。积极开展富有特色的大众文化活动，形成城市特色文化。国家用立法的形式控制文化雷同项目的盲目上马，严禁各城市相互攀比、重复建设，抑制不正当竞争。

11.2 智慧城市

11.2.1 智慧城市的含义及特征

1. 智慧城市的含义。智慧城市是以一种更智慧的方法通过利用以物联网、云计算等为核心的新一代信息技术来改变政府、企业和人们相互交往的方式，对包括民生、环保、公共安全、城市服务、工商业活动在内的各种需求作出快速、智能的响应，提高城市运行效率，为居民创造更美好的城市生活。

2. 智慧城市的发展历程。智慧城市的发展历程按照信息化、数字化、智能化的程度主要分为三个阶段：信息化城市阶段、数字城市阶段和智慧城市阶段。其中可以代表每个阶段的标志性事件如下：

（1）1993 年 9 月美国启动"信息高速公路"计划，1995 年中国推动全国信息化的"八金"工程，标志着城市信息化建设开始起步。

（2）1998 年，美国副总统戈尔提出"数字地球"概念[1]，"数字化舒适社区建设"标志着城市信息化开始步入数字城市建设新阶段。我国已有 300 多个城市初步建成数字城市基础框架，国家测绘地理信息局发布在互联网上的"天地图"成了数字中国和数字城市的载体，已有数亿网民使用。[2]

（3）2006 年，物联网、云计算等新一代信息技术正式推出，形成对城市信息系统的综合集成与整合应用；2008 年，国际商业机器公司（International Business Machines Corporation，IBM）提出了"智慧地球"这一理念，进而引发了智慧城市建设的热潮；2009 年，IBM 首席执行官彭明盛向美国总统奥巴马提出要推进智慧基础设施的建设，旨在打破金融危机，为社会经济发展带来新的动力，标志着城市开始由数字化迈向智慧化建设的新阶段。

智慧城市的发展与早期的信息基础设施以及数字城市的建设一脉相承，但智慧城市阶段更注重信息资源的整合、共享、集成和服务，更强调城市管理方面的统筹与协调，时效性要求也更高，是信息化城市和数字城市建设进入实时互动智能服务的更高级阶段，同时也是工业化和信息化的高度集成。

3. 智慧城市的特征。

（1）基于透彻感知的物联化（instrumented）。透彻感知是指，一方面，智慧城市物联网的感知手段超越了一般性的传感装置，如传感器、无线射频识别标记（RFID）、GPS、监控摄像、手持终端、数码相机和手机等，包括任何可以随时随地感知、测量、

① Gore A. The Digital Earth：Understanding Our Planet in the 21st Century［J］. Photogrammetric Engineering and Remote Sensing，1999，65（5）：528.
② 李德仁，姚远，等. 智慧城市中的大数据［J］. 武汉大学学报，2014（6）：631–640.

捕获和传递信息的设备、系统或流程；另一方面，感知的客体更加丰富，包括从人的血压到公司财务数据的生理和社会活动。物联化是指城市公共设施物联成网，物联网实现"无所不在的连接"（pervasive connectivity），对城市核心系统实时感测。

（2）更全面的互联互通（interconnected）。物联网信息通过各种形式的高速和高带宽的通信网络工具进行互通互联，进行交互和多方共享。在智慧城市系统中，物联网和互联网系统完全连接融合，将数据整合为城市核心系统的运行全图，城市参与者可以对自然环境和城市运行情况进行实时监控，从全局角度分析并解决问题；同时分析的高度、（远程）协作的广度大大增强，改变了城市运作方式。

（3）全面升级的智能化（intelligent）。超级计算机的运算速度已经突破1petaflop，未来渴望达到1 000 petaflop（1petaflop等于每秒1千万亿次运算，也称1 000兆；1 000 peta-flops等于每秒100万万亿次运算，也称100万兆），应用最先进的云计算技术和数据挖掘等数据处理技术，整合和分析海量的跨地域、跨行业和跨职能部门的数据和信息，并将特定的知识应用到特定的行业和场景，制订特定的解决方案，更好地支持决策和行动。

（4）系统运作和激励创新。智慧城市使得政府、企业、个人、各种组织和城市系统之间的关系被重新定义，从过去单纬度的"生产—消费""管理—被管理""计划—执行"转变为先进、多维和新型的协作关系，基于智能基础设施，达成城市系统运作的最佳状态。智慧城市激励政府、企业和个人在智慧基础设施之上进行科技和业务的创新应用，为城市提供源源不断的发展动力。

11. 2. 2　建设智慧城市的战略意义

智慧城市建设，实质上是一场由技术创新引导的城市经济社会发展、生产生活方式的变革，是经济发展模式创新在特定空间上的具体体现。发展智慧城市对于解决我国经济转型过程中的现实问题、促进城市长期健康发展具有重大战略意义。

1. 优化城市产业结构，创新经济驱动方式。基于技术创新与产业发展视角，智慧城市是信息技术的创新与应用，是以物联网为核心的新一代信息技术对城市自然、经济、社会系统进行智能化改造的结果，具体表现为物联网与互联网的融合。发展智慧城市有利于壮大高技术产业规模，提高高技术产业在城市经济中的比重。同时，智慧技术广泛辐射城市的工业和服务业，推动传统企业技术、组织和服务模式的创新，有利于改变我国城市产业发展的劳动密集型特征，衍生智慧制造业、智慧商务等产业形态，最大限度地提升传统产业的生产力，推动我国由"制造大国"向"创造大国"的转变。实现城市经济从过度依赖"土地红利""人口红利"的廉价"要素驱动"转向依靠知识和信息的"创新驱动"。

2. 贯彻绿色发展理念，创造新的经济增长极。党的十八大报告提出，要着力推进绿色发展、循环发展、低碳发展"三大发展"，强调把生态文明建设放在突出地位，融入经济建设，促进生产空间集约高效、生活空间宜居适度，努力建设美丽中国，实现中华民族永续发展。推进绿色发展、循环发展、低碳发展实质上是要求我们将推进城市经济发展向资源节约型和环境友好型方向转变，努力实现"资源消耗低、环境污染少、产品附加值高、生产方式集约"。智慧城市中信息要素已成为经济发展的决定性内生变量，它不仅充分挖掘人的智能潜力和社会物质资源潜力，实现个人行为和组织决策的最优化，而且能被无限复制和重复使用，却不产生额外成本、不造成环境污染，推动经济的绿色增长。同时，智慧城市建设是以物联网、3S（GIS，GPS，RS）和云计算为重要核心技术，它们的应用将不断壮大新一代信息技术产业，带动创意产业、软件与信息服务业等新兴产业发展，以及智能、生物、纳米等新技术群体集聚，有利于培育战略性新兴产业，创造新的经济增长点。

3. 提供均等化的公共服务，切实解决民生问题。一方面，智慧城市中信息要素主导公共资源的配置和使用，将改变以往公共服务中存在的"信息不对称"现象，市民能够充分获取所需信息、全面掌握服务流程，确保均等享有医疗、教育、交通等公共服务的权利。另一方面，智慧社区和智能家居的应用使公共服务细致入微，切实解决市民的生活问题。例如，数字化、网络化、智能化的生活环境有助于解决我国城市人口老龄化和家庭空巢化问题。此外，智慧城市建设还将创造大量的知识型就业岗位，在一定程度上缓解就业难题。

4. 培育个性化的消费市场，提高市民的生活品质。城市经济的发展改变了市民传统的消费习惯，市民对商品消费的需求渐趋个性化、多元化、品质化。但是，在传统经济条件下，受制于资源约束以及高成本，市场供给难以满足不断变化的个性化多元化需求。智慧城市为企业和市民提供了便捷、低廉的信息交互手段，使企业供给与市场需求有效对接成为可能，智慧技术的渗透也极大地降低产品和服务的成本，使市民享有多元化的消费选择权，体验前所未有的消费乐趣。

5. 主动高效的城市管理，凸现城市主体间的信息互动。我国传统的城市公共管理以政府为唯一主体，基于政府权威进行单向度控制，管理方式局限于权力控制、行政命令、制度约束①。落后的技术手段导致城市管理被动且效率低下，难于满足日益增长的刚需。智慧城市创新了城市管理模式。它是一种参与式治理，通过整合、泛在和互动的方式建立起协作式公共管理。智慧城市借助物联网技术融合城市中散布的资源、信息和组织，通过公共部门的信息共享、沟通互动、无缝链接、协同服务，形成综合的管理服务体系，使政府和社会公众全面感知并掌控城市的运行状况，及时反馈外界变化和市民需求，提高政府的工作效率和决策水平，创建主动、高效、精细的管理模式。智慧城市使"碎片化"的公共管理和公共服务得以有效整合，有助于快速反应、整体推进，为社会和市民提供一体化的全方位社会管理与服务。

11.2.3　我国智慧城市发展的建设思路

智慧城市发展，要着眼于全局，突出城市特色，以市场需求为导向，技术创新为依

---

① 钱振明. 当代城市问题挑战传统城市管理［J］. 苏州大学学报（哲学社会科学版），2004（6）：12－17.

托，智慧整合，统筹规划，努力实现城市健康可持续发展。具体而言，包括以下方面。

1. 差异定位，注重以区域优势和特色激发智慧城市发展活力。智慧城市建设应根据城市的性质、特点、功能和历史事件作出顶层设计，建立长远发展的制度保障，包括：明确建设目标和任务，以便建设中有章可循、循序推进；完善建设内容，构建各个领域完整的应用体系；规划落实城市各部门负责的业务范畴，以便建设中的分工和协调；优先规划基础性或示范性智慧项目的建设，以其代表性和特殊性突出城市特色。具体而言：首先，选择项目应契合城市的比较优势，强化市民对城市的认同感和归属感。其次，选择项目应保障城市间形成专业化的分工和协作关系，确保相邻城市经济结构转换的有序性和互补性。目前，国内外规划较好的城市都以发挥本地传统优势或解决自身发展短板为切入点，推进智慧城市的建设。如表 11-1 中的斯德哥尔摩、阿姆斯特丹、戈尔韦、上海和沈阳，其智慧城市建设的重点虽大相径庭，但共同目标都是着力解决阻碍自身发展的问题，其他城市的建设重点则是充分展现当地优势，以点连线、以线带面推动城市经济的发展。例如，宁波市立足于智慧港口的建设，采用智慧技术全面控制并调度宁波港的各应用子系统，大大提升港口作业的效率和准确度，助力其成为全国重要的区域性物流和资源配置中心。凭借智慧港口的优势，宁波市克服自然资源贫乏的劣势，集聚华东其他地区丰富的能源和原材料资源，发展石化、能源、钢铁、造纸和修造船五大临港工业。

表 11-1　　　　　　　　　　　国内外智慧城市的差异化发展

城市	特色	发展重点	发展目标
迪比克市（美国）	宜居城市	公共资源智能化	降低城市能耗和成本，使之更适合居住和商业发展
斯德哥尔摩（瑞典）	世界旅游名城，交通不畅	智慧交通	解决了交通拥堵问题，减少了能源消耗
阿姆斯特丹（荷兰）	人多地少，资源紧张	智慧环保	应对全球气候变暖，倡导低碳生活
戈尔韦（爱尔兰）	环境优美，保护手段落后	智慧海湾	智慧技术在戈尔韦湾（Galway Bay）自然环境方面得到成功应用，有利于开发海湾的经济价值
仁川（韩国）	重要门户，位置优越	远程教育、远程医疗、远程政务、节能环保	打造一个绿色的、资讯化的、无缝连接便捷的生态型和智慧型城市
新加坡	国际航运中心	物联网在内的信息技术	成为国际上四通八达的"连城"
北京	文化中心、国际城市	物联网示范工程	打造世界城市，信息枢纽
上海	传统工业中心	城市光网、无限宽带	实现创新驱动、转型发展
深圳	新兴现代化城市	三网融合、智慧产业体系	促进各种创新要素智慧交融，催生新的技术、产业、业态和商业模式
沈阳	老工业基地	生态城市、循环经济	推动老工业基地的转型，最小化经济活动对自然环境的影响
宁波	沿海城市、交通便捷	智慧港口	推进港口物流产业链和智慧贸易产业链的发展，集聚周边地市资源，发展临港工业

资料来源：秦洪花，李汉青，赵霞. 智慧城市的国内外发展现状 [J]. 信息化建设，2010（9）：50-52.

2. 应用为王，以市场需求为导向推动智慧城市发展。市场需求是推动智慧城市持续发展的原动力。智慧城市建设应依托市场的"无形之手"，充分发挥市场配置资源的作用，通过价格杠杆、自由竞争等市场手段来创造多样化、个性化的智慧应用以及培育市场前景广阔的新兴业态，实现智慧增长。首先，明确政府在智慧城市建设中的定位，处理好政府引导与市场主导的关系，有限的政府才能成为有效的政府。政府必须走出"政绩工程""形象工程"的误区，应仅限于为智慧城市塑造良好的外部环境，着重于引入市场竞争机制，实现规划建设与应用需求的有效对接，真正将智慧城市建成聚焦民生与服务的"德政工程""惠民工程"。其次，强化企业的市场主体地位，由企业主导智慧项目的开发与建设。在逐利天性的支配下，市场化的竞争激励企业根据实际需求开发有广阔应用前景的项目，如智慧交通、智慧医疗和智慧社区等满足市民生活需求的建设，智慧制造业和智慧商业等改造传统产业需求的建设。最后，智慧城市的应用必须以人为本、民生优先。一方面，充分体察并反馈市民的感受，本着界面简单化、操作傻瓜化、功能人性化的建设目标，简化智慧项目的使用。另一方面，采用生活化、多样化、产业化的普及推广手段，引导市民认识和使用智慧项目。

3. 技术支撑，使智慧城市建设有坚实的技术和人才基础。智慧城市是信息技术的创新与应用，是以物联网为核心的新一代信息技术对城市自然、经济、社会系统进行智能化改造的结果。智慧城市建设必须依托技术创新并结合战略性新兴产业的发展，推进城市成为知识中心与创新孵化器①。第一，优化技术创新的环境。要加强技术研发、应用试验、评估检测等方面的公共服务平台建设，着力推进企业与高校、科研院所的产学研合作，增进企业之间的合作，优化智慧城市技术创新的软硬件环境。第二，以智慧技术创新为依托，衍生全新的产业形态，推动城市产业升级，促进城市发展动力机制的转换。智慧技术发展将有利于孕育基于知识和信息的新兴支柱产业和先导产业，催生战略性新兴产业集群。第三，加强技术研发关键在于专业人才的培养，为智慧城市发展提供强大的智力支持。要积极整合国内研发力量，加强针对智慧城市建设重点领域的关键技术研究，培养壮大一批掌握先进智慧技术的专业人才队伍。应在人才引进、项目支持、创新奖励、住房福利等方面出台更有竞争力的激励政策。

4. 智慧整合，联通分割分治形成的"信息孤岛"。通过智慧化的资源整合联通"信息孤岛"，切实解决城市运行中的资源分散、系统分建和管理分治的格局。为此：第一，在技术上要实现行业标准的统一与规范。目前我国物联网技术缺乏国家标准，在高频领域主要沿用国际标准，但在关键的超高频领域，标准仍由国外组织控制②。针对标准规范的缺失，要建立统一的信息化架构标准，实现跨系统技术集成与信息共享，尽量减少信息化孤岛，促进资源共享。发挥政府、企业和行业协会的积极作用，推进信息技术基础标准、信息资源标准、网络基础设施标准、信息安全标准、应用标准、管理标准等应

① The World Bank. China 2030：Building a Modern, Har-monious, and Creative High-Income Society. ［EB /OL］. http：//www. world Bank. org, 2012：23 - 24.
② 王丽. 青岛市建设"智慧城市"的思考［J］. 中国信息界, 2011（6）：27 - 28.

用规范和技术标准体系建设。加强国际合作，积极参与国际标准制定，提升我国在物联网、云计算、3S 等智慧城市相关技术领域标准制定的话语权和主动权。第二，在建设上，注重前期顶层规划，统一建设步伐。明确城市各部门负责的业务范畴和承担的责任义务，以便智慧城市建设中的分工合作及利益协调，避免自建体系、各搞一套。同时，建设智慧城市应兼收并蓄各部门已有的信息化成果，以最大限度地整合资源，避免低水平的重复建设。第三，在管理上，完善城市综合管理运行体系，构建城市部门之间横向融合、纵向贯通的合作机制。即横向上与同等级的部门之间保持密切融合的业务合作关系，纵向上与政府其他级别的部门之间，甚至省市之间保持持续贯通的沟通合作关系，以此打破智慧城市建设中行政分割、管理分治的不利局面。

5. 变革治理，转变城市治理模式，医治"大城市病"。我国目前正处于"大城市病"集中爆发期，大多数超级城市、特大城市饱受人口膨胀、交通拥堵、环境污染、资源紧张等诸多困扰，传统的技术和管理手段难以应付。智慧城市从技术上能提高城市公共服务和基础设施的运行效率，提高城市容纳人口密度的能力，从而抑制城市面积的扩张，缓解当前日益严重的"大城市病"。如智慧交通和智慧物流增强了城市内和城市间的通达性①，智慧的水资源和智慧电力提高了资源利用率，智慧环保和智能建筑保护了城市环境，智慧医疗和智慧社区则方便了市民生活。但是，要促进城市人流、物流、信息流、交通流的协调高效运行，以满足治理"大城市病"的内在需求，关键是变革传统的城市管理模式，建立互动、高效、人性化的城市治理机制，发挥智慧技术的最大功效。智慧城市应以人为本，借助智慧技术主动征询并及时响应市民的需求和意见，促使政府从发号施令的命令者转型为以民生为本、以市民满意度为本的服务者，实现城市决策的人性化和高效率。应借助智慧技术导入先进的管理思想，建立统分结合、协同运行的城市管理智慧应用系统，全面感知并掌控城市的运行状况，及时反馈外界变化和市民需求，进而提高政府工作效率和城市治理水平。城市治理要由"他治"向"自治"转变。实践研究表明，与传统的政府下达命令、市民服从的"他治"模式相比，政府主持、市民参与的"自治"模式能更有效地医治"大城市病"，智慧技术为城市管理自治机制的导入创造了前提条件。

11.3　城市竞争力

20 世纪 80 年代末以来，随着经济全球化的不断加速，以城市为核心的区域化趋势日益凸显出来。在企业、国际之间的国际竞争愈演愈烈的同时，城市，特别是大城市之间的竞争也日趋激烈。这使得城市竞争力问题越来越引起人们的关注。

城市作为一个独特的经济系统，具有高度集聚资本、技术、人才和信息等生产要素

---

① The World Bank. China 2030：Building a Modern, Har-monious, and Creative High-Income Society. [EB /OL]. http：//www. worldBank. org, 2012：23 - 24.

的功能，并依靠这些生产要素以及生产要素的配置和组合产生相应的经济能量，创造国民财富。不同的城市，集聚资本等生产要素和创造国民财富的能力是不一样的，在经济结果上表现为各城市的经济和社会发展水平有异，这在原因上则可归结为各城市的竞争力的差别。

11.3.1　城市竞争力的内涵与特征

1. 城市竞争力的内涵。竞争力是竞争的基础和源泉。竞争力的概念最早来源于企业管理研究。世界经济论坛（LMN）在《关于竞争能力的报告》中指出，企业竞争力是指"企业目前和未来在各自的环境中，以比它们国内和国外的竞争者更具吸引力的价格和质量来进行设计、生产并销售货物及提供服务的能力和机会"。目前竞争力的概念已开始被引用到区域之中，但主要研究的是国家竞争力。所以关于城市竞争力内涵的阐述大多从国家竞争力或企业竞争力概念修正引申而来。

依据城市作为竞争主体的特征，我们对城市竞争力概念的内涵作出如下概括：城市竞争力是指一个城市在国内外市场上与其他城市相比所具有的自身创造财富和推动地区、国家创造更多社会财富的能力。这主要是指一个城市在竞争和发展过程中与其他城市相比较所具有的吸引、争夺、拥有和控制、转化资源，争夺、占领和控制市场，以创造价值，为其居民提供福利的能力。要正确认识城市竞争力的内涵，需要从多方面进行把握和理解。

（1）参与竞争力的主体是城市。作为独立的竞争主体，城市相互之间的竞争与国家和企业之间的竞争有所不同，城市之间的竞争主要是各个城市凭借自己所提供的独特的城市型资源（实际上是提供某种环境），在吸取和集聚生产要素和有利于社会协调发展的一切稀缺性要素方面进行竞争和角逐，最终促使本城市比其他城市有更快的经济增长和更为协调的社会发展。

（2）城市竞争力是一种合力。城市竞争力既是城市对资源的集聚和吸收能力，更是对资源的优化配置、创新利用能力；既是现有实力、魅力和活力的展示，更是持续发展的能力和潜力；既是经济水平的发展，更是生态、文化和制度等资源要素的综合继承状态。

（3）城市竞争力是抗衡和超越竞争对手的能力。一个城市竞争力的大小和强弱，不仅取决于自身的发展，还与竞争对手的态势和比较范围内的总体竞争态势有关。

（4）城市竞争力提升的最终目的和表现是城市价值的实现。从本质上来讲，城市竞争力是城市获取和创造价值收益并保持其增长的能力。这种价值收益既包括经济的持续增长，也包括生态环境的改善、生活水平的提高、就业和发展机遇的增加等。

2. 城市竞争力的特征。

（1）综合性。城市竞争力是综合性的，多层次、多方面的。不仅涉及经济领域各个方面，而且也涉及政治、文化、人才等多领域，因此，城市竞争力本质上是一个城市的综合发展能力。如果只强调其中某一个因素或几个因素，都会产生盲目性和片面性。

因此，营造城市竞争力将是一项系统工程，必须从整体出发，全面考量，始终把握系统的整体特性和功能，从而达到在整体上增强城市竞争力的目的。

（2）动态性。尽管静态的竞争状况（城市现有规模、发展水平等）对一个城市的竞争力十分重要，但城市竞争力还是更多地表现为在优化配置现有资源过程中或者城市运转过程中所体现出来的潜力、能力和发展趋势等动态的发展和变化上。城市竞争力与其说是一种结果，不如说是一个动态的过程。

（3）相对性。城市竞争力是一个比较的概念，而不是一个绝对的概念，城市竞争力是城市与其他城市竞争过程中体现出来的力量，因而单独谈一个城市竞争力的强弱或笼统地说所有城市竞争力都随社会发展提高了，是没有意义的。只有事先确定范围，并在此范围内进行比较才会得出某城市相对于其他城市的竞争力水平高低或得出某一时间点这些城市竞争力水平高低的排序。这种相对性要求具有竞争优势的城市要有居安思危的意识，防止竞争优势的丧失；而对于竞争力水平较低的城市，要有发展的眼光，采取多种方式进行赶超。

11.3.2　城市竞争力评价指标

城市竞争力不仅仅是一个质的概念，更是一个量的概念。分析城市竞争力的一个重要目的是要定量地表现出不同城市的竞争优势和竞争劣势，从而对不同城市竞争力的变化情况及其影响因素进行比较分析。因此，对城市竞争力的量化分析是城市竞争力理论研究的一个重要组成部分。如果城市竞争力不能借助一定的手段加以测度，那就有可能流于空泛而无实际应用价值的议论之中。对城市竞争力进行测度，必须建立一套严格而科学的指标体系。下面介绍几种有代表性的城市竞争力评价指标体系。

1. UD 的城市竞争力评价指标体系。

（1）城市实力系统反映了一个城市现阶段的整体实力。主要指标有：GDP、地方财政收入、第三产业占 GDP 的比重、城镇化指数、信息化指数、生活质量指数、知识发展指数、人口自然增长率、资源和能源的消耗速率、生态环境退化速率等。

（2）城市能力系统反映的是城市吸收、控制、转化资源和持续高效创造价值的核心能力。包括：①对人、企业、资金等资源的集聚能力；②对外争夺、占领、控制资源与市场的能力；③物资、人力、资本、技术、信息等资源要素的流通能力；④城市价值增长的速度。

（3）城市活力系统揭示了城市各要素和资源的活跃度与利用度。包括：①企业活跃度；②资本市场成熟度；③行政力量影响市场资源配置的程度；④科技创新环境；⑤城市治理结构。

（4）城市潜力系统反映了城市在未来或潜在竞争中争夺、控制制高点所需要素支持的完备程度，以及获得城市再生和更高层次新生的后发优势。

（5）城市魅力系统包括：①城市品牌认知度；②城市形象影响力；③城市文化凝聚力；④城市游客满意度。其主要指标包括：城市知名度、美誉度、忠诚度和联想度，城市理念识别、行为识别、视觉识别，文化传播指数、本土文化独特性、外来文化兼容度等。

2. 上海社会科学院的城市综合竞争力比较指标设置。

（1）总量指标：经济实力、金融实力、科技实力和政府实力。

（2）质量指标：产业结构、经济效益和社会环境。

（3）流量指标：体现出城市经济集聚和扩散功能的发挥程度，通过指标比较可具体反映各城市 GDP 流量规模、资本、技术、人力资源、对外开放、资源利用等方面的集聚和扩散能力。流量是总量和质量的综合体现。它包括 GDP 流量、人口流量、资金流量、实物流量和信息流量。

3. 郝寿义、成起宏的《上海等城市的竞争力与城市建设关系的研究》中城市竞争力的测度指标。

（1）综合经济实力，包括如下指标：

X1：人均国内生产总值 = 城市地区国内生产总值/城市地区总人口。

X2：国内生产总值增长率 = 按可比价格计算的当年国内生产总值比上年增长的幅度。

X3：第三产业增加值占国内生产总值比重 = 城市地区第三产业增加值/城市地区生产总值。

X4：职工年平均工资 = 城市市区职工工资总额/城市市区全部职工总人数。

以上四个指标分别从总体、速度、结构和收入水平上反映了经济实力。

（2）资金实力：资金的投入和积累是导致经济增长的直接动因，也是构成城市自身发展进步的因素之一，主要包括：

X5：固定资产投资额占国内生产总值比重 = 城市地区固定资产投资总额/城市地区生产总值。它表明一年内城市投资的增量，其大小影响到城市发展的潜力和后劲。

X6：人均居民储蓄余额 = 城市地区城乡居民储蓄年末余额/城市地区总人口。它反映城市资金存量的大小。

X7：人均财政预算内支出 = 城市地区政府财政预算内支出/城市地区总人口。它表明城市政府的资金控制能力。

（3）开放程度，体现一个城市对城市外区域的吸引力和城市的扩散、辐射作用。包括三个指标：

X8：外贸口岸出口额占国内生产总值比重 = 城市外贸口岸出口额/城市地区生产总值。

X9：外贸口岸进口额占国内生产总值比重 = 城市外贸口岸进口额/城市地区生产总值。

X10：人均实际利用外资额 = 城市实际利用外资额/城市地区总人口。

X8、X9、X10 分别表明城市对国外市场的依存度、城市对国外商品的吸引力和从吸引资金的角度考察的开放程度。

（4）人才及科技水平，包括指标如下：

　　X11：每万人从事自然科技活动人员数＝城市地区从事自然科技活动人员数/城市地区总人口。

　　X12：每万人高校在校学生数＝城市高校在校学生数/城市地区总人口。

　　X13：人均科教文化财政预算内支出＝城市政府文教科卫财政预算内支出/城市地区总人口。

　　X11、X12、X13 从人力上体现科技人才数量上是否存在竞争优势和从资金上看城市地方政府对科技发展人才培养的重视程度。

　　（5）管理水平：直接关系到财富创造的质量与效率，既有微观市场中企业管理质量的高低，又有客观方面政府对经济调控的作用能力和政府自身的工作效率。

　　（6）基础设施及住宅：它属于城市的不可移动要素，设施力是一定的基础设施所形成影响城市产业价值形成的力量，基础设施的规模、类型、水平直接影响着城市产业的发展和价值体系的形成。住宅是城市建设的一个重要组成部分，集中体现了城市建设的水平。能源、住宅、道路、通信、环境五个方面反映城市公共基础设施和住宅的发展水平。

　　4. 王桂新、沈建法的《中国地级以上城市综合竞争力研究》中的城市综合竞争力评价指标体系。将城市综合竞争力划分为经济发展竞争力（EC）、社会发展竞争力（SC）和环境发展竞争力（EV）三维竞争力，城市发展三维竞争力构成了城市综合竞争力评价指标体系的第一层次。为了全面、准确地反映城市经济、社会、环境发展三维竞争力，需要根据其内涵确定其应该包含的主要项目，确定城市经济发展竞争力包括经济总量、经济结构、经济效益与增长、市场消费能力、发展水平五个项目；社会发展竞争力包括人口发展、科技教育发展、生活质量、社会保障四个项目；环境发展竞争力包括城区及设施建设、运输邮电、环境质量三个项目。城市发展三维竞争力的各个项目构成了评价指标体系的第二层次。

11. 3. 3　城市竞争力的影响因素

　　城市竞争力是一个综合体现，影响因素涉及多方面，具体而言，城市竞争力的影响因素主要包括以下几个方面。

　　1. 城市资源。自然资源的优劣是城市竞争力水平的一个重要标志。由于天然禀赋或历史积淀的差异，各城市之间在自然环境方面往往存在很大的不同。有些城市因为其在所处的地理位置或占有的资源方面的优势而具有独特的竞争能力。城市的自然资源状况决定着与资源相关的产业的发展；城市的自然地理区位、自然环境、经济区位、政治区位决定着城市的集聚力、吸引力和辐射力，影响着城市的生产费用和交易成本，并同时影响着城市和城市文化的形成与演化。

　　2. 城市产业。城市产业的技术构成和资金构成与城市的产业价值体系正相关。产业的整体技术水平、技术密集型和资金密集型产业的比例，决定着城市产业的价值体系状况。非农产业产值的增加反映了工业和服务业水平的提升，促进产业的高级化。尤其是服务产业的健全发展，将为城市的发展提供良好的环境，同时创造附加价值。产业的结构还包括各种产业的集聚程度，产业的集聚将节省企业之间的运输和交易成本，促进彼此的合作，激励创新，扩大创新的应用等，从而有助于提升城市竞争力。

3. 科学技术。先进的科学技术的应用对城市竞争力的提升具有倍增效应，显著地推动城市的增长、提高和扩张，是城市竞争力决定性的推动力。科技创新永远是城市获取动力和力量的源泉，科技的开发、创新和广泛应用，不但能够提高劳动生产率、降低成本，而且还能够获得具有垄断优势的资源和市场。

4. 基础设施。城市公共基础设施是一个城市维持生产与生活正常秩序，保证城市发展的不可缺少的物质条件。良好的基础设施有利于高效吸纳城市的外部资源、快速实现城市的信息畅通、及时规避城市的负面冲击，进而实现城市的管理效能。因此，涵盖交通运输系统、信息通信系统、能源供给系统、环境保护系统等的现代化城市基础建设已成为城市参与竞争的非常重要的支撑，是一个城市的竞争力的重要组成部分。

5. 制度环境。产权保护、公平竞争的市场制度，公开、透明、法治的政府制度等，能够激发各种主体的创造力，能够促进资源的自由流动和合理配置，能够确保经济运行的高效有序。良好的制度环境除了促进城市内部的高效运转外，还有吸引外部生产要素的功能。

6. 城市治理。城市竞争力的提升需要城市中多元主体的共同努力，而非某一主体的单打独斗。因此，构建一个政府、市场和社会相结合的城市治理结构已经成为城市竞争力提升的重要因素。同时，改变传统的治理方式，从封闭运作到政务公开，从行政强制到规范引导，从经济建设到公共服务，打造服务型政府，建设法治政府、责任政府和诚信政府，城市才能获得可持续的发展能力。

7. 城市文化。提高城市竞争力的关键在于为城市提供和创造一个良好的竞争环境。不但要有良好的硬环境，包括城市的资本条件、基础设施等，并且要有配套的软环境，即城市文化的支撑，城市的发展离不开文化的支撑，城市文化是城市科学发展的方向罗盘、定海神针、价值取向和理性选择以及前进力量，是城市全面、协调、可持续发展的精神支柱和内在动力，在市民素质、价值观念、道德操守、精神风貌和开放程度普遍较低的城市，城市的发展水平必然会受到限制。

8. 市场能力。市场是城市的重要构件，堪称城市的经济中枢。城市的强弱在很大程度上表现为经济实力的大小，而经济实力的大小则取决于城市市场能力的大小。城市的市场力取决于城市的市场发展状况以及政府、企业、居民的市场观念和市场经营活动。一个完善的、开放的市场有利于城市突破本地资源有限性的限制，充分利用城市内外两种资源和两个市场，加速商品价值的实现，促进各生产要素合理流动，使资源得到合理的配置。

11.3.4　城市竞争战略选择

城市竞争战略是指城市加快提高自身竞争力的战略性思考和举措，是在较长时期内，从城市竞争力的各种因素、条件和可能变化的趋势出发，作出关系城市竞争力提升全局的根本性谋划和对策。① 城市竞争战略选择制约着城市规划建设和经营管理的一切具体活动，是城市竞争力的决定性因素之一。当前，城市在进行竞争战略选择时，必须处理好以下关系。

1. 合作与竞争的关系。未来城市的竞争不再是简单的个体竞争，而是城市群间的竞争，是区域与区域间的竞争。对同处于一个区域范围内的相关城市，相互间的竞争是客观存在的，但更重要的是要解决好城市之间的分工与合作问题。如果说竞争有助于提高效率，合作则有助于加快生产要素的流动，降低交易费用，促进资源的优化配置。因此，加强区域中城市之间信息、资金、人才、技术等生产要素的流动，实现各城市之间的优势互补，在竞争中合作，在合作中发展，便成为提高城市区域综合实力的现实选择。国际经验也表明，城市群内部大多具有高度分工和合作。例如，在美国东北部"波士华"大都市带和日本东海道都市内部，各主要城市都有自己的特定职能，都有占优势的产业部门，而且在发展过程中，联系越来越紧密。纽约的定位就是发展现代服务业，以发达的金融保险业、商业零售业、国际贸易、航运物流、信息咨询为整个城市群提供服务，同时发展高度化的房地产业、文化娱乐业、休闲时尚业，吸引更多的大公司把世界总部、美国总部或地区总部设立到纽约，更加凸显这座城市的核心地位和辐射功能。纽约也有一些制造业，但全都是都市制造业，如印刷业、时装业、珠宝加工业等。在同一城市群内，波士顿则主要定位于发展文化教育、高新技术产业，城市群的制造业聚集地主要在费城一带。

当前，在我国城市发展进程中，形成了诸多城市群，如长江三角洲、珠江三角洲与环渤海三大城市群，以珠江三角洲为例，珠江三角洲城市群内部城市之间已经形成三层竞合关系。第一，作为城市群核心的两大中心城市之间的竞争合作关系。广州、深圳之间形成较强的合作关系，双方均对对方有较强的互补作用。第二，中心城市与其他城市的竞争合作关系。广州、深圳、中山三市形成了较强的合作关系，广州对深圳、中山有互补作用，深圳对广州、中山有互补作用，中山对广州、深圳有互补作用，三市同处在珠江三角洲城市群的中心地带，三市形成了一个局部区域较强的合作关系。第三，地级城市之间的竞争合作关系。佛山和惠州两市有明显的竞争关系，其他地级市之间互补性大于竞争性。作为珠江三角洲城市群整个区域来看，虽然各地级市之间存在较多的是单一的互补性关系即单一的互补作用，但从趋势上来看这是形成区域合作的基础，可以说各地级市之间未来可能形成较强的合作态势。城市之间分工合理、竞争有序的竞合关系不仅是我国实现低成本城镇化的重要途径，也是城市群实现高效集约发展的必由之路②。

2. 共性与个性的关系。作为城市都有其普遍的一面，如人口稠密聚集，物流、信

①　王佃利，张莉萍. 现代市政学（第三版）［M］. 北京：中国人民大学出版社，2013：337.
②　母爱英，王叶军，等. 后经济危机时代京津冀都市圈发展的路径选择［J］. 城市发展研究，2010（12）：45.

息流高度汇集，对周边地区具有辐射作用等。但对于具体的某座城市来说，又有其特殊的一面。由于地理区位、历史传统、资源条件、文化渊源等诸多方面存在差异，城市的规划建设和发展方向都不可能完全一致。但由于我国长期实行高度集中统一的计划经济体制和条块分割的城市管理体制，人们自觉地形成了一种对事物建构的思维定式——要素齐全、规模庞大、数量众多、规格整齐、样式统一等，表现在城市建设上就是片面强调统一性，追求"大而全""小而全"的平面型城市发展模式。这种城市发展模式，使得一些城市建设缺乏特色与创新，直接制约了城市竞争力的提升。一些城市盲目发展本地无法发展壮大的产业或需付出高昂代价的产业，浪费基本建设投资，造成城市空间结构很不合理。因此，城市政府要善于发现并利用特色资源，充分发挥好比较优势，采取差异化发展战略，打造城市发展核心竞争力。

依托特色资源提升城市竞争力，关键是要善于发现并利用特色资源。城市尤其是欠发达地区城市的发展不仅需要资金、技术、劳动力等一般资源，更需要地理、人文、历史等方面的特色资源。目前，我国一些欠发达地区城市一方面在千方百计地招商引资，另一方面却在有意无意间形成了资源的逆向流动，让自己为数不多的资金、技术、人才等宝贵资源不断流向发达地区。资源倒流现象的出现，说明沿海发达地区具有传统优势，也说明欠发达地区在打造特色资源方面没有更具力度的作为。因此，欠发达地区城市要在高度重视和积极引进外部资源的同时，大力发掘和充分利用自己的特色资源，通过发掘特色资源的内在潜力打造城市发展的优势项目，形成彰显城市魅力和独特影响的竞争力量。

3. 城市经营与城市竞争力的关系。

（1）城市经营的内涵。

经营是经济学上关于企业发展与竞争的一个概念，经营的目的是以尽可能少的资本投入，调动起更多的社会资源，经过一定的创新活动，如设计、加工、制造、包装、重组、交易、置换等使之增值，并实现增值。市场经济条件下，城市面临来自各方面的激烈竞争，在城市的相互竞争中，基础设施是奠定城市竞争力的基础，如何筹措资金，进行基础设施建设，以提高城市竞争力，成为一个紧迫的现实问题。在这种背景下，城市经营的理念应运而生。

什么是城市经营？理论界对这一概念存在着不同的理解。有的学者认为，城市经营就是使用市场经济的手段把城市当作国有资产来经营，为此需要变革投资体制，使城市基础设施得到长足发展。有的学者认为，城市经营是城市要素的优化组合，即城市产业的优化组合、城市土地利用的优化组合、城市资本的优化组合、城市无形资产的创造、城市环境的优化、城市文化的优化与提升。

我们认为，城市经营就是指城市政府将市场手段和行政手段相结合，借助市场力量将可经营性资源资本化运作，减少对可经营性公共产品的支出，降低半经营性领域公共产品的成本，使城市有限的财政资本集中投入非经营性公共产品的生产，从而实现政府以同样的资金营造更好的投资环境和人居环境，提高城市竞争力。① 从这个界定来看，城市经营的内涵至少应包含以下几方面的内容：

一是城市经营的目标，从单纯增加政府的财力延续扩展到提高城市的竞争力。城市竞争力反映的是城市的综合素质，理应成为城市经营的首选目标。

二是城市经营的维度，从单一的基础设施投融资扩展到影响城市竞争力的所有项目。因为城市竞争力是一个复杂的系统，与之相关的可能有上千个子项目。

三是城市经营的范围，从城市的内部资源配置转向更大区域范围内的资源配置。也就是说城市的竞争力要在更大的空间，甚至在国际范围的比较中来培育，不能局限于城市内部与周边地区。

四是城市经营的主体，从城市政府转向政府与民众的综合体。原来一直认为城市政府是城市经营的唯一主体，但是城市是全体市民的城市，所以城市经营的主体也应该是城市的市民、企业、社会团体和各级政府。

（2）城市经营与企业经营。"城市经营"一词借用了企业经营的概念，是指要像经营企业那样经营城市。从经营的角度来看，经营城市和经营企业有许多相同和不同。

第一，从经营的主体来看，经营企业和经营城市都不可或缺优秀的经营者，经营企业需要杰出的企业家，而经营城市需要认真务实的城市政府；

第二，从经营的目标来看，衡量经营成功与否的主要评判标准都是价值标准，但企业经营的主要目标是利润的最大化，而城市经营的主要目标是经济和社会总体效益的最大化；

第三，从经营的对象客体来看，企业经营和城市经营都有其相对应的目标市场，企业经营的目标市场是企业服务的目标人群，而城市经营的目标市场则是广泛意义上政府所服务的社会公众人群；

第四，从经营的行为过程来看，两者都必须实施战略规划、制度建设和科学管理等，但企业经营是微观的企业管理行为，而城市经营则是属于宏观的公共管理范畴；

第五，从经营的最终产出来看，企业经营和城市经营都将产出更多的财富，但财富的具体形式有所不同，企业产出私人物品，而城市经营产出公共产品。

（3）提升城市核心竞争力、经营城市的思路。城市是人口、经济、文化相对集中的自然和地理单元，它同时还是区域经济的聚集地和社会投资的载体。因此，以核心竞争力为导向的城市经营不仅要经营城市规划范围内的区位空间和空间里的优势资源，还要经营城市的产业、城市的人才和城市的环境等。具体而言，为提升城市核心竞争力，在城市经营中应重视五种经营思路：

一是经营优势资源。在城市资源配置过程中，优势资源既是资源配置的重要对象，也是实现资源配置优化的杠杆。城市政府可以通过增加对城市优势资源的经营来引导其他资源的使用和流向，从而提高对城市资源的配置效率。为此，城市政府必须从过去对企事业单位的微观管理，转向对城市资源的整体发掘、利用和经营。其中尤

① 叶裕民. 广州经济发展与城市经营研究报告之五（内部研究报告）[R]. 广州城市经营研究. 2003.

其要重视对城市土地资源的经营，利用政府对城市规划的垄断，在优化城市空间布局的同时实现土地价值的增值，进而通过对土地资源的配置来影响其他资源的配置，实现资源配置效率的提高。此外，还要充分研究和挖掘城市具有比较优势的资源，依托优势资源进行城市经营，例如，昆明、三亚、拉萨、平遥、黄山等城市就是凭借特有的自然景观或人文景观，形成了城市的支柱产业和核心竞争力，并极大地提升了城市的价值。

二是经营城市群落。城市作为资源配置的平台，除了配置该城市区域范围内的资源以外，还要注重对区域外资源的吸引和聚集，大力发展流量经济。所谓流量经济是指一个城市以相应的平台和条件，吸引区外物资、人力、资本、技术、信息、服务等资源要素向区内集聚，通过各资源要素的重组、整合来促进和带动相关产业升级和扩充，并将形成和扩大竞争能力向周边和外界扩张与辐射。因此，经营城市必须要在竞争中谋求合作，发挥城市对周边相邻城市、城镇的融合和集群能力，力求形成以该城市为中心，周边城市为之配套的城市群落，从而建立起区域经济协作体和城市利益共同体，共谋发展。

三是经营主导产业。基于核心竞争力的城市经营要求加强城市核心竞争力的密度，即要求增强区域创新能力。而区域创新可从三个基本层面来考虑：基础层面是技术创新，主要层面是要素创新，最高层面是产业创新。其中，促进产业创新的关键是培育主导产业。因为主导产业不仅自身快速增长，而且技术外溢效应很强，能通过创新扩散来改造传统产业和部门，实现整个经济的起飞。为此，需要加强对主导产业的经营，以增强城市核心竞争力对整个经济的影响力和渗透力。对政府而言，这种"经营"的内涵主要是为主导产业的发展提供充分的制度保障和发展空间，促进优势资源向主导产业的集聚。这样一来，以主导产业为核心的产业集群一旦形成，便能成为城市经济发展的"增长极"，充分发挥城市核心竞争力的作用。

四是经营城市环境。城市环境的经营既是培育城市区域创新能力的需要，也是实现城市可持续发展的要求。城市环境的经营必须坚持可持续发展的原则，在此基础上从制度环境、文化环境和生活环境等多方面进行改善。首先，需要建立一种鼓励创新的城市制度环境。因为正如诺斯所指出的，改进技术的持续努力只有通过建立一个能持续激励人们创新的产权制度以提高私人收益才会实现。因此，需要对投融资制度、科教管理制度、技术市场制度以及分配制度等进行创新，以激励技术创新；其次，需要建立一种具有特色的城市文化环境，尤其要营造一种敢于创新、宽容失败的环境和氛围；最后，基础设施、居住环境等城市生活环境的经营也是十分重要的。例如，为了吸引人才资源这一关键性的高级生产要素，广州市极力将自己打造为"最适合创业"的城市；杭州市也提出"住在杭州"的城市发展战略。

五是经营城市品牌。城市品牌是社会公众对一个城市的整体认知，独具特色的城市品牌不仅是城市最宝贵、最有价值的城市财富，而且是城市核心竞争力的制高点。对城市品牌进行经营实质上就是对城市品牌这一无形资产的经营，即通过管理、营销、资产运营、创新等各种经营手段和方式实现品牌资产价值增值的一系列过程。城市品牌经营的最终目的是利用城市品牌的影响力来提升一个城市的产品的市场影响力和产业的市场竞争力。事实上，一些城市品牌已经发展成为知名的地域品牌，成为该城市的某些企业品牌的重要组成部分，为这些企业的发展提供了强大的支撑作用。例如，内蒙古被称为"中国乳都"，在这一地域品牌支撑下不仅培育了乳业巨头伊利集团，而且还为后来居上的蒙牛乳业提供了企业品牌的支撑点。因此，城市经营中要重视城市品牌的经营，它可能成为一个城市的产品、企业，乃至产业的共同品牌。

❄ 阅读材料

战"疫"：智慧城市显身手

智慧平台新应用

在智慧医疗方面，科研领域快速研发和引入更多 AI 技术，疫情期间各类智慧医疗平台帮助广大群众及时获得健康评估和专业指导，线上辅助疫情自查指导就诊，缓解线下医院压力。如阿里、百度等企业将自身的 AI 算法免费开放给一线的科研机构，支持病毒基因测序、新药研发、蛋白筛选等工作，帮助科研机构缩短研发周期。科研人员利用超算进行靶点探寻、新药筛选、先导物及试验优化、药理毒理等研究工作。这些都离不开相关企业在智慧医疗上的研发建设，同时也得力于大数据在病毒医学样本等方面的数据库系统等。

在智慧政务方面，各地结合本地实际，推出"掌上"办事、"非接触"办事、"不见面审批"等公共服务，推进政务事项的线上查询、预约和办理，并开展疫情防控资讯发布、线索收集上报、医疗资源分配以及科普宣传等工作。在武汉市建设火神山医院的过程中，首次出现了 5 000 多万名网友在线"云监工"的场景。而火神山医院本身就是用 5G、云计算技术打造的"智慧医院"。这些都依赖于前期"云政府""一网通办"等智慧政务的平台建设和服务经验积累。

在远程办公方面，企业微信、腾讯会议、阿里钉钉、华为云 We Link、百度 Hi、飞书等先后发布远程办公指南，为企业提供云计算、视频会议等远程办公配套服务，支持企业快速恢复生产能力，同时针对疫情防控增加在线问诊、健康报备等功能。预计未来一段时间内，随着更多企业开始恢复上班，远程办公的需求还会继续增长。同时，这次大规模"练兵"对改变企业管理模式、降低办公成本、实现绿色发展也将发挥引领和示范作用。

智慧生活新服务

在智慧交通方面，新一代人工智能地图实时反映国民迁徙动态，如百度地图发挥 AI 优势、数据优势，全面开放百度地图迁徙大数据平台，为公众、媒体、政府、科研及时了解疫情防控现状、掌握各地出行路线封堵情况，提供全面、立体的大数据服务。此外，无人驾驶技术在更多场景落地开展监测筛查，百度、京东等企业到各医院确诊病人隔离区部署无人驾驶消毒机器人、无人驾驶配送车。智慧交通系统不仅为赈灾物资调配和快速供给提供了有力支持，也节省了大量的人力资源。

在智慧社区方面，不少社区借助"物联网＋互联网＋物业服务"的创新服务模式，实现流动人员排查、本地居民排查、回访、特定人群通知等服务功能，并推行智慧车行、无感出入、在线缴费、智能催收、云监控、在线采购等创新服务。基于新一代信息科技的智慧社区，不仅摆脱了传统管理主要依靠"人海战术"，也在一定程度上提升了居民的生活质量。在智慧生活方面，生鲜电商加速替代传统零售，在线买菜、在线购物成为常态，盒马鲜生、京东到家、叮咚买菜、每日优鲜等平台纷纷推出"无接触配送"；PP 体育等互联网体育平台推出赛事免费直播、健身直播、免费义诊等服务。影视行业采取电影在线化播放等措施自救，并催生互联网泛影视新业态，如直播、短视频平台短剧、内容 IP 线下化等。从日常生活消费到文化体育消费，此前的相关投入和建设的效果得到显现，为今后智慧生活领域的持续研发和建设坚定了信心。

智慧经济新模式

在智慧教育方面，不少科技公司响应"停课不停学"，针对教育行业开放多项教育产品和服务，腾讯、百度等企业联合在线教育相关合作伙伴，为全国各级教育部门、中小学生提供了在线教学整体解决方案，并在疫情期间免费开放。科大讯飞以人工智能技术为依托，运用精准的三步 AI 教学方式，即做测试题智能检测知识掌握情况、AI 推荐应优先学的知识点、针对学生再做习题巩固，助力学习效率提升。同时，新东方、爱奇艺知识、学而思等在线教育机构在疫情期间推出"免费课程"，加速了在线教育模式的普及。

资料来源：刘士林，毕晓航等. 战"疫"：智慧城市显身手［J］. 中国建设信息化，2020（7）：22－24.

思考题

结合材料，分析智慧城市建设对于我国城市发展的意义。

▌ 本 章 小 结 ▌

城市文化是由城市发展的思想追求、城市要素的空间布局形制和形态、自然和社会历史文化遗产的保护与利用、城市人居环境建设和发展、城市生态文明成就和景观风貌、城市形象和个性特色以及城市文化事业的基本设施建设等所构成的文化形式和内容，具有地域性、多样性、聚集性、辐射性等特征。城市文化是城市经济发展的基础和支撑，城市文化为城市发展塑造形象和提高品位，城市的持续发展离不开健康的城市文化，城市文化是城市核心竞争力的源泉。智慧城市是以一种更智慧的方法通过利用以物联网、云计算等为核心的新一代信息技术来改变政府、企业和人们相互交往的方式，对于包括民生、环保、公共安全、城市服务、工商业活动在内的各种需求作出快速、智能的响应，提高城市运行效率，为居民创造更美好的城市生活。其特征包括：基于透彻感知的物联化、更全面的互联互通、全面升级的智能化、系统运作和激励创新。城市竞争力主要是指一个城市在竞争和发展过程中与其他城市相比较所具有的吸引、争夺、拥有和控制、转化资源，争夺、占领和控制市场，以创造价值，为其居民提供福利的能力，具有综合性、动态性的特征；城市竞争力的影响因素主要包括城市资源、城市产业、科学技术、基础设施、制度环境、城市治理等方面。

关 键 名 词

城市文化　文化传承　智慧城市　城市经营　城市竞争力

复习思考题

1. 什么是城市文化？它有哪些特征？
2. 城市文化结构与类型包括什么？
3. 我国城市文化建设存在哪些问题？
4. 智慧城市的含义、特征及战略意义是什么？
5. 我国智慧城市建设存在哪些问题及建设思路是什么？
6. 城市竞争力的内涵及特征是什么？
7. 城市竞争力的评价指标及影响因素有哪些？
8. 如何提高城市竞争力？

参 考 文 献

[1] 安海涛，郑冬梅，章先攀．规范市政设施管理　保障市民人身安全［R］．人民法院报，2018 - 06 - 21.

[2] 安树伟．中国大都市区管治研究［M］．北京：中国经济出版社，2007.

[3] ［澳］欧文·E. 休斯．公共管理导论（第三版）［M］．北京：中国人民大学出版社，2007.

[4] 包咏菲．公众参与城市治理的南京样本［J］．群众（决策资讯版），2019 - 06 - 10.

[5] 柴秋实．"婴儿安全岛"关与不关又如何？［R］．人民日报，2015 - 03 - 17 (23).

[6] 陈振明．公共政策科学［M］．北京：中国人民大学出版社，2003.

[7] 陈振明．政府再造——西方"新公共管理运动"述评［M］．北京：中国人民大学出版社，2003.

[8] 丁国炎．城市经营：理论·运作·制度创新［M］．上海：同济大学出版社，2008.

[9] 方可．当代北京旧城更新：调查研究探索［M］．北京：中国建筑工业出版社，2000.

[10] 傅兰妮．全球化世界中的城市——治理、绩效与可持续发展［M］．北京：清华大学出版社，2006.

[11] 盖锐，杨光．社会保障学［M］．北京：清华大学出版社，2009.

[12] 葛寿昌．社会保障经济学［M］．上海：复旦大学出版社，1990.

[13] 顾朝林，沈建法，等．城市管治——概念·理论·方法·实证［M］．南京：东南大学出版社，2003.

[14] 何增科．公民社会与第三部门［M］．北京：社会科学文献出版社，1990.

[15] 黄加佳．市政公所：现代政府雏形［R］．北京日报，2019 - 01 - 22，014.

[16] ［加］简·雅各布．美国大城市的死与生［M］．南京：译林出版社，2005.

[17] 江曼琦．城市空间结构优化的经济分析［M］．北京：人民出版社，2001.

［18］蒋建科. 智慧城市建设别陷入更大信息孤岛［R］. 人民日报, 2012 - 05 - 21.

［19］莱斯特·M. 萨拉蒙等著, 贾西津等译. 全球公民社会非营利部门视野［M］. 北京: 社会科学文献出版社, 2007.

［20］李金旺. 基于可持续发展的城市规划与管理研究［M］. 武汉: 湖北大学出版社, 2007.

［21］李群. 我在美国当市长助理［M］. 北京: 新华出版社, 2004.

［22］李政. 重庆城投集团"四三二一"管理体系的探索与实践［J］. 企业改革与管理, 2017 (18): 198.

［23］刘君德, 等. 中外行政区划比较研究［M］. 上海: 华东师范大学出版社, 2002.

［24］刘士林, 毕晓航. 战"疫": 智慧城市显身手［J］. 中国建设信息化, 2020 (7): 22 - 24.

［25］刘忠平. 筚路蓝缕创佳绩 开拓进取绘新景［N］. 新华书目报, 2019 - 10 - 18, 011.

［26］刘子操. 城市化进程中的社会保障问题［M］. 北京: 人民出版社, 2006.

［27］卢新海. 城市土地管理与经营［M］. 北京: 科学出版社, 2006.

［28］罗丽军. 城市管理的"美味"——对美国一位职业城市经理的近距离观察［J］. 国际人才交流, 2015 (2): 40 - 42.

［29］马苏薇. 中华艺术宫——品味城市文化 感受艺术风采［N］. 人民日报, 2020 - 03 - 8.

［30］马彦琳、刘建平. 现代城市管理学 (第二版)［M］. 北京: 科学出版社, 2005.

［31］毛寿龙. 西方政府治道变革［M］. 北京: 中国人民大学出版社, 1998.

［32］［美］埃莉诺·奥斯特罗姆. 公共事务的治理之道［M］. 上海: 上海三联书店, 2000.

［33］［美］戴维·E. 麦克纳博. 公共事业管理: 面对21世纪的挑战［M］. 北京: 中国人民大学出版社, 2009.

［34］［美］戴维·H. 罗森布鲁姆、罗伯特·S. 克拉夫丘克. 公共行政学: 管理、政治和法律的途径［M］. 北京, 中国人民大学出版社, 2002.

［35］［美］戴维·奥斯本, 特德·盖布勒. 改革政府——企业精神如何改革着公营部门［M］. 上海: 上海译文出版社, 2003.

［36］［美］莱斯特·M. 萨拉蒙等. 全球公民社会: 非营利组织视角［M］. 北京: 社会科学文献出版社, 2002.

［37］［美］刘易斯·芒福德. 城市发展史——起源、演变和前景［M］. 北京: 中国建筑工业出版社, 1989.

［38］［美］迈克尔·波特. 国家竞争优势［M］. 北京: 华夏出版社, 2002.

［39］［美］纳赫姆·科恩编著. 城市规划的保护与保存［M］. 北京：机械工业出版社，2004.

［40］［美］约翰·M. 利维. 现代城市规划［M］. 北京：中国人民大学出版社，2003.

［41］［美］约翰·罗尔斯. 正义论［M］. 北京：中国社会科学出版社，1988.

［42］［美］詹姆斯·M. 布坎南. 公共财政［M］. 北京：中国财政经济出版社，1991.

［43］［美］詹姆斯·安德森. 公共决策［M］. 北京：华夏出版社，1990.

［44］母爱英，王叶军，单海鹏. 后经济危机时代京津冀都市圈发展的路径选择［J］. 城市发展研究，2010（12）：45.

［45］潘铎印. 筑牢公民信息安全防火墙［R］. 人民法院报，2019 - 12 - 26.

［46］潘家华. 城市蓝皮书：中国城市发展报告 No. 12［M］. 北京：社会科学文献出版社，2019.

［47］潘小娟. 市政管理体制改革：理论与实践［M］. 北京：社会科学文献出版社，1998.

［48］钱振明. 城市管理学［M］. 苏州：苏州大学出版社，2005.

［49］钱振明. 当代城市问题挑战传统城市管理［J］. 苏州大学学报（哲学社会科学版），2004（6）：12 - 17.

［50］上海市经济和信息化委员会. 上海智慧城市发展水平指数为 105. 86［R］. 中国电子报，2019 - 12 - 06（002）.

［51］孙梦洋. "专项体检"提升城市安全管理水平［R］. 中华工商时报，2020 - 07 - 16（003）.

［52］谭衷. 新土地管理法：将农民土地权益"大写"［R］. 云南法制报，2019 - 10 - 16（008）.

［53］唐柳，周璇. 推进公园城市生态价值转化［R］. 成都日报，2019 - 07 - 10（007）.

［54］汪涉一. 北京城市总体规划（2016 年—2035 年）［C］. //对接京津——战略实施协同融合论文集，2019.

［55］王大海，魏娜. 等. 社区管理（第二版）［M］. 北京：中国人民大学出版社，2009.

［56］王佃利，张莉萍，高原. 现代市政学（第三版）［M］. 北京：中国人民大学出版社，2013.

［57］王逢宝，李峰. 新加坡公交改革对我国政府购买公交服务改革的启示［J］. 中国物价，2019（6）：94 - 96.

［58］王国恩. 城市规划管理与法规［M］. 北京：中国建筑工业出版社，2003.

［59］王海庆. 城市规划与管理［M］. 北京：中国建筑工业出版社，2006.

［60］王俊豪. 政府管治经济学导论［M］. 北京：商务印书馆，2001.

［61］王丽．青岛市建设"智慧城市"的思考［J］．中国信息界，2011（6）：27 – 28.

［62］王琳，汤秀娟．市政管理学［M］．北京：北京理工大学出版社，2014.

［63］王名．非营利组织管理概论［M］．北京：中国人民大学出版社，2002.

［64］王霞，尤建新．城市土地经济学［M］．上海：复旦大学出版社，2004.

［65］王雅莉．市政管理学［M］．北京：中国财政经济出版社，2002.

［66］魏亚力．中国城市经营论［M］．广州：中山大学出版社，2007.

［67］吴人坚．生态城市建设的原理和途径［M］．上海：上海复旦大学出版社，2000.

［68］吴旭．市民参与年终测评值得点赞［R］．经济日报，2020 – 01 – 17（003）.

［69］夏书章．市政学引论［M］．北京：中共中央党校出版社，1994.

［70］谢文蕙，邓卫．城市经济学（第二版）［M］．北京：清华大学出版社，2008.

［71］徐明理．市政学［M］．北京：人民出版社，1993.

［72］闫星培．小街区时代来临城市交通管理怎么办？［R］．人民公安报，2017 – 01 – 10（003）.

［73］杨高．智慧城市发展策略研究［J］．科技管理研究，2012（7）：20 – 24.

［74］杨宏山．市政管理学［M］．北京：中国人民大学出版社，2015.

［75］杨宏山．数字化城市管理模式［M］．北京：中国人民大学出版社，2009.

［76］姚玉红，许国君．传染病防治法的颁布实施与预防医学发展趋势［J］．现代预防医学，2005（7）：756.

［77］叶裕民．广州经济发展与城市经营研究报告之五（内部研究报告）［R］．广州城市经营研究．2003.

［78］［英］K. J. 巴顿．城市经济学［M］．北京：商务印书馆，1984.

［79］［英］彼得·罗伯茨，休·塞克斯主编．城市更新手册［M］．北京：中国建筑工业出版社，2009.

［80］［英］迈克·费瑟斯通．消费文化与后现代主义［M］．南京：译林出版社，2000：139.

［81］［英］迈克·希尔，［荷］彼特·休普．执行公共政策［M］．北京：商务印书馆，2011.

［82］俞可平．增量民主与善治［M］．北京：社会科学出版社，2003.

［83］苑菁．管线井"坑人"该是谁的错［R］．广西日报，2017 – 07 – 05，002.

［84］张永桃．市政学［M］．北京：高等教育出版社，2006.

［85］张跃庆，吴庆玲．城市公共基础设施经营与管理［M］．北京：经济科学出版社，2005.

［86］赵曼．社会保障学［M］．北京：高等教育出版社，2010.

［87］郑秉文，和春雷．社会保障分析导论［M］．北京：法律出版社，2001.

［88］郑功成．社会保障学［M］．北京：商务印书馆，2000.

［89］周晖．推进社会保障体系现代化——"全面建成小康社会与社会保障体系现

代化"研讨会综述［R］. 中国劳动保障报，2020 - 07 - 31，003.

　　［90］周金奎. 城市土地经济学［M］. 北京：北京大学出版社，2007.

　　［91］周其仁. 产权与制度变迁——中国改革的经验研究［M］. 北京：北京大学出版社，2004.

　　［92］周晓沛. 参观切尔诺贝利核电站纪实［J］. 党史博览，2014（4）：18 - 20.

　　［93］邹亮. 新冠肺炎疫情下对城市规划的思考［R］. 中国建设报，2020 - 04 - 06，002.

　　［94］A. Shleifer. A Theory of Yardstick Competition［J］. Rand Journal of Economics. Vol. 16，1985.

　　［95］B. Jessop. Liberalism，Neo-liberalism and Urban Governance：A State-Theoretical Perspective［M］. Blackwell，2002.

　　［96］Brain J. L. Berry. Urbanization and Counterurbanization［J］. Berkerly Hills，CA：Sage Publication，1976.

　　［97］Carol Barrett. Everyday Ethics for Practicing Planners［M］. APA Planners Press，2001.

　　［98］C. D. Foster. Privatization，Public Ownership and the Regulation of Natural Monopoly［M］. Oxford：Blackwell，1992.

　　［99］Charles Bens. CitiStar，Performance Measurement with Attitude National Civic Review［R］. Summer，2005.

　　［100］David R. Morgan，Robert E. England，John P. Pelissero［M］. Managing Urban America Washington，D. C：CQ Press，2011.

　　［101］D. Ranney. Global Decisions，Local Collisions［M］. Temple University Press，2003.

　　［102］D. W. Williams. Measuring Government in the Early Twentieth Century［M］. Pubic Administration Review，Vol. 63，2003.

　　［103］Gore A. The Digital Earth：Understanding Our Planet in the 21st Century［J］. Photogrammetric Engineering and Remote Sensing，1999，65（5）：528.

　　［104］John P. Pelissero，ed. Cities，Politics and Policy：A Comparative Analysis［M］. Washington，D. C：CQ Press，2003.

　　［105］N. Brenner，N. Theodore. Space of Neo-liberalism：Urban Restructuring in North America and Western Europe［M］. Blackwell，2002.

　　［106］Ralph W. Conant，Daniel J. Myers. Toward a More Perfect Union：The Governancee［M］. APA Planners Press，2001.

敬 告 读 者

　　为了帮助广大师生和其他学习者更好地使用、理解、巩固教材的内容，本教材提供课件，读者可关注微信公众号"会计与财税"获取相关信息。

　　如有任何疑问，请与我们联系。

QQ：16678727

邮箱：esp_bj@163.com

教师服务 QQ 群：606331294

读者交流 QQ 群：391238470

经济科学出版社

2021 年 12 月

会计与财税

教师服务 QQ 群

读者交流 QQ 群

经科在线学堂